Spinoza und Rosenberg

Michael Pflaum

Spinoza und Rosenberg

Die gewaltfreie Kommunikation –
eine spinozistische Ethik
und weitere essayistische Streifzüge

Bibliographische Information der Deutschen Nationalbibliothek
Die Deutsche Nationalbibliothek verzeichnet diese Publikation
in der deutschen Nationalbibliographie; detaillierte bibliographische
Daten sind im Internet über http://dnb.d-nb.de abrufbar

© 2018 Michael Pflaum
Herstellung und Verlag:
BoD – Books on Demand, Norderstedt

ISBN: 9783748149071

Inhalt

Eine bereichernde Begegnung für beide Seiten:
Die gewaltfreie Kommunikation erkennt sich als eine universale Ethik.
Und Spinozas Ethik wird konkret verständlich und anwendbar.

Gefolgt von essayistischen Streifzügen durch Spinozas Ethik und Rosenbergs gewaltfreier Kommunikation mit Bergsons Lebensphilosophie, Whiteheads Prozessphilosophie, der Bibelinterpretation von Schaik/Michel, Clare Graves' Spiral Dynamics und der PSI-Theorie von Julius Kuhl.

Vorwort und Hinführung zur Grundthese

Die gewaltfreie Kommunikation (GfK) erlebte in den letzten drei Jahrzehnten eine immer größere Verbreitung in den unterschiedlichsten Bereichen: in der Paarberatung, in Betrieben und Firmen, in Mediationen und Konfliktbewältigungen aller Art, in der Erziehung und Pädagogik, in der interkulturellen Versöhnungsarbeit und Friedensarbeit usw.

Marshall Rosenberg hatte mit der Verbreitung seiner GfK letztlich ein politisch-gesellschaftliches Ziel im Blick: Er wollte mit der GfK dazu beitragen, dass die Welt friedlicher wird. Für ihn war die „strukturelle Sünde", die die Ausbreitung von Frieden verhindert, das Denken, das hinter der Wolfssprache steckt. Indem er initiierte, die Praxis einer Giraffensprache zu verbreiten, wollte er dieses Wolfsdenken überwinden.

Wer die Literatur zur gewaltfreien Kommunikation überblickt, erkennt schnell, dass es eigentlich nur Praxisbücher gibt. Es gibt keine philosophische oder theologische oder psychologische oder soziologische Metareflexion über die gewaltfreie Kommunikation. Die jeweiligen Wissenschaftler dieser Disziplinen greifen auch (meines Wissens) die gewaltfreie Kommunikation nicht auf und untersuchen sie.

Diese Lücke will ich beginnen, mit dieser Schrift zu schließen. In gewisser Weise habe ich damit schon mit dem Buch „Exerzitien der Nächstenliebe" begonnen, indem ich (noch ganz praktisch, ohne explizite Metareflexion) die GfK im Lichte der Ethik Jesu darstellte. Nun gehe ich einen Schritt weiter und behaupte, dass die GfK auch eine spinozistische Ethik ist. Mit dieser These versuche ich, die GfK philosophisch zu reflektieren.

Denn erstaunlicherweise wissen die GfK-ler selber nicht genau, was die GfK ist oder sein soll: Was ist die GfK? Eine „Kommunikationstechnik"? Eine Theorie und eine Praxis, wie Kommunikation gut gelingen kann? Oder ist sie mehr? Eine Haltung, die man lebt? Ein positives Menschenbild, aus dem heraus durch ein Stil von Kommunikation Frieden geschaffen werden soll?

Ich will begründen, dass die GfK eine Ethik ist, eine moderne universale Ethik. Wenn ich die GfK als Ethik ansehe, dann sind darin all die anderen Bestimmungen enthalten: GfK ist ein guter Kommunikationsstil, eine verbindende Haltung, mit anderen umzugehen, ein positives Menschenbild, das Frieden schaffen will.

Wenn ich die Frage stelle, ob die gewaltfreie Kommunikation eine spinozistische Ethik ist, dann geschieht dies in Hochachtung vor beiden: Ich schätze die gewaltfreie Kommunikation und schätze das philosophische Werk Spinozas. Das ist sicherlich für viele Leserinnen und Leser erst einmal ungewöhnlich. Denn Spinoza ist für viele Theologen ein „rotes Tuch": der größte Pantheist, der nach ihrer Einschätzung letztlich in den Atheismus führt! Jedoch schon ein Blick auf die Geschichte der historisch-kritischen Exegese sollte uns Theologen mahnen, Spinoza nicht vorschnell zu verteufeln. Denn mit Spinoza begann die historisch-kritische Exegese! Er war der erste, der fundiert die Einheitlichkeit des Prophetenbuches Jesaja und des Pentateuchs anzweifelte. Warum sollten wir Theologen nicht auch aus seiner Ethik Gewinn schöpfen können!

Die gewaltfreie Kommunikation wird inzwischen mehr und mehr auch von praktischen Theologen aufgegriffen, wie z. B. Gottfried Orth oder Isolde Macho und Thomas Wagner. Ich selbst habe in meinen „Exerzitien der Nächstenliebe" in den Predigten zur GfK aufzeigen wollen, dass die GfK sehr vieles der Ethik Jesu praktisch lebbar umsetzt.

Doch völlig reibungslos ist die GfK für Theologen nicht übernehmbar. Gottfried Orth, evangelischer praktischer Theologieprofessor, fragt in seinem Buch „Gewaltfreie Kommunikation in Kirchen und Gemeinden" am Ende, wie Rosenbergs Ablehnung von Konzepten wie „Schuld" bzw. „Sünde" oder seine Ablehnung der Unterscheidung von „gut und böse" mit der christlichen Theologie vereinbar ist. „Und dennoch bleibt die radikale Formulierung Rosenbergs ein Stachel in meinem theologischen Nachdenken."[1] In seinen Veröffentlichungen habe ich aber keine wirklich weiterführende Beschäftigung mit diesem Problemfeld zwischen GfK und christlicher Theologie gefunden.

Diese Ablehnung Rosenbergs der Differenz von gut und böse führte mich zu Spinoza: Denn er lehnte ebenso Konzepte wie die „Schuld, ein Gebot übertreten zu haben" oder die Unterscheidung von „gut und böse" ab. Ist hier eine Ähnlichkeit zwischen Spinozas Ethik und der GfK zu finden? Dies war die erste Spur, die mich zu der Hypothese führte, dass die GfK in gewisser Hinsicht eine spinozistische Ethik sein könnte. Was ist eine Ethik jenseits von „gut und böse", jenseits von vorgegebenen Geboten, jenseits von Schuld und Strafe bei Gesetzesübertretung?

Die nächste Spur fand ich mit der Frage: Ist die GfK eine Ethik? Auf der ersten Ebene erscheint sie als eine Kommunikationslehre, als ein Kommunikationstraining. Marshall Rosenberg und seine Schülerinnen und Schüler bezeichnen die GfK nie als eine Ethik. Aber ist sie das nicht? (Und eine weitere Frage, die ich klären will: Warum bezeichnen die GfK-Lehrer die GfK nie als Ethik?)

„Der Prozess der gewaltfreien Kommunikation unterstützt unsere Fähigkeit, selbst unter erschwerten Bedingungen menschlich zu bleiben. Er erinnert uns an das, was wir bereits wissen – wie menschliche Verbundenheit aussehen kann –, und hilft uns bei der konkreten Umsetzung dieses Wissens im Leben."[2]

Ist das nicht Aufgabe einer Ethik, zu unterstützen, dass wir menschlich werden und auch unter erschwerten Bedingungen menschlich bleiben? Bezeichnet Rosenberg hier selber seine GfK indirekt als Ethik?

Wenn die zentrale Aussage der GfK das Menschenbild ist, dass wir Menschen uns immer Bedürfnisse erfüllen, dann folgt daraus die ethische Frage: Wie können wir erreichen, dass immer mehr die Bedürfnisse aller Beteiligten beachtet werden? Wie können wir zu Strategien kommen, so dass die Bedürfnisse aller Beteiligten gewürdigt werden? Wie können wir verhindern, dass manche Bedürfnisse Beteiligter unterdrückt, ignoriert oder sogar missachtet werden? Das sind ethische Fragen, die im Zentrum der GfK stehen! Wenn Bedürfnisse sogar universell sind, kultur-, geschlechter-, völker- und religionsübergreifend, dann ist die GfK sogar ein Entwurf einer universalen Ethik in einer pluralistischen Gesellschaft, ein Entwurf einer universalen Ethik in postmoderner Zeit! Genau das gleiche Ziel hatte aber auch Spinoza: Eine Ethik für alle Menschen, unabhängig von Religionsunterschieden! Eine Ethik aus der philosophischen Analyse des Menschen an sich!

Eine weitere Spur auf einer anderen Ebene als der inhaltlichen will ich noch anführen: Sowohl Spinozas Philosophie als auch die GfK haben das Potential, Menschen zu begeistern. Große Denker wie Goethe, Hegel, Nietzsche, Whitehead, Bergson, Deleuze, Borges usw. haben sich euphorisch über Spinoza geäußert.

Hegel: „Wenn man anfängt zu philosophieren, so muss man zuerst Spinozist sein."[3]

Aber auch Nicht-philosophen fanden trotz des spröden Aufbaus der Ethik ungemeinen Trost und Freude durch die Lektüre. Deleuze: „Das Paradox Spinozas besteht ja auch darin, der philosophischste der Philosophen zu sein, der reinste gewissermaßen, aber gleichzeitig der, der sich am stärksten an Nicht-Philosophen wendet und das meiste und intensivste nicht-philosophische Verständnis hervorruft."[4]

Auch heute schreiben verschiedenste Menschen über Spinoza und wollen andere mit ihrer Begeisterung für Spinoza teilhaben lassen:

Der berühmte Therapeut und Autor Irvin D. Yalom: Das Spinoza-Problem.

Der international bekannte Neurowissenschaftler Antonio R. Damasio: Der Spinoza-Effekt.

Der junge Romancier Goce Smilevski: Gespräch mit Spinoza.

Auch die GfK ist für viele Menschen zu einem Leitfaden der Lebensgestaltung geworden, der sie zu mehr Frieden und Freude führt.

Daneben gab und gibt es entschiedene Gegner, die Spinozas Philosophie anprangern. Auch Rosenberg erzählt in seinem Gespräch von Gabriele Seils von Anfeindungen und Unverständnis.

Euphorische Befürworter und ängstliche Gegner haben interessanterweise beide: Spinoza und die GfK. Welche Gründe gibt es für diese Ähnlichkeit?

Spinoza verbindet in der Ethik philosophische Theorie und praktische Lebensweisheit: „So gelingt es Spinoza, in einer rationalen Theorie der Lebensweisheit eine Artikulation menschlicher Heilsbedürfnisse zu finden, die auch eine realistische Perspektive ihrer Befriedung eröffnet."[5] Die Philosophie ist an der Universität zur reinen Wissenschaft geworden. Nach Spinoza haben nur noch Marx und Kierkegaard den Anspruch aufgenommen, Philosophie solle aufgrund ihrer Einsichten helfen, das Leben der Menschen zu verbessern. Jedoch wollen beide die Wissenschaftlichkeit der Philosophie überwinden: bei Marx muss der Wissenschaftler zum politischen Agitator werden. Und Kierkegaard hat sich enttäuscht von der Wissenschaftlichkeit des hegelschen Systems abgewendet. Spinoza ist also gewissermaßen der letzte große Philosoph, der Philosophie als Wissenschaft und Philosophie als Lebenshilfe verbindet: „Der Versuch Spinozas, von der Konstruktion einer philosophischen Grundbegrifflichkeit ausgehend, über die Theorie des psychophysischen und der Affekte in einem durchgehenden Argumentationsgang zu einer Konzeption von menschlicher Unfreiheit und Freiheit, Glück und Unglück zu kommen, ist bis heute in seiner Stringenz einmalig in der modernen Philosophie geblieben."[6] Auch wegen dieser einmaligen Syntheseleistung ist Spinozas Ethik ideal, um die GfK, eine moderne Kommunikations- und Lebenshilfe, philosophisch-wissenschaftlich zu reflektieren.

So will ich in mehreren Anläufen GfK und spinozistische Ethik begegnen lassen und schauen, welche Ähnlichkeiten, Einsichten und Bereicherungen die Kommunikation beider miteinander zutage bringt. In diesem Gespräch will ich als Theologe, philosophisch denkender Mensch und Seelsorger der dritte Gesprächspartner sein, der seine Urteilskraft, Erfahrungen, Fragen und Einsichten einbringt. Daraus ergibt sich für mich folgender Weg: Ich werde nicht erst einmal Spinozas Philosophie darstellen und dann die GfK und danach einen Vergleich anstellen. Das erscheint mir zu statisch, zu unfruchtbar. Ich möchte kleinere „Portionen" direkt begegnen lassen, um in mehreren „Austauschrunden" immer wieder neue Einsichten entstehen zu lassen.

Die Leserin bzw. der Leser muss nichts von Spinozas Philosophie wissen, um dieses Buch lesen zu können. Ein Grundwissen in GfK ist zwar nicht absolut notwendig aber sicherlich hilfreich, weil ich nicht explizit die gewaltfreie Kommunikation erkläre, sondern vielmehr ihre ethischen und philosophischen Grundlagen herausarbeiten will.

12

(Wer sich das schnell aneignen will empfehle ich neben meinem Buch „Exerzitien der Nächstenliebe" insbesondere Andreas Basu, Liane Faust: „Gewaltfreie Kommunikation", eines der kompaktesten und besten Einführungen in die GfK)

Ich pflege einen essayistischen Stil: Denn meine Grundthese ist ein „Versuch", ein Denkversuch, der nur durch Querverbindungen und vernetztender Sichtweise dargestellt werden kann.

Im Schreiben kamen immer neue Aspekte dazu: Ich bezog weitere Blickwinkel, Fragestellungen und Verbindungen mit ein. Meine Gesprächspartner in meinen essayistischem Suchen und Nachdenken waren nicht mehr nur Spinoza und Rosenberg: Die Historiker Schaik und Michel, die Entwicklungspsychologen Clare Graves und Paul Bloom und die Philosophen Henri Bergson und Alfred North Whitehead, die PSI-Theorie von Julius Kuhl kamen dazu.

Im Schreiben kamen mir immer wieder neue Einsichten und Aha-Erlebnisse, die ich dann auch gleich einbaute. So sind diese Essays auch „Bericht" von einem Nachdenkprozess, gleichermaßen hat das Schreiben dieser Essays das Nachdenken erst hervorgebracht.

Ich hoffe, ich habe genug Lust gemacht, dass Sie, liebe Leserin, lieber Leser, weiterlesen…

Hinweis: Die Stellen der Ethik gebe ich im Text mit einem Kürzel an. Die römische Zahl bezeichnet das Buch. LS bedeutet Lehrsatz. Die arabische Ziffer gibt an, welcher Lehrsatz im jeweiligen Buch bzw. welche Anmerkung zum Lehrsatz X. (In Zitaten aus „Klassiker auslegen" wird der Lehrsatz mit p (propositio) bezeichnet. 3p4 heißt dann: 3. Lehrsatz im 4. Buch.)

Ein Bild für Spinoza und Rosenberg

Das Titelbild dieses Buches zeigt auf der linken Seite einen jüdischen Friedhof. Auf der rechten Seite leuchten Obstbäume mit ihren Blüten im hellen Tageslicht. Ein Weg neben dem Friedhof läuft auf die Lichtung zu. (Ich habe in der Nähe von Beilstein an der Mosel im Wald diese Szenerie entdecken dürfen.)

Ich möchte dieses Bild Spinoza und Rosenberg widmen: Beide sind Juden. Beide sind verstorben und beerdigt. Aber nicht nur deswegen passt der jüdische Friedhof zu Spinoza und Rosenberg, besonders zu Spinoza:

Wir Christen haben zwar die Thora und die Propheten als Altes Testament in unsere Bibel aufgenommen. Aber wie bewusst sind wir Christen unserer jüdischen Wurzeln? Sind sie nicht tendenziell vergessen, verdrängt, vergraben? Anstatt das jüdische Volk zu würdigen, weil wir Christen ihnen viel verdanken, haben Christen in der Geschichte immer wieder Juden beschimpft, ausgegrenzt, verfolgt, zwangsweise getauft.

Baruch de Spinoza Spinozas Vorfahren erlebten die Verdrängung am eigenen Leibe: Ein halbes Jahrtausend war Spanien das größte jüdische Zentrum der Welt. Innerhalb eines Jahrhunderts (1391 - 1492) wurde diese kulturelle Hochburg durch Inquisition und Judenverfolgung vernichtet.

Mit den katholischen Monarchen Ferdinand und Isabell trat die Judenverfolgung in eine neue Phase. Durch die Heirat der beiden Monarchen wurde Kastilien und Aragonien 1479 vereinigt. Als die letzte muslimische Bastion, Granada, von Ferdinand und Isabella erobert wurde, unterzeichneten die katholischen Monarchen den Erlass, dass alle spanischen Juden nur die Wahl zwischen Ausweisung oder Bekehrung zum Katholizismus hätten. Wer als Jude in Spanien blieb, musste sich taufen lassen und konnte nur versteckt, im Geheimen seinen jüdischen Glauben weiter pflegen.

Spinozas Vorfahren flüchteten nach Niederlande, das Religionsfreiheit gewährte.

Spinoza selbst wurde 1656 aus der Synagogengemeinde ausgeschlossen! Seine radikales Bestreben, mit seiner Vernunft die

Wahrheit zu suchen, erregte Anstoß: Denn seine Aufklärung führte ihn zur Kritik an der Bibel, der religiösen Tradition und Moral und der üblichen Gottesvorstellungen.

Ein Philosoph, der so radikal und konsequent denkt, muss vielleicht als Person in seinem Leben einsam sein; er muss anstößig, ein Ausgeschlossener sein. „Exil, Rückzug, Exkommunikation: Dreimal beginnt sein Leben als Philosoph unter dem Vorzeichen des Ausschlusses."[7] Mit Exil ist die Flucht seiner Familie von Portugal nach Niederlande gemeint. Dies stößt ihm zu. Den Rückzug aus der jüdischen Gemeinde und aus dem gesellschaftlichen Leben vollzieht er selber. Die Exkommunikation aus der jüdischen Gemeinde ist die Konsequenz, die ihm einerseits zustößt, er andererseits aber voll bejaht.

Diese Erfahrung formuliert Spinoza nüchtern: „Der freie Mensch, der unter Ungebildeten lebt, sucht soviel als möglich ihre Wohltaten abzulehnen. Beweis. Jeder beurteilt nach seiner Sinnesweise, was gut ist (siehe Anm 39 III). Der Ungebildete also, der jemanden eine Wohltat erwiesen hat, wird sie nach seiner Sinnesweise schätzen, und wenn er sieht, daß sie von dem, dem sie erwiesen worden, geringer geschätzt wird, wird er Unlust empfinden (nach LS 42 III). Der freie Mensch trachtet aber, sich die übrigen Menschen durch Freundschaft zu verbinden (nach LS 37 dieses Teils) und den Menschen nicht nach ihrem Affekt Gleiches zu vergelten, sondern er strebt danach, sich und die übrigen durch das freie Urteil der Vernunft zu leiten und nur das zu tun, was er selbst als das Wichtigste erkennt. Daher sucht der freie Mensch, um den Ungebildeten nicht verhaßt zu werden, und um nicht ihrem Verlangen, sondern der Vernunft allein zu gehorchen, ihre Wohltaten soviel als möglich abzulehnen. W. z. b. w. Anmerkung. Ich sage, soviel als möglich. Denn obgleich die Menschen ungebildet sind, sind es doch Menschen, welche menschliche Hilfe, die vorzüglichste von allen, in der Not leisten können. Daher ist es oft nötig, Wohltaten von ihnen anzunehmen, und folglich ihnen dagegen nach ihrer Sinnesweise zu willfahren. Dazu kommt, daß die Ablehnung von Wohltaten der Vorsicht bedarf, damit wir sie nicht zu verachten oder aus Geiz die Wiedererstattung zu scheuen scheinen, und so, während wir ihrem Hasse entgehen wollen, eben dadurch in einen Streit mit ihnen hineinrennen. Deshalb muß man bei dem Ablehnen von Wohltaten Rücksicht auf das Nützliche und Schickliche nehmen." 70 LS IV

Schon diese Passage zeigt etwas ganz Erstaunliches: Obwohl Spinozas Familie und er selbst den Ausschluss, die Verdrängung erlebten, obwohl er zur Vorsicht rät, erstrahlt seine Philosophie im hellen Licht der nüchternen Vernunft.

Nichts in der Ethik zeigt einen verbitterten Menschen. Der ausgeschlossene Spinoza folgte nicht dem völlig negativen Menschenbild eines Thomas Hobbes: „Denn wenn z. B. zwei Individuen ganz gleicher Natur miteinander verbunden werden, so bilden sie ein Individuum, das doppelt so mächtig ist als ein einzelnes. Es ist daher dem Menschen nichts nützlicher als der Mensch;" Anm 18 IV

Oder auch:. „Der von der Vernunft geleitete Mensch ist im Staate, wo er nach gemeinsamem Beschlüsse lebt, freier als in der Einsamkeit, wo er sich allein gehorcht." 73 LS IV. Spinoza weiß, dass Menschen erst einmal inadäquate Ideen haben und in ihren traurigen Affekten gefangen sind. Trotzdem:

Spinoza kann ohne Verbitterung schreiben, weil er mit der Klarheit der eigenen Vernunft Gott als das Ganze dachte, erkannte, schaute: Alles ist Ausdruck Gottes! Gott ist Substanz, die Natur. Jedes einzelne Ding, Lebewesen, Mensch ist ein Modus der einen Substanz. Auch die Unwissenheit der vielen Menschen ist, recht besehen mit der klaren Vernunft, ein Ausdruck Gottes! So erscheint Spinoza alles Sein quasi in einem göttlichen Licht. Der Linsenschleifer Spinoza sah durch seine Linse „Vernunft" in allem Gott quasi als alles durchflutendes Licht. Im Roman „Gespräch mit Spinoza" erklärt Spinoza Clara Maria: „Stellen wir uns mal vor, dass die Substanz Licht ist, aber kein Licht, das von einem bestimmten Körper wie der Sonne, einem Stern oder einer Kerze herrührt; stellen wir uns vor, dass dieses Licht, das uns zur Verdeutlichung der Substanz dienen soll, aus sich selbst heraus entstanden, alldurchdringend, unendlich und ewig ist. Die Attribute stellen wir uns vor als eine unendliche Zahl von Prismen, und zwar von Prismen, die aus der Licht-Substanz selbst entstanden sind. Diese Prismen-Attribute sind – anders als die

Prismen, die wir kennen – unendlich und ewig. Das heißt, die einzige Gemeinsamkeit, die die Prismen-Attribute mit den Prismen unserer Welt haben, ist die Fähigkeit, das Licht zu brechen. Die Licht-Substanz manifestiert ihre Essenz, indem sie durch die Prismen-Attribute dringt und sich in ihnen bricht. So manifestiert sich die Substanz also selbst, die Attribute manifestieren und die Essenz wird manifestiert. Mittels ebendieser Brechung des Lichts durch die Attribute werden seine Modifikationen geschaffen, und zwar zunächst drei ewige und unendliche Modi. Sie können wir uns wie erste Lichtstrahlen vorstellen, aber keine Lichtstrahlen, wie wir sie kennen – kurz andauernd und begrenzt sondern unendliche und ewige Lichtstrahlen. Aus ihnen entsteht dann das Farbenspiel des gebrochenen Lichts, entstehen die begrenzten und vergänglichen Modi. So ist das also, das Licht dringt durch die Prismen, dann bilden sich die ersten Lichtstrahlen, und schließlich kommt es zur Bildung der unterschiedlichsten Farben.“[8]

Auf Spinoza angewendet sehe ich in dem Bild: Die linke Seite, der Friedhof, zeigt den Ausschluss und die Verdrängung. Die rechte Seite lässt das helle Licht von Spinozas Philosophie und noch mehr die „Helligkeit Gottes“ erscheinen.

Auch nach Spinozas Tod wird sich diese Aufteilung fortsetzen. Lange Zeit wurde Spinoza von vielen als atheistisch und amoralisch abgelehnt und beschimpft.

Daneben gibt es die Begeisterung, die lichte Seite seiner Wirkungsgeschichte. Warum gerade Spinoza so sehr Menschen faszinieren kann, hat insbesondere Deleuze in seinem letzten großen Werk „Was ist Philosophie?“ mit einem Loblied auf Spinoza verdeutlicht: „Was nicht gedacht werden kann und doch gedacht werden muß, wurde ein einziges Mal gedacht, wie Christus ein einziges Mal Fleisch geworden ist, um für dieses Mal die Möglichkeit des Unmöglichen aufzuzeigen. Daher ist Spinoza auch der Christus der Philosophen, und die größten Philosophen sind allenfalls Apostel, die diesem Mysterium näher oder ferner stehen. Spinoza, das unendliche Philosoph-Werden. Er hat die „beste“, das heißt reinste Immanenzebene gezeigt, errichtet, gedacht, diejenige, die sich nicht dem Transzendenten preisgibt und nichts vom Transzendenten zurückgibt, diejenige, die am wenigsten Illusionen, schlechte Gefühle und irrige Wahrnehmungen erregt ..."[9]

Die Einzigartigkeit Spinozas besteht also darin, dass kein Philosoph so radikal und konsequent eine Philosophie der Immanenz formuliert hat. Theologen denken dabei zuerst an das Verhältnis von Gott und Welt: Gott ist der Welt nicht transzendent sondern immanent. Über diesen Aspekt der Immanenz handelt das erste Kapitel in der Ethik. Aber es ist nicht der einzige Aspekt bei Spinoza. Ebenso ist der Mensch auch nicht transzendent gegenüber der Natur, gegenüber anderen Lebewesen oder gegenüber seinem Körper. (Das wäre nach Spinoza eine Illusion.) Auch kann das Sollen nicht das Können übersteigen: nie wird der Mensch in der Ethik zu einer Moral aufgefordert, ohne zu fragen, ob er überhaupt das Vermögen dazu hat. (Das würde schlechte Gefühle hervorbringen.) Gerade das letzte wirkte für viele Menschen befreiend und beglückend. Es ist auch der Immanenzaspekt, der uns zu Marshall Rosenberg führt:

Marshall Rosenberg Schon in seiner Kindheit und Jugend war Rosenberg mit zerstörender Gewalt und Ausgrenzung konfrontiert. Im Interview mit Gabriela Seils berichtet Marshall Rosenberg, wie er dazu kam, sich mit Gewalt zu beschäftigen: „Ich habe mich mein ganzes Leben lang mit dieser Frage beschäftigt. Es fing in meiner Kindheit an, als meine Familie 1943 nach Detroit, Michigan umzog, gerade rechtzeitig, um die Rassenkrawalle mitzuerleben, die in unserer Nachbarschaft ausbrachen. Wir haben tagelang unser Haus nicht verlassen, während um uns herum der Rassenkrieg tobte.

Und das war ein prägendes Erlebnis für mich als achtjähriger Junge. Ich habe gelernt, dass Menschen sich aufgrund ihrer Hautfarbe gegenseitig verletzen und umbringen. Und als ich zur Schule ging, bekam ich zu spüren, dass mein jüdischer Nachname Aggressionen bei anderen auslöste. Also bin ich mit der Frage aufgewachsen: Was bringt Menschen dazu, andere zu verletzen? Was gibt es ihnen, jemanden leiden zu sehen?"

Wenn ich den jüdischen Friedhof sehe und symbolisch auf Rosenberg beziehe, steht er z. B. für die zerstörerische Aggression bei den Rassenkrawallen und für die Ablehnung und Vorurteile von weißen Amerikaner in Detroit sowohl gegenüber Schwarzen als auch gegenüber Juden. Er erlebte bei seinen Mitmenschen auch die lichte, liebenswürdige Seite, für die symbolisch die blühenden Obstbäume im Tageslicht stehen sollen:

„Gleichzeitig hatte ich das Glück, in meiner Familie das genaue Gegenteil zu erleben. Als meine Großmutter sterbenskrank war - sie war am ganzen Körper gelähmt -, kam jeden Abend mein Onkel zu uns und hat meiner Mutter geholfen, sich um meine Großmutter zu kümmern. Und ich konnte sehen, wie er dabei gestrahlt hat; ihn schien das mit tiefer Freude zu erfüllen. Und ich dachte: Warum ist das so, warum gibt es Menschen wie meinen Onkel und warum gibt es Menschen, die fähig sind, andere zu töten?"

Rosenbergs Antwort für die Gründe, warum Menschen so unterschiedlich wirken können, schlägt wiederum eine Brücke zu Spinoza: „Die Antwort auf die Frage nach der Ursache von Gewalt liegt in der Art und Weise, wie wir gelernt haben zu denken, zu kommunizieren und mit Macht umzugehen." Es beginnt für Rosenberg bei einem zerstörerischen gewaltsamen Denken, genauso wie für Spinoza die Unfreiheit der Menschen in ihrem verwirrten inadäquaten Denken begründet ist.

Das gewaltsame und inadäquate Denken führt zu gewaltsamer Sprache und zu unterdrückerischen Machtstrukturen, die wiederum gewaltsames und inadäquates Denken bewirken. Der Kreis schließt sich. Rosenberg hat seine Lebensaufgabe gefunden: Er will beitragen, diesen Kreis zu durchbrechen

„Ich konnte mich schließlich immer weniger mit meiner Rolle als Therapeut identifizieren und habe letztendlich meine Praxis aufgegeben und nach Formen gesucht, um Denk- und Machtstrukturen zu verändern, und nach einer Methode, die uns dabei helfen kann, uns selbst umzuerziehen. Und daraus ist irgendwann die Gewaltfreie Kommunikation entstanden."[10]

Und so wurde für viele die gewaltfreie Kommunikation ein Weg zu mehr „Licht", Frieden, glückliches Miteinander. Das gleiche Ziel, das Spinoza mit seiner „Ethik" auch anstrebte…

Auch wenn Spinoza aus der jüdischen Gemeinde exkommuniziert wurde und Rosenberg sich nicht explizit zum jüdischen Glauben bekannte, lebten sie aus der Ur-Hoffnung und Ur-Erfahrung des

Volkes Israel: Befreiung aus der Knechtschaft (Ägyptens), die Hoffnung auf ein gelobtes Land und den Mut, sich auf dem Weg dahin zu machen. Wir Christen glauben mit Kreuz und Auferstehung Jesu auch, dass durch die Kraft Gottes die Teufelskreise von Gewalt und Zerstörung durchbrochen werden können.

Das ist meines Erachtens der gemeinsame Glaube, der Juden, Christen, Spinoza und Rosenberg verbindet...

Positives Menschenbild Die Hoffnung, dass der Teufelskreis immer wieder durchbrochen werden kann, beginnt mit dem Glauben an ein positives Menschenbild. Das zeigt auch Genesis 1: Als Gott den Menschen geschaffen hatte, sah er, dass es sehr gut war. Rosenberg drückt sein positives Menschenbild mit zwei Grundsätzen aus:

1. Jeder Mensch erfüllt sich mit seinem Reden und Handeln und Entscheiden Bedürfnisse. Und in den Bedürfnissen unterscheiden wir uns Menschen eigentlich nicht: Jeder/Jede von uns wünscht sich Nahrung, Sicherheit, Akzeptanz, Vertrauen, Freude, Zusammenarbeit, Gleichwertigkeit, Hilfe, Freundschaft, Balance von Geben und Nehmen, Arbeit und Freizeit, Zuhören und Reden, Sinnhaftigkeit usw.

2. Rosenberg ist überzeugt, dass es Menschen von ihrer eigentlichen Natur aus Freude bereitet, zum Wohlergehen anderer beizutragen, wenn sie das freiwillig tun können.

Nochmals anders formuliert:

1. Es ist leichter, Kontakt zwischen Menschen herzustellen, wenn wir davon ausgehen, dass Menschen alles, was sie tun, aus der Absicht heraus machen, ihre Bedürfnisse zu erfüllen.

2. Kooperation und Kontakt mit anderen Menschen fallen leichter, wenn wir davon ausgehen, dass alle Menschen gerne zum Wohlergehen anderer beitragen - wenn sie dies freiwillig tun können.[11]

Ich kann die zwei Grundsätze auch negativ formulieren. Dies zeigt deutlicher die Abgrenzung zum Wolfsdenken, das Rosenberg überwinden will:

1. negativ formuliert: Es ist sehr viel schwerer, Kontakt herzustellen, wenn wir davon ausgehen, dass Menschen wirklich aus Bosheit, ohne

guten Grund etwas tun und dass Menschen feste unveränderliche böse Eigenschaften haben.

2. negativ formuliert: Ich kann andere drängen, zwingen, manipulieren, dass sie etwas für mich tun. Aber dafür zahle ich immer einen Preis. Denn sie tun es nicht freiwillig. Das verhindert, dass sie es wirklich gerne tun.

Konkret will dies Rosenberg mit den vier Schritten der GfK und dem empathischen Zuhören umsetzen:

1. Indem ich meine Giraffenohre öffne, empathisch zuhöre und Gefühle und Bedürfnisse vermute, handle ich nach dem ersten Prinzip.

2. Indem ich mein Anliegen in vier Schritten formuliere, gebe ich dem anderen die Möglichkeit, freiwillig an dem Wohlergehen von mir beizutragen – ich handle nach dem zweiten Prinzip.

Ich will hier ein GfK-Gespräch aus dem Arbeitsleben anführen, das zeigt, wie konkret man das Menschenbild der GfK mit den vier Schritten und dem empathischen Zuhören umsetzen kann:

Chef: „Ich habe verstanden, dass Sie mir die Vertriebszahlen bis heute Mittag zusenden und jetzt kann ich keine E-Mail von Ihnen in meinem Postfach sehen. Ich bin enttäuscht, weil mir wichtig ist, mich auf Absprachen verlassen zu können. Sind Sie bereit zu sagen, was Sie davon abgehalten hat sicherzustellen, dass ich die Zahlen bekomme?" (Aufrichtigkeit in 4 Schritten)

Müller: „Äh, entschuldigen Sie, soll nicht mehr vorkommen."

Chef: „Sie bedauern, dass das so gelaufen ist?" (Empathie)

Müller: „Ja, klar. Es ist halt nun mal so viel zu tun."

Chef: „Ich kann nachvollziehen, dass Sie viel Arbeit haben, allerdings dürfte trotzdem immer noch Zeit sein, mir Bescheid zu geben, wenn Sie einen Termin nicht einhalten können. Ich möchte vermute, irgendetwas hat Sie davon abgehalten? (A)

Sie etwas zögerlich: „Hhm, ja, ich kann Ihnen doch nicht sagen, dass ich's nicht schaffe. Wie stehe ich denn dann da?"

Chef: „Wie stehen Sie denn jetzt da?" (A)

Müller nach einer Pause: „Ist mir sehr peinlich."

Chef „Und genau davor wollten Sie sich schützen?" (E)

Frau Müller nickt.

Chef: „Hatten Sie Angst davor, wie ich reagieren könnte, wenn Sie mir sagen, dass Sie es nicht schaffen?" (E)
Müller: „Mein früherer Chef hat mich dann immer unter Druck gesetzt und dann hab ich nur noch mehr Fehler gemacht und bin erst recht nicht fertig geworden."
Er nickt: „Sie wollten die Aufgabe zu Ende zu führen, weil das Ihrer Vorstellung von Verantwortung entspricht?" (E)
Müller: „Ja."
Chef: „Frau Müller, mir ist auch wichtig, dass delegierte Aufgaben vollverantwortlich zu Ende geführt werden. Gleichzeitig möchte ich eine Chance haben, meine eigenen Vereinbarungen mit anderen einzuhalten. Haben Sie eine Idee, wie wir das künftig sicherstellen können?" (A)
Müller: „Ich weiß nicht. Ich dachte ja, ich schaffe es, aber es hat nicht geklappt."
Chef: „Heißt das, Sie wollen gerne die Verantwortung für delegierte Aufgaben übernehmen, fragen sich aber, wie Sie effizienter arbeiten können?" (E)
Müller: „Ja, schon."
Chef: „Nun, wie wär's, wenn wir es nächsten Monat noch mal versuchen. Einer von den alten Hasen, die das früher gemacht haben, Herr Kohlhaus, kennt sich sehr gut mit Tabellenkalkulation aus. Der kann Ihnen helfen, die Daten zu filtern. Wie ist das für Sie?" (A)
Müller: „Super, vielen Dank! Am liebsten möchte ich gleich anfangen."
Chef: „Können Sie, ich rufe Herrn Kohlhaus gleich mal an. Frau Müller, ich lege darauf Wert, dass Sie mich unverzüglich informieren, falls trotzdem Gründe eintreten, die Sie von der Einhaltung unserer Vereinbarung abhalten. Sind Sie damit einverstanden?" (A)
Müller: „Ja, Sie wollen, dass ich anrufe, wenn noch was zu retten ist und nicht erst, wenn Sie schon unter Druck stehen."[12]
Dieses positive Menschbild von Rosenberg können wir auch in gewisser Weise in Spinozas Ethik finden:
Nach Spinoza tun Menschen alles letztlich zur Erhaltung ihres Seins. „Keine Tugend kann früher als diese – nämlich das Streben nach Selbsterhaltung gedacht werden." 22 LS IV Das Sein erhalten und

22

Vermögen steigern heißt für mich zusammenfassend sagen, dass wir Menschen bei allem Reden und Tun und Entscheiden uns Bedürfnisse erfüllen. Auch wenn die Menschen in ihrer Begrenztheit oft schlechte Strategien wählen, erfüllen sie sich immer Bedürfnisse: „Jeder begehrt oder verabscheut nach den Gesetzen seiner Natur notwendig dasjenige, was er als gut oder schlecht beurteilt." LS 19

Spinoza plädiert trotz seiner schlimmen eigenen Erfahrungen für Kooperation in Freiwilligkeit und gemäß dem Vermögen der Beteiligten: „Nichts Besseres, wiederhole ich, können sich die Menschen zur Erhaltung ihres Seins wünschen, als daß alle in allem so übereinstimmen, daß die Geister und Körper aller gleichsam einen Geist und einen Körper bilden und alle zugleich, soviel sie vermögen, ihr Sein zu erhalten streben und alle zugleich den gemeinschaftlichen Nutzen aller für sich suchen. Hieraus folgt, daß die Menschen, welche von der Vernunft geleitet werden, d. h. die Menschen, welche nach der Leitung der Vernunft ihren Nutzen suchen, nichts für sich begehren, was sie nicht auch für die übrigen Menschen wünschten, und daß sie also gerecht, treu und ehrenhaft sind." Anm 18 IV. Die Begründung, warum Kooperation sinnvoll ist, gibt Spinoza nochmal deutlich am Schluss des Zitates: Menschen möchten sich alle Bedürfnisse erfüllen. Und wer erkannt hat, dass diese Bedürfnisse für alle gleich sind, der versteht sofort den tiefen Sinn der Goldenen Regel: Was ihr von anderen erwartet, das tut auch ihnen. Oder wie es Spinoza formulierte: „d. h. die Menschen, welche nach der Leitung der Vernunft ihren Nutzen suchen, nichts für sich begehren, was sie nicht auch für die übrigen Menschen wünschten, und daß sie also gerecht, treu und ehrenhaft sind."

Aber Spinoza ist soweit ernüchtert von seinen Erfahrungen mit den Menschen, dass er weiß, dass sie nur durch den Einsatz ihrer Vernunft sich zur Tugend hin entwickeln. Deswegen schreibt er für die Menschen die Ethik als Anleitung, um mit der Vernunft zu einem guten Leben zu gelangen. Er weiß aus vielen Streitigkeiten und Ablehnungen, dass die Zeit für diesen Weg und diese Philosophie noch nicht reif ist, dass seine Lehre für viele ein Ärgernis, ein Skandal ist. Deswegen verteilt er seine Ethik nur an vertraute Freunde. Erst nach seinem Tod wird die Ethik von diesen Freunden veröffentlicht.

Jenseits von gut und böse – Spinozas ethische Differenz

Jenseits von gut und böse ist für Spinoza gut und schlecht. Spinoza lehnt die ethische Differenz „gut versus böse" ab und ersetzt sie durch die ethische Differenz „gut versus schlecht". Was bedeutet das?

Erst einmal: Jede Ethik braucht eine ethische Differenz! Denn jede Ethik beschreibt in irgendeiner Hinsicht etwas, was gut ist bzw. sein soll, und etwas, was nicht gut ist bzw. nicht sein soll. Ohne irgendeine solche ethische Differenz ist eine Lehre keine Ethik!

Aber wer gibt vor, was gut ist? Für wen ist was gut? Was bedeutet gut? Und wie wird das Gegenteil, das Ungute bestimmt? Wie erreiche ich das, was gut ist? Und was passiert bzw. was soll passieren, wenn ein Mensch nicht das Gute wählt und macht? In der Beantwortung dieser Frage unterscheiden sich die verschiedenen ethischen Konzepte!

In Spinozas Ethik treten wir schnell ein, wenn wir Spinozas Antworten auf diese Fragen anhand eines berühmten Beispiels anschauen: Nämlich seine Interpretation der Paradieserzählung!

Adam und zwei Ethiktypen An Willem van Blyenbergh schreibt Spinoza: „Das Verbot an Adam bestand also allein darin, dass Gott dem Adam offenbarte, dass das Essen von dem Baum den Tod verursache, gerade so wie er auch uns durch den natürlichen Verstand offenbart, dass das Gift für uns tödlich ist."[13] (Wenn wir diese Deutung untersuchen, ist es völlig nebensächlich, ob Spinoza Gen 2 „richtig" deutet.)

Spinoza stellt zwei Ethiktypen gegenüber.

Der erste Typ: Die Gebotsethik, die Ethik des Alten Testaments (in der Deutung Spinozas). Gott ist Gesetzgeber und Richter. Er erlässt Gesetze und Gebote. Wer sie übertritt, bekommt eine Strafe. Wer sie befolgt, wird belohnt. Gott gab Adam ein Gebot. Adam hielt sich nicht daran. Deswegen bestrafte Gott Adam mit der Paradiesvertreibung.

Der zweite Typ: Spinozas Ethik. Gott will Adam aufzeigen, dass das Essen des Apfels für Adam so schlecht ist wie das Essen von Gift. Es bringt Nachteile für Adam, evtl. den Tod! (Adam versteht Gottes

Empfehlung jedoch als Gebot! Also nach dem ersten Typ.) Allgemein formuliert Spinoza seine ethische Differenz im 39. Lehrsatz im 4.Teil: „Was da bewirkt, dass das Verhältnis von Bewegung und Ruhe, welches die Teile des menschlichen Körpers zueinander einnehmen, erhalten bleibt, ist gut; und umgekehrt ist derjenige schlecht, was bewirkt, dass die Teile des menschlichen Körpers ein anderes Verhältnis der Bewegung und Ruhe zueinander bekommen."

Deleuze kommentiert diesen Lehrsatz folgendermaßen: „Gut wird jede Gegenstand genannt, dessen Verhältnis sich mit dem meinigen zusammensetzt (Übereinstimmung) – schlecht wird jeder Gegenstand genannt, dessen Verhältnis das meine auf die Gefahr hin, sich mit anderen zusammenzusetzen, zersetzt (Nichtübereinstimmung).

Ohne Zweifel wird die Lage im Detail zusehends komplizierter. Einerseits haben wir viele konstituierende Verhältnisse, die so geartet sind, dass ein gleicher Gegenstand in einem Verhältnis mit uns übereinstimmen, in einem anderen nicht mit uns übereinstimmen kann. Andererseits erfreut sich jedes unserer Verhältnisse selbst eines gewissen Spielraums; insofern es sich – von der Kindheit bis zum Alter und zum Tod – beträchtlich verändert. [...] Für alle jene Fälle und ihre Komplexität gilt das Modell der Vergiftung. Es gilt nicht nur für das Böse, das wir erleiden, sondern auch für das Böse, das wir tun. Wir sind nicht nur vergiftet, sondern auch Vergifter; wir handeln wie Toxine und Gifte.

Blyenbergh erwähnt selbst drei Beispiele. Beim Attentat zersetze ich das charakteristische Verhältnis eines anderen Körpers. Beim Raub zersetze ich das Verhältnis, das den Mensch mit seinem Besitz vereint. Auch beim Ehebruch ist das, was zersetzt wird, das Verhältnis mit dem Ehegatten, jenes charakteristische Verhältnis eines Paares."[14]

Wir können nun gut eine andere Passage Spinozas verstehen: „Wir nennen das gut oder böse, was zur Erhaltung unseres Seins nützt oder schadet (nach Def. 1 und 2 dieses Teils), d. h. (nach Lehrsatz 7, T. 3) was unser Tätigkeitsvermögen vermehrt oder vermindert, erweitert oder einschränkt. Sofern wir daher wahrnehmen (nach der Def. der Lust und Unlust, siehe die Anm. zu Lehrsatz 11, T. 3), daß ein Ding uns mit Lust oder Unlust affiziert, nennen wir es gut oder böse; und folglich ist die Erkenntnis des Guten und Bösen nichts anderes als die

Idee der Lust oder Unlust, welche notwendig aus dem eigentlichen Affekt der Lust oder Unlust erfolgt (nach 22 Lehrsatz, T. 3)." Beweis 8 LS IV

Mit dieser Erläuterung von Deleuze und Passagen aus der Ethik können wir nun die ethischen Fragen beantworten und Spinozas Ethik etwas genauer skizzieren:

Wer gibt vor, was gut ist? Mein Körper zeigt mir, was gut für mich ist. Mit meinem Verstand muss ich herausfinden, was gut für mich ist.

Für wen ist was gut? Die Definition von gut ist nach Spinoza logisch gesehen für alle gleich. Gut wird immer auf einen Körper bezogen: Etwas ist gut für mich. Gut ist eine Bewertung, die relativ ist, die immer in Bezug auf einen Körper getroffen wird.

Was bedeutet gut? Eine Begegnung, ein Kontakt mit einem anderen Menschen ist für mich gut, wenn ich erhalten bleibe oder sogar gefördert werde.

Und wie wird das Gegenteil, das Ungute bestimmt? Eine Begegnung, ein Kontakt mit einem anderen Menschen ist für mich schlecht, wenn ich nicht erhalten bleibe, wenn ich verletzt, geschwächt oder sogar zerstört werde.

Wie erreiche ich das, was gut ist? Durch adäquate Erkenntnis, die ich dann in Handlung umsetze.

Und was passiert bzw. was soll passieren, wenn ein Mensch nicht das Gute wählt und macht? Tugendhaft handeln bewirkt direkt für Spinoza Freude. Wir werden nicht extern belohnt, wenn wir tugendhaft handeln. Sondern Nächstenliebe, Güte, Dankbarkeit, Großzügigkeit usw. erfüllt mich in sich mit Freude. Ich muss dafür nicht extra belohnt werden. (Mathe lernen kann in sich schön sein. Dann brauche ich nicht die gute Note als externen Ansporn!)

Umgekehrt gilt: Wenn ich schlecht handle, dann vergifte ich Körper, dann zersetze ich irgendwie etwas; einen anderen Menschen, mich selbst und/oder eine Beziehung usw. Hass bewirkt zersetzende Worte und Handlungen gegenüber dem anderen. Hass bewirkt aber auch in mir traurige, passive Affekte, die mich niederdrücken! Usw.

Wir können nun diese Antworten einer Gebotsethik gegenüberstellen, die Spinoza ja überwinden will:

Wer gibt vor, was gut ist? Gott und seine Gebote.

Für wen ist was gut? Das Gute ist an sich gut, unabhängig davon, welche Konsequenzen es bei einzelnen bewirkt.

Was bedeutet gut? Gut gibt Gott durch seine Gebote vor.

Und wie wird das Gegenteil, das Ungute bestimmt? Böse ist die Übertretung der Gebote Gottes.

Wie erreiche ich das, was gut ist? Durch Gehorsam und Unterdrückung meiner bösen Tendenzen.

Und was passiert bzw. was soll passieren, wenn ein Mensch nicht das Gute wählt und macht? Dann muss der Mensch bestraft werden. Die Strafe zwingt ihn dazu, sich mehr an die Gebote zu halten.

(Selbstverständlich gibt es nicht nur diese zwei Ethiktypen. Wenn wir die fünf Fragen der Pflichtethik Kants, der Tugendethik Aristoteles´, der Diskursethik, der utilitaristischen Ethik usw. stellen würden, ergäben sich andere Antworten und ein größeres Panorama an ethischen Konzepten.)

Spinoza lehnt Gebote nicht kategorisch ab. Sie sind aber nur inadäquate Hilfen für Menschen mit beschränktem Wissen. Sie können aber auch zu Unterdrückung führen. (Führen wir gleich genauer aus.)

Können wir nun eine ähnliche ethische Differenz auch in der GfK finden?

Erst einmal lassen einige Aussagen Rosenbergs uns vermuten, die GfK hätte gar keine ethische Differenz. Immer wieder gern zitieren Rosenberg und seine Schüler den Satz von Rumi: „Jenseits von richtig und falsch liegt ein Ort, dort treffen wir uns."[15] Zu Straftätern sagte Rosenberg z. B.: „Nein, ich sage nicht, dass es richtig war, ich sage nicht, dass es falsch war, ich sage, dass du es nicht getan hättest, wenn es nicht deine Bedürfnisse erfüllt hätte. Bei allem, was wir Menschen tun, geht es um die Erfüllung unserer Bedürfnisse."[16] Wenn wir jedoch wichtige Schlüsselunterscheidung der GfK zusammen nehmen, erkennen wir schon eine ethische Differenz in der GfK:

- Bedürfnis und Strategie
- Lebensförderlich und lebenshinderlich (etwas tun, das uns mit dem Leben verbindet vs. Etwas tun, das uns vom Leben trennt)
- Bedauern vs. Schuldgefühl und Scham

- Moralisches Urteil vs. Bewertung aufgrund von Bedürfnissen

Nehmen wir ein Beispiel von Blyenbergh, um diese Unterscheidungen zu erläutern: Raub, Diebstahl. Wenn jemand etwas klaut, erfüllt er sich ein Bedürfnis oder mehrere Bedürfnisse. Das können ganz unterschiedliche Bedürfnisse sein: Zum Beispiel kann ein Junge etwas klauen, um durch diese Mutprobe Aufnahme in eine Gang zu erreichen. Er möchte dazugehören. Er hat das Bedürfnis nach Anerkennung, nach Gemeinschaft, vielleicht auch das Bedürfnis nach Abenteuer. Diese Bedürfnisse sind allgemein. Er hat erst einmal grundsätzlich viele Möglichkeiten, sich die Bedürfnisse nach Anerkennung, Gemeinschaft und Abenteuer zu erfüllen. Würde er versuchen, den Anschluss bei den Pfadfinder zu bekommen, würde er ganz andere Strategien wählen als Stehlen. Er würde vielleicht intensiv beim Zeltlageraufbau mithelfen. Aber in der Situation, als er stahl, erkannte er wohl schwer oder gar nicht, welche alternativen Strategien er sonst noch wählen hätte können. Daraus folgt: Sich Bedürfnisse zu erfüllen ist an sich immer „richtig". Es ist unser Wesen: Wir Menschen erfüllen uns nach dem Menschenbild der GfK immer Bedürfnisse.

Die entscheidende Frage ist: Führen die gewählten Strategien auch zu adäquaten Bedürfniserfüllungen? Diese Frage führt uns zur ethischen Differenz der GfK!

Meine Wahl einer Strategie, z. B. Raub, erfüllt mir wohl zeitweise einige meiner Bedürfnisse. Aber sie verhindert auch die Erfüllung anderer Bedürfnisse, die in mir da sind: z. B. das Bedürfnis nach gegenseitigem Respekt oder nach Unbeschwertheit usw.

Außerdem wichtige Bedürfnisse des Beraubten werden durch den Raub nicht erfüllt. Z. B. das Bedürfnis nach Sicherheit, nach Achtung des Eigentums, nach Respekt, nach Unversehrtheit usw. Die entscheidende Frage kann ich also präzisieren und erweitern: Führen die gewählten Strategien auch zu adäquaten Bedürfniserfüllungen aller Beteiligten?

Genau das ist ja das ethische Ziel der GfK: Indem ich meine Bedürfnisse transparent äußere und empathisch die Bedürfnisse der anderen aufnehme, schaffe ich durch Kommunikation eine Würdigung aller wichtigen Bedürfnisse aller Beteiligten, so dass aus einer solchen Kommunikation heraus der Boden geschaffen wird, um gemeinsam passende Strategien zu finden.

Wenn ich etwas tue, das die Bedürfnisse der Beteiligten bzw. Betroffenen erfüllt, dann handle ich lebensförderlich, dann bin ich mit dem Leben verbunden.

Wenn ich etwas tue, das nicht die Bedürfnisse der Beteiligten bzw. Betroffenen erfüllt, dann handle ich lebenshinderlich, dann bin ich vom Leben getrennt.

Denn Leben heißt für die GfK: auf Bedürfnisse hören und sich diese passend erfüllen!

Jenseits von richtig und falsch, jenseits von gut und böse steht für die GfK diese ethische Differenz: Lebensförderlich oder lebenshinderlich.

Diese ethische Differenz ist verblüffend ähnlich zu Spinozas ethischen Differenz von richtig und falsch!

Nicht nur positiv inhaltlich ähneln sich beide. Auch die Beschreibung ihrer jeweiligen Gegnerposition, die sie überwinden wollen, zeigt verblüffende Parallelen: Die GfK möchte die Wolfssprache, das Wolfsdenken und die Dominanzstruktur überwinden. Genauso wie Spinoza seine Leserinnen und Leser vom Joch der Gebotsethik befreien will.

Wolfssprache, Wolfsdenken und Dominanzstruktur

Der Autoaufkleber: „Mean People Suck!" („Fiese Leute sind zum Kotzen!") impliziert, dass diese fiesen Leute *in ihrem Wesen* fies sind! Dahinter steht die Denkform: Ich *kann* Menschen einteilen in gut oder böse, klug oder dumm, einfühlsam oder unsensibel, vollkommen und unvollkommen. Gegen diese Denkform wehren sich Spinoza und Rosenberg gleichermaßen.

Wer in dieser Denkform denkt, kommt zwangsläufig zu dem Schluss: Diese fiesen Leute muss man meiden, überwachen, bestrafen. Gegen ihr Wesen muss man sie mit Druck umformen oder ausklammern! Wenn dieser Mensch in seinem Wesen böse ist, nützt es nicht, auf Einsicht zu hoffen, nützt kein Mitgefühl oder der Versuch, Verbindung aufzubauen, um dadurch Veränderung zu erreichen. Das ist der Kern des „Wolfsdenkens"! Dazu gehört untrennbar die

Wolfssprache. Denn in dieser Sprache formulieren wir diese Denkform!

Die Wolfssprache ist ein statische Sprache: Der ist faul, der ist gut, der ist böse, der ist ... Diese statische Wolfsprache beinhaltet die grundsätzliche Verwechslung zwischen, was ein Mensch tut oder getan hat oder öfters getan hat UND was ein Mensch im Wesen ist. (Entlarvend sind folgende Phänomene: Unter gewissen extremen Bedingungen tun viele Menschen Dinge, die sie nicht für möglich gehalten hätten. Z. B. Überlebende eines Flugzeugabsturzes essen aus Verzweiflung Menschenfleisch. Oder ebenso entlarvend ist die existentielle „Was, wäre wenn... Frage": Wie würde ich mich verhalten, wenn ich ein einer Drogenmafiafamilie aufwachsen würde?)

Die Wolfssprache arbeitet gerne mit folgenden Mitteln:
- Bewerten, Etikettieren und Kategorisierung.
- Vorurteile, vorgefasste Meinungen, Pauschalurteile
- Das Schwarz-Weiß-Denken: entweder - oder, etwas ist richtig oder falsch, jemand hat Recht oder nicht.
- Ratschläge: „Bei dir ist das und das falsch. Mache dies und jenes, und dann ist wieder alles in Ordnung."
- Schuldzuweisungen, Vorwürfe
- Vergleiche, Verurteilungen
- Drohen
- Ganz bestimmte Handlungen mit Lob und ganz bestimmte andere Handlungen mit Strafe belegen

Das führt uns zur Dominanzstruktur. In dieser Denkform ist es ideal, wenn die Guten dominant sind und leiten, befehlen, Gebote vorgeben und bei Bedarf bestrafen. Hierarchische Machtstrukturen entstehen. Einige wenige haben das Sagen über die große Mehrheit. Kontrolle und Ordnung werden oft unter Anwendung von Zwang oder irgendeiner Form von Gewalt aufrechterhalten. Wer die Spitze erreicht hat, wird versuchen, die anderen zu kontrollieren, vor allem durch Strafen und Belohnungen.

Und wenn alle Menschen fies sind? Wie Thomas Hobbes annahm? Dann braucht es erst recht eine starke Obrigkeit, die durch Zwang

Ordnung schafft: „Geht man davon aus, dass Menschen selbstsüchtig und gewalttätig sind, scheinen Strafen und Belohnungen die wirksamsten Mittel zu sein, sie zu lehren, wie sie sich benehmen sollen. […] Wir lernen, dass unser Wert als Mensch davon abhängt, ob wir von einer Autorität anerkannt werden oder nicht. Dieses Menschenbild rechtfertigt, dass die Überlegenen das Recht haben, den Ton anzugeben und andere zu kontrollieren, weil wir Menschen auf diese Weise lernen, was richtig und falsch ist."[17]

Und wenn viele oder alle Menschen eigentlich fies sind, müssen sie zum Guten gedrängt werden, am besten indem sie schamhaft erkennen, wie schlecht sie sind: „Eine solche Handlungsweise basiert auf dem Glauben, dass Menschen neue Verhaltensweisen am besten dadurch lernen, dass sie sich selbst hassen und für schlecht halten, indem sie nämlich Schuld, Scham oder Angst vor Strafe fühlen."[18]

Wer an der Spitze steht, bestimmt auch, wer zu den Guten, den Besseren, und zu den Schlechteren und zu den Bösen gehört.

Die Könige begründeten ihre Macht im Mittelalter damit, dass sie von Gottes Gnaden sind. Gott, das absolut Gute, vergibt Gesetze und beauftragt Könige, das Gute auf der Welt durchzusetzen.

Um dieses Denken zu durchbrechen muss Spinoza ganz oben anfangen. Deswegen bekämpfte Spinoza das Bild, dass Gott Gebote vergibt und wie ein König zu denken ist. „Denn man sagt, Gott habe die Gewalt, alles zu zerstören und in nichts zu verwandeln. Ferner vergleicht man sehr oft Gottes Macht mit der Macht der Könige." Anmerkung LS 3 II

Ebenso gehört eine gewisse Art von Religion zu diesem Stadium, die durch eine Offenbarung von Gott dem Menschen Gebote auferlegt. Dies verhindert aber tiefere Erkenntnis. Deleuze fasst Spinozas Kritik zusammen: „Die Illusion der Werte geht einher mit der Illusion des Bewusstseins: weil das Bewusstsein wesentlich unwissend ist, weil es die Ordnung der Ursachen und der Gesetze ignoriert, und weil es sich damit begnügt, deren Auswirkungen zu erwarten und zu empfangen, verkennt es die gesamte Natur. Nun reicht es zu moralisieren aus, nicht zu verstehen. Es ist offensichtlich, dass uns ein Gesetz, sobald wir es nicht verstehen, in der moralischen Gestalt eines „du sollst/du musst" erscheint. Auch wenn wir die Regel des Dreisatzes nicht verstehen, wenden wir sie an und beachten sie wie eine Pflicht. Wenn Adam die Regel der Beziehung zwischen seinem Körper und der Frucht nicht versteht, versteht er das Wort Gottes als Verbot. [...] das Moralgesetz ist eine Pflicht und hat keine andere Wirkung, keinen anderen Endzweck als den Gehorsam. Mag sein, dass dieser Gehorsam unerlässlich ist, mag sein, dass die Befehle gut begründet sind. Das ist nicht das Problem. Das Gesetz, ob moralisches oder soziales, bringt uns keinerlei Erkenntnis, es lässt uns nicht erkennen. Schlimmer noch – es verhindert die Bildung von Erkenntnis (das Gesetz des Tyrannen). Bestenfalls bereitet es die Erkenntnis vor und macht sie möglich (das Gesetz Abrahams oder Christi). Zwischen diesen beiden Extremen ersetzt es bei denen, die dazu aufgrund ihrer Existenzweise nicht fähig sind, die Erkenntnis (das Gesetz vom Moses)."[19]

Rosenberg lebte in der Moderne, nach dem II. Weltkrieg. Kein König beruft sich mehr auf Gottes Gnadentum. Jedoch die Dominanzstruktur ist in verwandelter Form immer noch wirksam, auch wenn sie nicht mehr mit Gottes Geboten und Gottes Gnadentum begründet wird. Die Dominanzstruktur wirkt und verwirklicht sich in einer modernen Demokratie anders als in einer Monarchie mit klarer Hierarchiestruktur. Deswegen muss Rosenberg sie auch anders entlarven und überwinden als Spinoza:

Die gewaltfreie Kommunikation will den Teufelskreis von Wolfsdenken, Wolfssprache und Dominanzstruktur durchbrechen. Denn diese drei „Elemente" stützen sich ja gegenseitig!

Rosenberg beginnt an einem Punkt des Teufelskreises: Der Kommunikation. Gegen die Wolfssprache empfiehlt und trainiert er die Giraffensprache mit ihren vier Schritten, um das eigene Anliegen aufrichtig und fair zu äußern, und mit dem empathischen Nachfragen von Gefühlen und Bedürfnissen, um eine Brücke zum anderen zu bauen.

Damit die Skepsis gegenüber der Giraffensprache abgebaut werden kann, ist es wichtig, das Wolfsdenken mit seinen „Dogmen" zu durchbrechen. Dazu helfen insbesondere die Schlüsselunterscheidungen. (siehe Kapitel: Irritationen, Illusionen und falsches Denken überwinden)

Wenn sich die Sprache und das Denken wandelt, dann ändern sich auch in Institutionen Dominanzstrukturen und eine neue „Kultur der Macht" entsteht: eine „Macht mit" statt eine „Macht über", eine beschützende Macht statt eine bestrafende Macht! (Eventuell muss man erst die alten Machtstrukturen aufbrechen, damit eine Giraffensprache sich wirklich ehrlich durchsetzen kann.)

GfK will die destruktive Konfliktkultur in eine partnerschaftliche Konfliktkultur wandeln.

Die gewaltfreie Kommunikation will auch den Teufelskreis von Wolfsdenken, Wolfssprache und Dominanzstruktur durchbrechen, indem sie das grundlegende Menschenbild „Es gibt Menschen, die von Natur aus schlecht, böse, fies sind" entlarvt und dekonstruiert:

Drei Argumente gegen dieses Menschenbild:

Die Wirklichkeit ist viel komplexer, als diese einfache schwarz-weiß Einteilung.

Menschen handeln immer, um sich Bedürfnisse zu erfüllen, und sie tun dies mit den Möglichkeiten, die sie haben. Sie wählen diese ungünstigen Strategien, weil sie es nicht besser wissen, gelernt haben. (Dies soll nicht bedeuten, dass ich sie als unfrei bezeichne und aus ihrer Verantwortung entlasse. Siehe Kapitel: Nur ein bester Versuch? Freiheit und Bedürfniserfüllung)

Die statische Sichtweise bewirkt Umgangsformen, die zu Wechselwirkungen führen, die die statische Sichtweise bestätigen: negative selbsterfüllende Prophezeiung. (Ein nachgewiesenes Beispiel für negativ selbsterfüllende Prophezeiung: Wenn man vor einem Test in Mathe nebenbei bemerkt, dass Mädchen durch ihr Wesen schlechter in Mathe sind, dann schneiden die Mädchen schlechter ab als in Kontrollgruppe, in denen die Bemerkung nicht gefallen ist. In diesen Kontrollgruppen sind Mädchen und Jungs gleich gut.)

Die gewaltfreie Kommunikation zeigt die Folgen dieser Denkform auf:

- Trennung vom anderen. Ich gut, der andere böse! Ich bin unfähig, mich in seine Bedürfnisse einzufühlen.
- Trennung von meinen Bedürfnissen, Trennung von mir: Ich merke nicht, was genau mein Bedürfnis ist.

33

- Trennung von meinen Möglichkeiten: Ich bin ohnmächtig, weil der andere nicht so handelt, wie ich will!
- Mangelland: Meine Kreativität und Offenheit für neue Wege und Strategien ist getrübt.

Das sind vier Absonderungen, Trennungen, „Sünden". Die „Ursünde" der gewaltfreien Kommunikation ist also dieses gefährliche Menschenbild: Es gibt Menschen, die von ihrem Wesen her böse, fies, schlecht sind. Sie sind nicht wandlungsfähig, lernfähig!

Kommen wir zum Schluss unserer Überlegungen: Es wurde durch die Verbindung mit Spinozas Ethik offensichtlich, dass die GfK in ihrem Zentrum eine ethische Differenz hat.

Wir müssen uns nun die wichtige Frage stellen:

Warum konnte Rosenberg diese ethische Dimension der gewaltfreien Kommunikation nicht klar auf einen Begriff bringen? Warum betont er so vehement, dass die GfK ihren Ort jenseits von gut und böse, von richtig und falsch hat? Warum ist die zentrale ethische Differenz im Herzen der GfK gleichzeitig ein blinder Fleck im Denken der GfK?

Ich habe zwei Gründe gefunden, die meines Erachtens zusammenhängen:

Rosenberg will mit seiner GfK immer auf „Augenhöhe" mit den Menschen kommunizieren. Er möchte durch empathisches Nachfragen erreichen, dass die Menschen zu ihren eigenen Bedürfnissen *selbst* vordringen. Wenn sie das erreicht haben, sind sie fähig, von sich aus zu bedauern, dass sie damals etwas getan haben, Strategien gewählt haben, die ihre heutigen Bedürfnisse bzw. Werte nicht entsprechen.

Wenn Rosenberg zu Straftätern sagt: „Nein, ich sage nicht, dass es richtig war, ich sage nicht, dass es falsch war, ich sage, dass du es nicht getan hättest, wenn es nicht deine Bedürfnisse erfüllt hätte. Bei allem, was wir Menschen tun, geht es um die Erfüllung unserer Bedürfnisse." S. 72., dann will er klar machen: Ich stelle mich nicht über Dich. Er will jegliche Dominanzstruktur vermeiden, er will nicht moralisch richten. Er ist überzeugt: gewaltfrei ist seine Kommunikation nur, wenn er sich nicht über den anderen stellt, wenn er nicht Kritiker und Richter ist. Die Person soll selber zu einem

Bedürfnisurteil kommen: Ich bedaure, dass ich das getan habe, weil mir das Bedürfnis … jetzt wichtig ist!

Der zweite Grund: Rosenberg konnte die ethische Differenz der GfK nicht auf den Begriff bringen, weil er wie viele Ethik mit Moral gleichsetzte. Er hatte nicht das philosophische Werkzeug, Ethik und Moral zu unterscheiden. Deleuze bringt es in seinem Artikel „über den Unterschied zwischen der Ethik und einer Moral" auf den Punkt: „Man sieht also, wie die Ethik, d.h. eine Typologie immanente Existenzweisen, die Moral ersetzt, die die Existenz immer mit transzendenten Werten verknüpft. Die Moral ist das Gottesurteil, das Urteilssystem. Die Ethik aber kehrt das Urteilssystem um. Im Gegensatz zu den Werten (gut – böse) wird der qualitative Unterschied der Existenzweisen (gut – schlecht) an deren Stelle gesetzt."[20]

In der Moral fordern Gebote, was man tun soll. Normalerweise fordern moralische Urteile, ohne zu zeigen, wie man es erreichen soll, und ohne zu begründen, warum das für mich wertvoll und gut ist.

Die Ethik von Spinoza will genau diesen Mangel aufheben: Ich soll das tun, was gut für mich ist. Und die Ethik will mir zeigen, wie ich Wege finde, mein Tätigkeitsvermögen zu vergrößern, freudige Affektionen zu kultivieren, aktiv mein Leben gut zu gestalten. Genau das Gleiche will Rosenberg auch erreichen.

Sogar auf der Metaebene vermeidet Rosenberg eine beurteilende Perspektive. Er betonte immer wieder folgenden Grundsatz: „Jeder Mensch macht in jedem Augenblick seines Lebens das Beste, was er für sein Leben tun kann." Ich werde im Kapitel „*Nur ein* bester Versuch? Freiheit und Bedürfniserfüllung" diesen Satz ausführlich kritisch betrachten. Hier sei kurz folgendes geklärt:

Es ist wertvoll, gewaltfreie Kommunikation zu vermitteln, weil sie mir auch ermöglicht, meine eigenen Bedürfnisse bewusster wahrzunehmen und klarer und besser meine Strategien zu wählen. Das erweitert meinen Horizont und damit meinen Blick für meine Wahlmöglichkeiten. Das ist die eine Seite dieses Satzes: Helfe Dir und anderen mit der GfK, deine Bedürfnisse besser umzusetzen, besser zu leben.

Jedoch der Satz hat auch eine andere Seite: Er wirft die Frage nach Freiheit auf. Wenn Rosenberg an dieser Hypothese festhält, um ja nicht, auch nicht auf der Metaebene, sich über einen Menschen zu erheben, nimmt er in Kauf, dass er in gewisser Weise die Freiheit des Menschen in Frage stellt?

Ich halte es jedenfalls für ehrlicher und schlüssiger, deutlich zu sagen: Die gewaltfreie Kommunikation hat eine ethische Differenz und ist auch eine Ethik!

Sie hat Züge von einer spinozistischen Ethik: Die GfK will von den Menschen ausgehen, wie sie sind. Sie will gangbare Wege aufzeigen, wie Menschen kooperativ sein können und sich gegenseitig unterstützen, ihre Bedürfnisse zu erfüllen, anstatt ein moralisches Ideal und Pflichten vorzugeben, ohne Hilfen zu geben und ohne zu fragen, ob es den Menschen in ihrer jetzigen Lage entspricht.

Genau das gehört zu einer spinozistischen Ethik:

„*Ontologische Voraussetzung statt deontologische Begründung.* Spinozas Ethica schlägt keine deontologische Ethik vor, die unbesehen der psychophysischen Verfaßtheit des Menschen auf die Frage antwortet, was man tun soll. Ausgehend von den Strukturen und Gesetzmäßigkeiten der Natur und der menschlichen Existenz erörtert sie, welche Art des glücklichen und selbstbestimmten Lebens Menschen möglich ist. Spinozas Ethica ist eine Theorie der Natur und eine Theorie des Menschen, in der eine Theorie darüber entwickelt wird, was für Menschen gut ist. [...] *Naturalismus.* Spinoza vertritt einen Naturalismus, der alles Seiende, das die Natur in irgendeiner Weise transzendieren soll, leugnet. Nicht nur die anthropologischen Ressourcen moralischen Handelns, sondern auch die Güter werden als etwas Natürliches begriffen. Die Ethik, auf die Spinoza zusteuert, schließt jegliches bonum morale aus. Sie geht statt dessen davon aus, daß es stets ein bonum naturale ist, was uns mehr oder weniger zuverlässig glücklich und frei macht.“[21]

Bedürfnisse und Gemeinbegriffe – eine universale Ethik

Den 5. Teil seiner Ethik beginnt Spinoza mit den Worten: „Ich gehe nunmehr zum anderen Teile der Ethik über, der von den Mitteln und Wegen handelt, die zur Freiheit führen. Ich werde also hier von der Macht der Vernunft handeln, indem ich zeige, was die Vernunft an sich über die Affekte vermag, und sodann was Freiheit des Geistes oder Glückseligkeit ist, woraus wir ersehen können, wieviel mächtiger der Weise ist als der Ungebildete. Wie und auf welchem Wege aber die Erkenntnis vervollkommnet und mit welcher Kunst der Körper behandelt werden muß, um seine Funktionen gehörig verrichten zu können, gehört nicht hierher; denn letzteres gehört zur Heilkunde, ersteres aber zur Logik. Ich will daher hier bloß von der Macht des Geistes oder der Vernunft handeln und vor allem zeigen, von welcher Art und Größe die Herrschaft ist, die sie über die Affekte hat, um sie einzuschränken und zu mäßigen." Vorwort V.

Was für eine Heilkunde? Nur die Medizin, die einen kranken Körper heilen soll? Spinoza bezieht die „Heilkunde" auch darauf, wie und auf welchem Wege Erkenntnis vervollkommnet wird. Heilkunde müsste so gedeutet werden, dass auch die Heilkunde der Seele mit einbezogen wird. Wer die Ethik liest, hat höchstens einige allgemeine Anhaltspunkte für diese Heilkunde. Die Ethik ist kein ausführliches Therapiebuch, kein gut angeleitetes Exerzitienbuch, kein konkretes Heilkundebuch des Geistes. Es beschreibt aus seiner Philosophie heraus einen Rahmen, in dem man Therapie oder Exerzitien machen kann. Sie präsentiert den „logischen" Rahmen und einige wenige, sehr allgemein gehaltene Ratschläge. (Wir kommen im Kapitel „… immer ein bisschen weniger dumm" und im Kapitel „Spinoza, PSI-Theorie und Focusing" noch auf diese Ratschläge explizit zu sprechen.) Hermann De Dijn bezeichnet die Ethik als: Heilkunde des Geistes. Ja, in der Philosophiegeschichte ist Spinoza der einzige moderne Philosoph, der systematische Philosophie und Philosophie als Heilkunde in Synthese präsentiert. Trotzdem muss man nüchtern feststellen, dass seine Handreichungen sehr allgemein sind – so allgemein, dürftig und schwierig zu verstehen, dass sie für viele Menschen keine Hilfe sein können.

So wie die Philosophie Spinozas verdeutlicht, dass die GfK eine ethische Differenz im Zentrum hat, so kann die GfK die „Füllung" in dem Rahmen sein, den die Ethik Spinozas bietet. War im letzten Kapitel die Ethik Spinozas erhellend für die GfK, soll nun in diesem Kapitel und im Kapitel „… immer ein bisschen weniger dumm" die GfK erhellend für die Ethik Spinozas sein.

Meine Hypothese lautet: Die Bedürfnisse haben in der GfK die gleiche zentrale Stellung wie die Gemeinbegriffe in der Ethik Spinozas. Die Gemeinbegriffe sind wenig konkret beschrieben. Die Bedürfnisse in der GfK können Beispiele für Gemeinbegriffe in der Ethik Spinozas sein. So wird die Ethik mit ihren Analysen und Überlegungen konkreter. Noch einen Schritt weiter möchte ich gehen: Die GfK setzt in gewisser Weise das Programm von der Ethik Spinozas um. Die wichtigste Verbindung zwischen Gemeinbegriffen und Bedürfnissen (neben anderen Verbindungen, die ich noch aufzeigen werde) ist die gleiche zentrale Stellung von Gemeinbegriffen und Bedürfnisse im jeweiligen System. Nun will ich die Hypothese erforschen:

Die Bedürfnisse in der GfK: Die Bedürfnisse sind in der GfK das Herzstück. Denn sie sind das alles Verbindende!

Die Bedürfnisse verbinden alle Menschen miteinander. Jeder Mensch hat Hunger, Durst, will in Sicherheit leben, respektiert werden usw. Die Umsetzung, die Strategie, um sich das Bedürfnis zu erfüllen, ist jeweils sehr unterschiedlich. Wir streiten uns sehr oft darüber, welche Strategie gewählt werden sollte. Streit, Gewalt, Trennung entsteht nicht auf der Ebene der Bedürfnisse sondern auf der Ebene der Strategien.

Ich möchte Ihnen nun eine Liste von solchen allgemeinen Bedürfnissen und Werten präsentieren und lade Sie ein, sich zu fragen: Wünsche ich das im Prinzip jedem Menschen? Ist das Bedürfnis unabhängig von kulturellen, religiösen, weltanschaulichen und persönlichen Unterschieden? Sind diese Bedürfnisse nicht Bausteine für ein gutes Leben für jeden Menschen?!

Abwechslung, Achtsamkeit, Akzeptanz, Aufrichtigkeit, Austausch, Balance von Geben und Nehmen, Balance von Arbeit und Freizeit, Balance von Sprechen und Zuhören, Bewegung, Bildung, Ehrlichkeit, Einfachheit, einen Beitrag leisten, Einfühlung, Empathie, Engagement, Entspannung, Entwicklung, Erfolg, Flexibilität, Freiheit, Freundlichkeit, Frieden, Geborgenheit, Gemeinschaft, Gleichwertigkeit, Gelassenheit, gesehen werden, Herausforderung, Hilfe, Humor, Intimität, innerer Friede, Klarheit, Konfliktfähigkeit, Kontakt, Nahrung, Luft, Kreativität, Kultur, Lebensfreude, Leichtigkeit, Menschlichkeit, Offenheit, Ordnung, Orientierung, partnerschaftlicher Umgang, Lernfähigkeit und persönliches Wachstum, Privatsphäre, Respekt, Rücksichtnahme, Selbstdisziplin, Selbstvertrauen, Sinnhaftigkeit, soziales Engagement, Spiritualität, Tatkraft, Toleranz, Trost, Unterstützung, Verantwortung, Verbindung, Vergnügen, Freude, Spaß, Verlässlichkeit, Vertrauen, Wertschätzung, Zeit sinnvoll nutzen und effektiv nutzen.

Es müssen nicht immer alle Bedürfnisse gleichzeitig erfüllt werden, damit jemand ein zufriedenes Leben führen kann. Aber unsere Gefühle zeigen uns, wenn ein Bedürfnis zu kurz gekommen ist und es wieder Zeit ist, diesem Bedürfnis Raum zu geben.

Vater und Sohn Skidelsky haben sieben Grundbedürfnisse aufgestellt. (Es gibt natürlich noch andere Möglichkeiten, eine Liste von Grundbedürfnisse zu erstellen) *Gesundheit, Sicherheit, Respekt, Selbstbestimmung, Harmonie mit der Natur, Freundschaft, Muße.*[22]

Wir können die vielen Bedürfnisse einem der sieben Grundbedürfnisse zuordnen.

Wir können die Bedürfnisse auch anders einteilen und unter Oberbegriffe zusammenfassen.

z. B.: Körperliches Wohlbefinden, Frieden, Autonomie, Verbindung, Ehrlichkeit, Spiel, Sinn.

Oder: Lebenserhaltung, Freiheit, Identität, Sicherheit, Empathie, Verbindung, Liebe, Erholung, Entwicklung. Aber diese Sortierungen sind nicht entscheidend. Wichtig ist:

Bedürfnisse sind allgemeine Begriffe. Bedürfnisse zeigen an, was zum Leben, zu einem guten Leben immer wieder mal erfüllt sein müsste. Manche Bedürfnisse müssen regelmäßig erfüllt werden

(Trinken, Nahrung). Manche Bedürfnisse können leicht und ohne Probleme aufgeschoben werden. Menschen haben für gewisse Bedürfnisse Vorlieben. Teenagern z. B. ist häufig Autonomie sehr wichtig. Aber wir können mit unserer Vernunft sofort verstehen: Die Bedürfnisse sind kultur-, generationen-, religionsübergreifend.

Sie sind somit Werte, die alle Menschen miteinander teilen. Wenn ich mir Bedürfnisse erfülle, wird mein Leben lebenswert. Da es auch soziale Bedürfnisse/Werte (Respekt, Verbindung, Unterstützung, Verständnis) und Metabedürfnisse (Fairness, Balance von Geben und Nehmen, die Bedürfnisse aller Beteiligten beachten) gibt, wird offensichtlich, dass Bedürfniserfüllung kein Egoismus bedeutet, sondern auch altruistisches Handeln und Gemeinschaftsförderung hervorbringt. (Siehe Kapitel in Ergänzungen zu „Exerzitien der Nächstenliebe": Denkt die gewaltfreie Kommunikation den Menschen altruistisch oder doch verdeckt egoistisch?)

Indem ich nach Bedürfnisse in der GfK suche, erreiche ich:

1. Ich verbinde mich mit mir!
2. Ich verbinde mich mit meinen Mitmenschen!
3. Ich kläre auf!
4. Ich schaffe Freiheitsräume!
5. Ich verwandle meine innere Atmosphäre und Haltung!
6. Ich verbinde mich durch meine Bedürfnisse und durch die Bedürfnisse meiner Mitmenschen mit Gott.

Ich verbinde mich mit mir: Rosenberg fragte die Menschen immer wieder: Was ist jetzt in Dir lebendig? Diese Frage kann ich sehr gut mit Bedürfnisbegriffen beantworten. Z. B. ich suche nach Freude, Entspannung. Ich wünsche mir partnerschaftlichen Umgang. Oder ich will einen Beitrag leisten. Wenn ich den passenden Bedürfnisbegriff gefunden habe, bin ich mit mir selbst verbunden, habe ich Klarheit darüber, was gerade in mir lebendig ist. (Evtl. brauche ich dazu mehrere Bedürfnisbegriffe. Aber ich spüre irgendwann, dass mit diesen passenden Begriffen mein Anliegen gut ausgedrückt ist.)

Ich verbinde mich mit anderen: Wenn ich mein eigenes Bedürfnis äußere, klage ich den anderen nicht an, dass er etwas falsch gemacht hätte. Das positive Äußern eines Bedürfnisses ist an sich nie trennend und nie verurteilend. Vielmehr biete ich dem anderen mit der

Äußerung meiner Bedürfnisse an, dass er zustimmt: Ja das Bedürfnis kenne ich auch. Ja ich verstehe, dass Du dieses Bedürfnis hast. Umgekehrt kann ich im empathischen Nachfragen ein bestimmtes Bedürfnis beim anderen vermuten und biete im fragend ein Bedürfniswort an: Bist Du traurig, weil Du Dir Ehrlichkeit wünscht? Der andere merkt durch dieses Nachfragen, dass ich ihn verstehen möchte, dass ich mit den Bedürfnisbegriffen klar auf den Begriff bringen kann, was in ihm lebendig ist. (Und wenn es nicht passt, dann wird er offen sagen: Nein, eher... Weil ich ihm fragend den Bedürfnisbegriff angeboten habe.) Und die Allgemeinheit des Bedürfnisbegriffes zeigt an: Ich wünsche mir auch Ehrlichkeit, wie Du! Bedürfnisbegriffe schaffen Gemeinsamkeiten, weil sie allgemein sind und allen Menschen gemeinsam sind!

Ich kläre auf: Eine Zentrifuge klärt eine Lösung durch Aufteilung auf. Schwere Teilchen gehen nach unten, leichtere nach oben. Die gewaltfreie Kommunikation lädt uns immer wieder ein, Wolfssprache in Giraffensprache zu übersetzen. Wir assoziieren mit Wolfssprache verurteilende Sprache und mit Giraffensprache freundliche, faire, aufrichtige Sprache. Aber was vielleicht bei vielen GfK-Büchern zu wenig deutlich wird: Die Übersetzung von Wolfssprache zu Giraffensprache ist ein Klärungsprozess. Es werden Vermischungen aufgetrennt wie bei einer Zentrifuge:

1. Tatsachen: Wir benennen selten die reinen Tatsachen. Wir mischen Tatsachen mit Deutungen. Die GfK empfiehlt: Benenne nur die Tatsachen.

Übersetzung von anklagender Wolfssprache mit Deutungen in Giraffensprache: Trennung von Deutung und Tatsachen.

2. Wir reden selten über unsere Gefühle. Wir mischen Gefühle mit Deutungen und in den Deutungen verstehen wir den Auslöser als Verantwortlichen. Wir benutzen gerne Mischmaschgefühlswörter: z. B. Ich fühle mich betrogen, hintergangen, missbraucht usw. Ich mache den anderen dafür voll verantwortlich, dass es mir gerade schlecht geht.

Die GfK empfiehlt: Benenne nur dein Gefühl. (Ich bin traurig.) Übersetzung von anklagender Wolfssprache mit Deutungen in Giraffensprache: Trennung von Deutung und Gefühlen.

Ich begründe mein Gefühl damit, dass ich das Bedürfnis benenne, das ich gerne erfüllt haben will. Damit übernehme ich Verantwortung für mein Gefühl und meine Deutung der Situation. Klare Aufteilung in Auslöser, was der andere getan oder gesagt hat, und mein Bedürfnis, das mir gerade wichtig ist.

3. Wir reden sehr viel über Strategien, selten aber über die dahinterliegenden Bedürfnisse. Wir verwechseln Strategien und Bedürfnisse. Bsp In Familien wird sehr viel über Strategien diskutiert: Tu dies! Tu das! Nein, ich will das tun… Die GfK empfiehlt: Benenne dein Bedürfnis. (Mir ist Ordnung wichtig!)

Übersetzung von strategiefixierter Wolfssprache in Giraffensprache: Trennung von Strategie und Bedürfnis.

4. Wir wagen viel zu selten echte Bitten. Wir erwarten, dass der andere von sich aus das tut – jedermann weiß doch, dass… Oder wir drängen, fordern, tricksen. Oder wir bitten schwammig und unklar. Auf Zögern oder Ablehnung reagieren wir beleidigt oder resignieren oder erhöhen den Druck durch Fordern, Drohen usw.

Die GfK empfiehlt: Benenne klar, machbar, positiv, in aller Freiheit deine Bitte.

Übersetzung von manipulativer Wolfssprache in klare Giraffensprache: Trennung von Bitte und Forderung. Die Bitte ist ein konkreter Vorschlag, wie der andere dazu beitragen kann, dass mein Bedürfnis erfüllt wird. (Hier sind wir wieder eindeutig auf der Ebene der Strategien.)

Indem ich klar mein Bedürfnis benenne, vermeide ich mehrere Vermischungen und verworrene Unklarheiten: Ich begründe transparent, warum ich gerade das Gefühl X habe. Ich begründe klar, warum gerade in dieser Situation etwas für mich schlecht (oder gut) ist.

> Schon Spinoza betonte die Relativität von gut und schlecht: Es muss auf eine Person und Situation bezogen (Relation!) werden.
>
> „Was das Gute und Böse betrifft, so bedeutet auch dies nichts Positives in den Dingen, nämlich wenn man sie an sich betrachtet, sondern es sind nur Modi des Denkens oder Begriffe, die wir daraus bilden, dass wir die Dinge miteinander vergleichen. Denn ein und dasselbe Ding kann zu derselben Zeit gut und böse und auch indifferent sein. Die Musik z. B. ist für den Missmutigen gut, für den

Trauernden böse, für den Tauben aber weder gut noch böse. Obgleich sich aber die Sache so verhält, müssen wir doch diese Wörter beibehalten." Vorrede IV

Ich schaffe Freiheitsräume: Wenn ich passend das Bedürfnis benenne, eröffne ich einen großen Möglichkeitsraum. Denn es gibt zu einem Bedürfnis mehrere, viele, oft unzählige Strategien, wie man sich ein Bedürfnis erfüllen kann. Wenn ich jedoch auf ein oder einige wenige Strategien fixiert bin, wenn ich nicht unterscheiden kann zwischen Strategie und Bedürfnis, dann enge ich mich ein. Wenn ich z. B. mein Bedürfnis nach Verstehen auf die Strategie einschränke, dass mein Ehepartner mir zuhört, wann ich es will, dann sind Enttäuschungen fast vorprogrammiert. Wenn ich jedoch unterscheide zwischen Bedürfnis (Verständnis) und Strategie (mein Partner hört mir zu), dann kann ich auch erwägen, einen Freund oder eine Freundin anzurufen, in einem Spaziergang mich mit mir selbst zu besprechen oder einen Seelsorger um ein Gespräch bitten usw.

Ich verwandle meine innere Atmosphäre und Haltung: Wenn ich z. B. meine Wut, Empörung oder Traurigkeit spüre, bin ich ja noch beeinflusst von einem negativem Gefühl. Wenn ich dann mein passendes Bedürfnis mir selbst positiv zusage, lade ich mich zu einer Haltungsänderung ein, die meine innere Atmosphäre beeinflusst. Wenn ich z. B. zu mir sage: Ich merke nun deutlich, dass ich mir Klarheit und Einfachheit wünsche, dann bin ich mit etwas Positivem lebendig verbunden. Ich kann dann überlegen: Was habe ich für Möglichkeiten, Klarheit und Einfachheit zu erreichen? Indem ich das Bedürfnis mir positiv klar sage, wechsle ich von der Mangellandperspektive bzw. Haltung in die Füllelandperspektive bzw. Haltung. Meine innere Atmosphäre hellt sich auf.

Ich verbinde mich durch meine Bedürfnisse und die Bedürfnisse meiner Mitmenschen mit Gott. Rosenberg meinte begeistert: „Für mich sind die Bedürfnisse der schnellste und nahe liegendste Weg, um in Verbindung zu dieser „göttlichen Energie" zu kommen. Alle Menschen haben die gleichen Bedürfnisse – weil wir lebendige Wesen sind."[23] Die Lebendigkeit des Heiligen Geistes spüre ich in meiner Lebendigkeit, in meinen Bedürfnissen.

Durch diese Darlegung wurde sicherlich mehreres deutlich: Die Bedürfnisse sind das Herzstück der GfK. Sie schaffen Verbindung zu sich selbst, zu den anderen Menschen, schaffen Klarheit, Freiheitsräume und wandeln mich in der Haltung.

Weil die Bedürfnisbegriffe allgemein sind, sind sie kultur-, geschlechter-, religions- und generationenübergreifend. Ihnen kann jeder Mensch zustimmen. Jeder kann nachvollziehen, warum sie lebenswert sind. Verbunden mit der ethischen Differenz von gut und schlecht bilden die Bedürfnisbegriffe eine universale Ethik aus. Die GfK wird durch die ethische Differenz von gut und schlecht und ihre Bedürfnisorientierung zu einer universalen, modernen Ethik! Die GfK ist eine Ethik für unsere heutige Zeit!

Die Gemeinbegriffe in der Ethik Spinozas: Wir müssen etwas ausholen, um die zentrale Stellung der Gemeinbegriffe in der Philosophie Spinozas auzuzeigen.

Gemeinbegriffe sind keine Ausdrücke sinnlicher Wahrnehmungen: „1. Aus den Einzeldingen, die durch die Sinne verstümmelt, verworren und ohne Ordnung sich dem Verstand darstellen (siehe Folgesatz zu Lehrsatz 29 dieses Teils); deshalb pflege ich solche Auffassungen eine Erkenntnis aus unsicherer Erfahrung zu nennen.

Gemeinbegriffe sind auch keine Ausdrücke von Meinungen und Assoziationen: „2. Aus Zeichen, z. B. daraus, dass wir uns beim Hören oder Lesen gewisser Worte der Dinge wieder erinnern, und gewisse Ideen von ihnen bilden, ähnlich denen, durch welche wir die Dinge vorstellen (siehe Anm. zu Lehrsatz 18 dieses Teils). Diese beiden Arten, die Dinge anzusehen, werde ich in der Folge Erkenntnis der ersten Gattung, Meinung oder Vorstellung nennen."

Gemeinbegriffe sind adäquate Ideen: „3. Endlich daraus, dass wir Gemeinbegriffe und adäquate Ideen der Eigenschaften der Dinge haben (siehe Folgesatz zu Lehrsatz 38 und 39 mit dem Folgesatz und Lehrsatz 40 dieses Teils). Diese Art werde ich Vernunft und Erkenntnis der zweiten Gattung nennen. – Außer diesen beiden Gattungen der Erkenntnis gibt es, wie ich im folgenden zeigen werde, noch eine andere dritte, welche wir das intuitive Wissen nennen wollen, und diese Gattung des Erkennens schreitet von der adäquaten

Idee des formalen Wesens einiger Attribute Gottes bis zu der adäquaten Erkenntnis des Wesens der Dinge vor." 2.Anm 40 LS II
Nach diesem Überblick nun die Ausführung: Ich treffe immer neu mit anderen Menschen zusammen. Ich spreche mit ihnen, agiere und reagiere. Manche Begegnungen erfreuen mich und erheben mich. Andere Begegnungen frustrieren mich, laugen mich aus, machen mich traurig. Damit knüpfe ich an den letzten Kapitel an und sage: Manche Begegnungen sind gut für mich, andere schlecht.
Ich suche aufgrund meines Conatus die guten Begegnungen, die mich erhalten, die mich fördern. Der Conatus (conatus lateinisch: Streben, Versuch, Anstrengung, Drang) ist für Spinoza das immerwährende, natürliche Streben eines Dings, besonders eines Menschen, zu existieren, sein Sein zu erhalten. Der Conatus ist ein zentraler Begriff in der Ethik. Er begründet die ethische Differenz zwischen gut und schlecht: Wenn jeder Mensch durch seinen Conatus bestrebt ist, in der Existenz zu verharren, ist er immer somit auf der Suche nach dem, was für ihn nützlich oder gut ist.
Einen weiteren Begriff von Spinoza muss ich zum Verständnis kurz erläutern: Affektion. Das Wort kommt vom Lateinischen. Das Substantiv affectus kann bedeuten: Zustand, Gemütsverfassung, Gefühl, Leidenschaft. Das Verb afficio kann übersetzt werden mit: den Geist in eine Stimmung versetzen aber auch den Körper schwächen.
Eine Affektion ist also nicht einfach ein Gefühl bei Spinoza. Es bezeichnet erst einmal die Wirkung auf ein Ding (einen Modi). Wenn ich jemand begegne, wenn ich etwas wahrnehme, dann wirkt etwas anderes auf mich und hinterläßt Eindrücke, Spuren. Diese Eindrücke sind körperlich. Wenn ich mich stoße, schwillt mein Körper an dieser Stelle an. Aber auch Schallwellen bewirken etwas in meinem Ohr und Gehirn. Affektionen sind Wirkungen eines Modus auf einen andern Modus (eines Körpers auf einen anderen Körper): Eine Begegnung, eine Wirkung verändert meinen Zustand und bewirkt ein Gefühl: Freude oder Traurigkeit oder irgendwelche anderen Gefühle. Also Affekte. Und jede Begegnung, Wirkung beeinflusst mich, erhöht oder erniedrigt meinen Zustand von Körper und Geist. Ein Virus schwächt

mich, ein Apfel stärkt mich. Auch das gehört für Spinoza zur Bedeutung Affektion.

Ich kann die zwei Fälle von Aufeinandertreffen somit auch folgendermaßen formulieren: 1. Ich treffe auf einen Körper, dessen Zusammenhang mit meinem zusammengesetzt werden kann. D. h. er stimmt mit meiner Natur überein und ist nützlich und gut für mich. Dieses Treffen bewirkt eine passive Affektion der Freude. Wir sind in dieser Situation weiterhin getrennt von unserem aktiven Tätigkeitsvermögen, trotzdem wird das Tätigkeitsvermögen durch Freude unterstützt. Aufgrund meines Conatus suche ich Situationen, in denen mein Tätigkeitsvermögen unterstützt wird.

2. Ich treffe auf einen Körper, dessen Zusammenhang sich nicht mit meinen zusammensetzt. Er ist schlecht für mich, bewirkt Traurigkeit und vermindert mein Tätigkeitsvermögen. Im Extremfall zerstört er meinen Zusammenhang und damit meine Existenz. Die Traurigkeit bewirkt Hass, verkettet mit Abneigung, Hohn, Verachtung, Neid, Zorn. Wird der Conatus durch die Traurigkeit bestimmt, hört er nicht auf zu suchen, was für den Körper nützlich ist.[24]

Aber im Gegensatz zur Freude wird die Traurigkeit nicht der Begierde, die daraus folgt, hinzugefügt, so dass sich das Tätigkeitsvermögen vermindert.[25] D. h. Frusterfahrungen schwächen mich.

Es spielen viele Faktoren beim Aufeinandertreffen mit, so dass auch der Körper mit weniger Vermögen einem anderen Körper mit mehr Vermögen Traurigkeit oder sogar Tod zufügen kann. Außerdem trifft nie der ganze Zusammenhang aufeinander, sondern nur Teil um Teil. (Obwohl der Präsident in einem starken Zusammenhang steht, so kann doch der Schuss eines Terroristen in sein Teil „Herz" ihn völlig zerstören.)

In der Realität kann ein Gegenstand sogar oft Grund für Freude und Trauer zugleich sein. Für vollkommene passive Freude müssten die Körper, die aufeinandertreffen, völlig übereinstimmen und ansonsten von nichts gestört werden. Da dies unmöglich ist, haben wir auf natürliche Weise wenig Gelegenheit, auf gute Weise aufeinanderzutreffen. Oft haben wir indirekte Freuden, weil wir unsere Gegner gut bekämpft haben: Die Freude ist mit Hass vergiftet.

Weil nach Spinoza die Natur nicht zu unserem Nutzen gemacht ist, sondern für eine allgemeine Ordnung, in welcher der Mensch als ein Teil der Natur untergeordnet ist, wird der Mensch vor allem traurige Leidenschaften haben.[26]

Aber wie kann ich aktiv werden? Wie kann ich eine ungünstige, schlechte Begegnung positiv wenden? Wie kann ich aktiv werden, gestalten, anstatt nur reagierend zu schauen, dass ich in gute Begegnungen komme?

Der Weg zu aktiven Affektionen vollzieht sich in zwei Schritten:

1. Schritt: Ich versuche ein Maximum an freudigen Leidenschaften zu empfinden und traurige Leidenschaften zu vermeiden. Die Vernunft hat dabei die Aufgabe, die Zusammentreffen so zu organisieren, dass eben traurige Leidenschaften vermieden und freudige vermehrt werden. Die freudigen Affekte sind aber immer noch passive, die uns von unserem eigenen Tätigkeitsvermögen trennen.

2. Schritt: Ich bringe aktive Affektionen hervor. (Diese sind immer freudig.) Vgl. S, S.244. Der Sprung von den passiven zu den aktiven Freuden gelingt Spinoza durch die Gemeinbegriffe. Eine kurze Definition: Ein Gemeinbegriff ist die Idee einer Gleichartigkeit in der Zusammensetzung existierender Modi (Dinge bzw. Menschen). Passive Freude und aktive Freude unterscheiden sich nur in der Ursache. Die passive Freude wurde von einem anderen Gegenstand verursacht, die aktive durch unser eigenes Tätigkeitsvermögen, d. h. aus einer adäquaten Idee in uns. Da die Gemeinbegriffe adäquate Idee sind, können sie den Sprung von passiv zu aktiv ermöglichen.[27]

Die ersten Gemeinbegriffen bilden wir aufgrund von freudigen Affektionen und finden zuerst weniger universale Gemeinbegriffe. Ein Treffen eines uns beglückenden Menschen führt uns dazu, eine innere Gemeinsamkeit zwischen uns als den Grund des glücklichen Einander-Verstehens zu erkennen.

Von Körpern, die in vielem übereinstimmen, kann man häufig einen Gemeinbegriff bilden, dessen Gesichtspunkt auch einen inneren und notwendigen Grund der Übereinstimmung der Körper trifft, einen den Körper eigenen Gesichtspunkt. Körper dagegen, die in wenigem übereinstimmen, können nur durch allgemeine, weitreichende Gemeinbegriffe wie z. B. Ausdehnung, Bewegung und Ruhe haben, zusammengefasst werden.[28] Diese lassen uns die Nicht-übereinstimmung verstehen.

Für Spinoza sind die Gemeinbegriffe keine Transzendentalia (Sein, Ding, Etwas) und keine Universalia (Gattungen, Arten; also Mensch, Pferd). Er lehnt eine abstrakte Art der Bestimmung, um Allgemeinbegriffe zu bilden, ab. Denn abstrakte Bestimmungen berücksichtigen zwischen Dingen nur sinnliche und grobe Differenzen. Kleinere Differenzen werden vernachlässigt, sobald sie unsere Einbildungskraft übersteigen. Das sinnliche Differenzcharakteristikum ist äußerst veränderlich und abhängig vom Zusammentreffen und den Affektionen. Die daraus gebildete abstrakte Idee dagegen ist für Spinoza ein Vorstellungsbild und inadäquat. Vgl. S, S.246f. Gegen Aristoteteles schlägt Spinoza vor, Tiere usw. nach der Struktur einzuteilen, d. h. nach dem System von Zusammenhängen zwischen den Teilen eines Körpers. Die Differenzen zwischen den Körpern verstehen wir dann von innen her.[29]

Gemeinbegriffe sind allgemeine, aber nicht abstrakte Ideen und damit adäquat: die Idee von etwas Gemeinsamen, so wie sie in Gott ist. Die Gemeinbegriffe sind Ideen, die formal durch unser Vermögen zu denken expliziert werden und die material die Idee Gottes als ihre Wirkursache ausdrücken. Sie werden durch unser Vermögen zu denken expliziert, weil sie in uns wie in Gott sind. Sie schließen damit das Wesen Gottes ein. Mit der ersten adäquaten Idee, einem Gemeinbegriff, werden wir aktiv. Wir sind im Vollbesitz unseres Tätigkeitsvermögens, wir sind vernünftige Seiende geworden. Da der Gemeinbegriff eine adäquate Idee ist, drückt er das Wesen Gottes aus und ermöglicht uns eine unmittelbare Erkenntnis des Wesen Gottes.

Der erste Gemeinbegriff ist immer ein weniger universaler, der aus einer passiven Freude heraus gebildet wurde. Dieser stärkt uns, schlechte Aufeinandertreffen zu meiden und setzt uns in den Besitz unseres Tätigkeitsvermögens. Mit der Zeit können wir auch universellere Gemeinbegriffe bilden, die es uns ermöglichen auch schlechte, aber unvermeidbare Aufeinandertreffen auszuhalten. Wenn wir Traurigkeit empfinden und daraus einen sehr universalen Gemeinbegriff bilden, der uns auch die Nicht-übereinstimmung verstehen lässt, dann ergibt sich daraus wiederum eine aktive Freude, weil wir etwas verstanden haben bzw. einen Gemeinbegriff gefunden.[30]

Warum sind die Gemeinbegriffe in der Ethik zentral?

1. Sie bewirken den Wechsel von passiv zu aktiv!
2. Sie bewirken Freude!
3. Sie sind die ersten adäquaten, klaren Ideen, die wir bilden können!
4. Sie sind lebendige Begriffe, die die wirkliche Ursache ausdrücken, statt abstrakte Begriffe oder äußerliche Beschreibungen!
5. Durch Gemeinbegriffe bin ich nicht mehr von meinem Wesen bzw. Tätigkeitsvermögen getrennt.[31]
6. Die Gemeinbegriffe führen mich zur Idee Gottes!

Gemeinbegriffe und Bedürfnisse Nirgends kann man in der Ethik Spinozas ein Beispiel für einen Gemeinbegriff finden, der eindeutig ein Bedürfnis ist. Wenn ich nun behaupte, Bedürfnisse sind die „Gemeinbegriffe" in der GfK, Bedürfnisse sind passende Beispiele für das, was Spinoza als Gemeinbegriffe bezeichnet, dann muss ich das in anderer Weise begründen: Ich kann strukturell zeigen, dass die Gemeinbegriffe in der Ethik denselben Stellenwert im System hat wie die Bedürfnisse in der GfK. Ich kann außerdem darlegen, dass Bedürfnisse die Kriterien für Gemeinbegriffe erfüllen.

Indem ich die Zusammenfassungen der zentralen Stellung der Bedürfnisse in der GfK bzw. der Gemeinbegriffe in der Ethik gegenüberstelle, zeigt sich gleich die Strukturähnlichkeit der Begriffe im jeweiligen System:

1. Ich verbinde mich mit mir, wenn ich meine Bedürfnisse erkunde! *Durch Gemeinbegriffe bin ich nicht mehr von meinem Wesen bzw. Tätigkeitsvermögen getrennt.*
2. Ich verbinde mich mit meinen Mitmenschen, indem ich ihre Bedürfnisse nachfrage und meine Bedürfnisse äußere! *Gemeinbegriffe sind lebendige Begriffe, die die wirkliche Ursache ausdrücken, statt abstrakte Begriffe oder äußerliche Beschreibungen!*

3. Ich kläre mit Bedürfniserkundung auf! *Gemeinbegriffe sind die ersten adäquaten, klaren Ideen, die wir bilden können!*
4. Ich schaffe Freiheitsräume, wenn ich mir meiner Bedürfnisse klar werde! *Gemeinbegriffe bewirken den Wechsel von passiv zu aktiv!*
5. Ich verwandle meine innere Atmosphäre und Haltung, wenn ich meine Bedürfnisse mir positiv klar werde! *Gemeinbegriffe bewirken Freude!*
6. Ich verbinde mich durch meine Bedürfnisse und die Bedürfnisse meiner Mitmenschen mit Gott. *Die Gemeinbegriffe führen mich zur Idee Gottes!*

Wenn ich nun zwei Sätze der Ethik kombiniere, zeigt sich, dass es nicht abwegig ist zu behaupten, dass Bedürfnisse Gemeinbegriffe sind, die alle Menschen miteinander verbinden, die alle Menschen gemeinsam haben:

„Da die Vernunft nichts gegen die Natur verlangt, verlangt sie also selbst, daß jeder sich liebt, seinen Nutzen, das was ihm wahrhaft nützlich ist, sucht, und alles was den Menschen wahrhaft zu größerer Vollkommenheit leitet, erstrebt und überhaupt, daß jeder sein Sein so viel an ihm liegt zu erhalten strebt." Anm 18 IV

In GfK-Sprache: Jeder Mensch erfüllt sich mit seinen Handlungen immer Bedürfnisse.

„Hieraus folgt, daß die Menschen, welche von der Vernunft geleitet werden, d. h. die Menschen, welche nach der Leitung der Vernunft ihren Nutzen suchen, nichts für sich begehren, was sie nicht auch für die übrigen Menschen wünschten, und daß sie also gerecht, treu und ehrenhaft sind." Anm 18 IV

In der GfK-Sprache: Alle Bedürfnisse haben alle Menschen gemeinsam und Menschen tragen gerne zum Wohlergehen anderer bei, wenn es ihnen vernünftig erscheint bzw. wenn sie es freiwillig tun.

Wir können auch über den Conatus diese Verbindung begründen: Jeder Mensch hat zentral in seinem Wesen das Bestreben, im Sein zu verharren und sein Tätigkeitsvermögen zu vermehren. Dies Streben erfüllt er sich, wenn er seinen Bedürfnissen folgt: Angefangen vom Essen, über freudige Begegnungen mit Mitmenschen bis hin zu aktiven Freuden durch sinnvollen Einsatz usw. So möchte ich mich „anmaßen", zwei Lehrsätze der Ethik hinzuzufügen, die „fehlen":

Lehrsatz: Ein wichtiger Gemeinbegriff, der alle Menschen miteinander gemein haben, ist der Conatus.

Lehrsatz: Auch alle allgemeine Bedürfnisse sind Gemeinbegriffe.

Beweis: Denn ihre Erfüllung dient dem Conatus!

Wir finden bei Spinoza sogar die Erkenntnis, dass – wieder in GfK-Sprache ausgedrückt – Bedürfnisse uns verbinden und die Strategien uns trennen: „Ich habe gesagt, Paul hasse den Peter, weil er sich vorstellt, dieser besitze das, was Paul selbst auch liebt. Hieraus scheint beim ersten Anblicke zu folgen, daß diese beiden dadurch, daß sie dasselbe lieben, und folglich dadurch, daß sie von Natur übereinstimmen einander zum Schaden gereichen, und sonach wenn dies wahr wäre, müßten Lehrsatz 30 und 31 dieses Teils falsch sein. Wenn wir aber die Sache gehörig erwägen wollen, so werden wir sehen, daß dies alles vollständig übereinstimmt. Denn diese beiden sind einander nicht lästig, sofern sie von Natur übereinstimmen, d. h. insofern beide dasselbe lieben, sondern insofern sie voneinander abweichen. Denn insofern beide dasselbe lieben, wird eben dadurch die Liebe beider genährt (nach Lehrsatz 31, T. 3), d. h. (nach Def. 6 der Affekte) eben dadurch wird die Lust beider genährt. Weit entfernt daher, daß beide einander lästig sind, insofern sie dasselbe lieben und von Natur übereinstimmen, ist vielmehr die Ursache hiervon, wie gesagt, keine andere, als daß man annimmt, daß sie von Natur voneinander abweichen. Denn wir nehmen an, Peter habe die Idee eines geliebten Gegenstandes, den er jetzt in Besitz hat, und Paul dagegen die Idee eines geliebten Gegenstandes, den er verloren hat. Daher kommt es, daß dieser von Unlust, jener dagegen von Lust affiziert wird, und sie insofern einander entgegengesetzt sind. Auf diese Weise können wir leicht zeigen, daß die übrigen Ursachen des Hasses davon allein abhängen, daß die Menschen von Natur verschieden sind, nicht aber darin, worin sie übereinstimmen." Anm 34 IV

Peter besitzt z. B. eine Yacht. Paul ist neidisch auf Peter, weil er es sich nicht leisten kann, eine solche teure Yacht zu kaufen. Wenn Paul jedoch sich seiner Bedürfnisse klar wird, sein Bedürfnis nach

Erholung, nach Weite, nach Muße, nach Abenteuer, dann wird er erstens erkennen, dass Peter ähnliche Bedürfnisse hat. Dies schafft Gemeinsamkeit und gegenseitiges Verständnis und überwindet den Neid und den Hass. Er kann außerdem sich dann Strategien überlegen, diese Bedürfnisse zu erfüllen. Er kann Peter fragen, ob er aufs Meer mitfahren kann. Er kann sich selbst ein kleineres Boot für paar Tage mieten. Er kann eine Wanderung im Gebirge machen usw. Zuletzt begreift er, dass der Neid auf Peters Yacht sowohl ihn von Peter trennt als auch seine eigentlichen Bedürfnisse überdeckt hat.

Zum Schluss noch eine Stelle aus der Ethik, in der Spinoza doch mit einem Bedürfnis arbeitet: Dem Bedürfnis nach einem Dach über dem Kopf, Sicherheit, Behaglichkeit: „Was man aber Zweckursache nennt, ist nichts als das menschliche Verlangen selbst, sofern es als der Anfangsgrund oder die primäre Ursache irgendeines Dinges betrachtet wird. Wenn wir z. B. sagen, das Bewohnen sei die Zweckursache dieses oder jenes Hauses gewesen, so verstehen wir gewiß dann nichts anderes darunter, als daß der Mensch durch die Vorstellung der Annehmlichkeiten des häuslichen Lebens das Verlangen bekommen hat, sich ein Haus zu bauen; daher ist das Bewohnen, sofern es als Zweckursache betrachtet wird, nichts als dieses einzelne Verlangen, welches in der Tat die wirkende Ursache ist, die als die erste betrachtet wird, weil die Menschen gewöhnlich die Ursache ihres Verlangens nicht kennen. Denn, wie ich schon oft gesagt habe, sie sind wohl ihrer Taten und ihres Verlangens sich bewußt, aber der Ursachen, durch welche sie etwas zu begehren bestimmt werden, unkundig." Vorrede 4.Teil

Das Verlangen bzw. Bedürfnis, eine Wohnung zu haben, ist die erste wirkende Ursache. (Oder wie Jean-Claude Wolf zu dieser Stelle schreibt: „Zwecke sind (wie vollkommen, gut und schlecht) abhängig von Absichten und Wünschen. Sie können nicht unabhängig von mentalen Zuständen wie Absichten und Wünschen vorkommen." Seite 207) Jedoch sind sich die Menschen dieser ersten wirkenden Ursache, dem grundlegenden Bedürfnis, oft nicht bewusst. Wenn Paul den Peter hasst, weil er eine Yacht hat, ist ihm nicht klar, welche Bedürfnisse eigentlich in ihm lebendig sind.

In dieser Vorrede erläutert Spinoza, wie ein falsches Verständnis von „vollkommen/unvollkommen" entstanden ist.

„Wer etwas zu tun sich vorgesetzt und es vollendet hat, der wird nicht bloß selbst, sondern auch jeder mit ihm, der den Geist des Urhebers von diesem Werke und seinen Zweck recht erkennt oder zu erkennen glaubt, wird sagen, daß es vollkommen sei. Wenn z. B. jemand ein Werk (das ich als noch nicht vollendet voraussetze) gesehen hat und weiß, daß der Zweck des Urhebers jenes Werkes ist, ein Haus zu bauen, so wird er sagen, das Haus sei unvollkommen, dagegen, es sei vollkommen, sobald er das Werk zu dem Ende gebracht sieht, welches der Urheber desselben ihm zu geben sich vorgesetzt hatte. Wenn dagegen jemand ein Werk sieht, desgleichen er niemals gesehen hatte, und auch den Sinn des Werkmeisters nicht kennt, so kann er gewiß nicht wissen, ob dies Wert vollkommen oder unvollkommen ist. Dies scheint die erste Bedeutung dieser Wörter gewesen zu sein.

Nachdem aber die Menschen begonnen hatten, allgemeine Ideen zu bilden, und sich von Häusern, Bauten, Türmen usw. Urbilder zu entwerfen, und die Urbilder einiger Dinge denen anderer vorzuziehen, nannte jeder das vollkommen, wovon er sah, daß es mit der allgemeinen Idee, die er sich von einem solchen Dinge gebildet hatte, übereinstimmte, dagegen das unvollkommen, wovon er sah, daß es mit seinem angenommenen Urbilde weniger übereinstimmte, wenn es auch nach der Ansicht des Werkmeisters vollkommen abgeschlossen war. Aus keinem anderen Grunde scheint man auch die Naturdinge, die nicht durch Menschenhand gemacht sind, gewöhnlich vollkommen oder unvollkommen zu nennen."

Bei dieser Stelle beschreibt Spinoza den Wandel von einem Bedürfnisurteil zu einem Urteil gemessen an einem irgendwie aufgestellten Ideal. Wenn ich ein Haus baue, habe ich ein Bedürfnis nach einer Wohnung. Nach Vollendung des Baus weiß ich, ob das Haus mein Bedürfnis erfüllt.

Wenn jedoch ein Fremder mit einem Idealbild im Kopf – wer weiß schon, woher er dieses Idealbild hat – das Haus kritisch betrachtet, mag er es als unvollkommen bezeichnen. Aber er benutzt nach Spinoza nicht mehr die Worte vollkommen/unvollkommen nach der ursprünglichen Bedeutung und Gebrauch. Sinnvoll sind diese Worte nur, wenn man wirklich weiß, welche Zweckursache bzw. welches Bedürfnis der Urheber dabei hatte. „Vollkommenheit also und Unvollkommenheit sind wirklich nur Modi des Denkens, nämlich Begriffe, die wir dadurch zu bilden pflegen, daß wir Individuen derselben Art oder Gattung miteinander vergleichen, und aus diesem Grunde habe ich oben (Def. 6, T. 2) gesagt, daß ich unter Realität und Vollkommenheit dasselbe verstehe."

Wer nach irgendeinem Idealbild urteilt, legt einen äußeren, von außen heran getragenen Maßstab an das Objekt. Dann fehlt die Verbindung zum eigentlichen Bedürfnis!

Aus demselben Grund kritisiert die GfK moralische Urteile und will sie in Bedürfnisurteile umwandeln! Denn moralische Urteile messen auch das Verhalten eines Menschen an einem externen Maßstab, der als Idealbild hingestellt wird. Wenn ich dagegen mein Gefühl mit meinem eigenen Bedürfnis begründe, erhebe ich mich nicht über den anderen und messe mit einem „Maßstab", der aus mir kommt.

Und so rät Rosenberg: „Befolge niemals eine Regel, wenn du nicht den lebensdienlichen Sinn und Zweck dieser Regel siehst."[32] Also ob die Regel der Erfüllung eines Bedürfnisses oder mehrerer Bedürfnisse dient. Oder mit Jesus gesprochen: Der Sabbat ist für den Menschen da.

Der Bedürfnisbegriff entspricht dem Parallelismus Spinozas
Noch eine weitere Verbindung will ich ansprechen: Spinoza hat die Überordnung des Geistes über den Körper abgelehnt. Er folgt nicht Descartes und einer langen philosophischen Tradition, die die Beziehung zwischen Geist und Körper als einen Wettkampf ansahen: Entweder siegt der Geist und der Körper folgt dem Geist oder umgekehrt.

Spinoza dagegen kommt zu einem ganz anderen Verständnis aufgrund seiner Ontologie: Wenn Gott die eine Substanz ist, die sich in verschiedenen Attributen wie Ausdehnung und Denken ausdrückt, dann kann es zwischen den Attributen keine Hierarchie geben, keine Dominanz geben. Geist und Körper sind für Spinoza keine zwei „Dinge", die miteinander interagieren müssen. Sie sind zwei Seiten eines Dinges. Was geistig abläuft, hat immer eine körperliche Entsprechung und umgekehrt: „Wenn wir es nämlich nur mit *einer*

Substanz oder *einem* Ding zu tun haben, dass sowohl als denkend wie auch als ausgedehnt beschrieben werden kann, dann folgt aus der Zurückweisung der Interaktion keineswegs die Wirkungslosigkeit psychischer Prozesse. Vielmehr würde sich der Modus, den wir unter dem Attribut des Denkens als den psychischen Akt eines Entwurfs bezeichnen können, gleichzeitig unter dem Attribut der Ausdehnung auch als physischer Prozess begreifen lassen, der mit anderen physischen Prozessen in kausale Verbindung steht."[33]

Die Bedürfnisbegriffe sind keine rein intellektuellen Begriffe für rein geistige Wünsche. Bedürfnisse hat der Mensch als Ganzes – Körper und Geist zusammengesehen.

Universalismus der Ethik Spinozas und der GfK: Die Allgemeinheit der Bedürfnisbegriffe macht die GfK zu einer universalen Ethik. Das Gleiche hat Spinoza mit seiner Ethik auch angezielt: „*Universalismus.* Trotz der Zurückweisung eines genuin moralisch Guten sind allgemeine Aussagen darüber möglich, was uns glücklich und frei machen kann. Grund dafür ist, daß die Ethica auf Naturphilosophie und Anthropologie aufbaut: Menschen leben zwar in verschiedenen Umständen, weswegen sie ganz unterschiedliche Bedürfnisse ausbilden und verschiedene Dinge als gut ansehen. Doch sie unterliegen alle denselben Naturgesetzen. Deshalb ist ihnen im Prinzip dasselbe zu- oder abträglich. Der vierte Teil der Ethica kommt denn auch zu ganz allgemeinen Aussagen darüber, was gut oder schlecht ist. Haß z.B. ist immer schlecht (4p45), ausgeglichene Heiterkeit dagegen immer gut (4p42)."[34]

Gerade in der heutigen Zeit, die durch zu viel postmoderne Skepsis und Relativismus und durch kulturell-religiösem Auseinandertriften bedroht ist, kann die GfK friedensstiftend und verbindend wirken, wenn sie sich bewusst wird, dass sie wie die Ethik Spinozas eine universale Ethik ist!

Die Ethik Spinozas wird für viele Menschen erst verständlich und als Ethik und Hilfe für ihr Leben wirklich anwendbar, wenn man die Bedürfnisse als Gemeinbegriffe versteht. Dann ist die GfK eine moderne und verständliche Ausarbeitung der Ethik Spinozas!

Am Anfang immer ein Mischmasch ...

Einerseits um zum Thema des Kapitels „Am Anfang immer ein Mischmasch" hinzuführen, andererseits um den Lesern einen Überblick über die ganze Ethik Spinozas zu geben, werde ich am Anfang den Aufbau und grob die inhaltlichen Schritte in diesem Werk darlegen. (Ich werde diesen Überblick nicht als Mischmasch sondern geordnet präsentiert.) Es ist eine kompakte Zusammenfassung. Aber eine gewisse Ahnung über den Gesamtaufbau reicht für unsere Zwecke aus.

Die Ethik von Spinoza besteht aus fünf Kapiteln:

1. Von Gott
2. Von der Natur und dem Ursprung des Geistes
3. Von dem Ursprung und der Natur der Affekte
4. Von der menschlichen Knechtschaft oder von der Macht der Affekte
5. Von der Macht der Erkenntnis oder von der menschlichen Freiheit

Im ersten Kapitel legt Spinoza seine berühmteste philosophische These da: Gott ist Substanz. Es gibt nur eine Substanz. Alles, was es gibt, d.h. alle Dingen sind in Gott. Gott ist Ursache aller Dinge im selben Sinn wie er Ursache von sich selbst ist. Gott ist nicht transzendent, jenseits der Welt. Er ist immanent.

Gott drückt sich in Attributen aus. Es gibt unendlich viele Attribute, wobei wir Menschen nur zwei davon kennen: Ausdehnung und Denken. Es gibt unendlich viele Attribute, weil Gott ein absolut unendliches Existenzvermögen besitzt. Jedes Attribut drückt eine Wesenheit der Substanz bzw. Gottes aus.

Im zweiten Kapitel erläutert Spinoza, was eine adäquate und was eine inadäquate Idee ist. Eine inadäquate Idee drückt nicht aus, was ein Körper im Wesen ist. Vielmehr ist es eine einschließende Idee, die anzeigt, wie ein Aufeinandertreffen von zwei Körpern auf einen Körper wirkt. Spinoza erläutert dann, dass adäquate Ideen möglich sind, wenn wir Gemeinbegriffe bilden und wie diese Gemeinbegriffe zur Idee Gottes führen.

Im dritten Kapitel erklärt Spinoza, dass aus den Ideen Affekte bzw. Gefühle folgen. Unser Conatus, unser zentrales Streben zu leben, wird durch die jeweilig aktuellen Affektionen bestimmt. Es gibt aktive und passive Affekte. Aus inadäquaten Ideen folgen Leidenschaften, passive Affekte. Aus adäquaten Ideen folgen Tätigkeiten, aktive Affektion. Desweiteren gibt es freudige und traurige Affekte. Traurige Affekte vermindern das Tätigkeitsvermögen. (Traurige Affekte sind immer passiv.) Freudige Affekte erhöhen es. Das Ziel der Ethik ist es, aktive Freuden zu entwickeln.

Im vierten Kapitel unterscheidet Spinoza zwischen gut und schlecht im Gegensatz zu gut und böse. Er legt dar, dass Menschen die Gesellschaft anderer brauchen, als Ermöglichung und Vorbereitung und Begleitung ihres Fortschrittes und der Entwicklung aktiver Freuden.

Im fünften Kapitel zeigt Spinoza auf, wie wir die zweite Erkenntnisart erreichen, also die Bildung von Gemeinbegriffen und daraus folgende aktive Affekte, indem wir günstige Gelegenheiten nutzen und sie zu adäquaten Ideen umwandeln. Ereignisse mit passiven freudigen Affektion ermöglichen uns, adäquate Ideen, also Gemeinbegriffe zu bilden. Von den Gemeinbegriffen können wir dann zur Idee Gottes gelangen. Zuletzt kommt Spinoza zur dritte Erkenntnisart: von der Idee Gottes aus alles zu betrachten und zu verstehen. Damit zeigt sich auch, was in der Seele sterblich und was unsterblich ist.[35] Das Ziel der Ethik ist also: Wie erreiche ich adäquate Ideen und aktive Freuden? Im Leben habe ich nämlich erst einmal inadäquate Ideen. Und diese sind immer ein Mischmasch. So steige ich ins eigentliche Thema ein: Am Anfang immer ein Mischmasch…

Mischmaschbegriffe: In der GfK unterscheidet man zwischen echten Gefühlen und Pseudogefühlen. In den Pseudogefühls-wörtern bzw. -formulierungen stecken immer auch Deutungen und Bewertungen. Ich nenne sie gerne Mischmaschbegriffe: Gefühle und Urteile/Deutungen werden schön zusammengemischt zu einem Brei. Einige Beispiele für solche Mischmaschbegriffe: Missbraucht, angegriffen, betrogen, getäuscht, geschätzt, besiegt, belästigt, gestört, eingeschüchtert, übergangen, manipuliert, vernachlässigt, bevormundet, provoziert, abgezockt, zurückgewiesen, ignoriert, ausgenutzt.

Ich kann natürlich den Mischmasch auflösen. In der Chemie macht man das z. B. durch eine Zentrifuge. In der GfK durch bewusstes Sortieren: Was ist das eigentliche Gefühl? Welches Bedürfnis ist nicht erfüllt? Was ist wirklich passiert bzw. welche Tatsachen kann ich klar benennen?

„Ich fühle mich nicht gewürdigt." Diesen Mischmasch kann ich z. B. auflösen: „Ich bin traurig, weil ich von dir kein Wort des Dankes gehört habe und mir positive Rückmeldung wichtig ist."

Die GfK hat eine ganz zentrale Sortierung bzw. Unterscheidung, die oft zur Anwendung kommt: Die Handlung des anderen ist etwas, das mir zustößt. Aber wie ich darauf reagiere, ob ich mich über seine Handlung freue oder unter seiner Handlung leide, hängt auch davon ab, wie ich die Handlung deute und was für Bedürfnisse ich gerade habe.

Spinoza hatte dafür ein anschauliches Beispiel: „Die Musik z. B. ist für den Missmutigen gut, für den Trauernden böse, für den Tauben aber weder gut noch böse." 4.Teil Vorrede. Wenn die Nachbarin singt oder Klavier spielt, kann mich das erfreuen oder nerven. Wenn ich mich nach einer Nachtschicht ausruhen möchte, ist die Musik für mich störend. Wenn ich Besuch habe, kann die Musik aus der Nachbarswohnung eine schöne Atmosphäre bereiten. Die Musik an sich ist nicht der Grund, warum ich einmal erfreut und ein anderes Mal genervt bin. Die Musik ist immer nur der Auslöser.

Siehe auch allgemein LS 51 in III: Lehrsatz 51. „Verschiedene Menschen können von einem und demselben Objekte verschiedenartig affiziert werden, und ein und derselbe Mensch kann von einem und demselben Objekte zu verschiedenen Zeiten verschiedenartig affiziert werden."

Es gibt natürlich Auslöser, die eindeutig verletzend sind. Eine Ohrfeige ist eine scherzhafte Körperverletzung. Aber von solchen extremen Beispielen abgesehen, haben wir oft verschiedene Möglichkeiten, die Handlung des anderen zu deuten. Für diese Deutung sollten wir Verantwortung übernehmen. Indem ich mir klar mache, welches Bedürfnis erfüllt bzw. nicht erfüllt wird, übernehme ich Verantwortung für meine Gefühle und für meine folgenden Aussagen und Handlungen.

Die Mischmaschbegriffe dagegen vermischen Auslöser und Grund: Du bist schuld, dass ich mich schlecht fühle. Denn Du hast mich betrogen, getäuscht, belästigt, gestört, eingeschüchtert, übergangen, manipuliert, vernachlässigt, bevormundet, provoziert, abgezockt, zurückgewiesen, ignoriert oder ausgenutzt.

Wenn ich nun diese Mischmaschbegriffe mit Spinozas Analyse der inadäquaten Ideen verbinde, will ich etwas wichtiges verdeutlichen: Spinoza öffnet uns die Augen für ein Phänomen, dass ich so nicht in der GfK-Literatur gefunden habe.

Wir beginnen normalerweise immer mit Mischmaschbegriffe. Wir haben immer zuerst inadäquate Ideen.

Nun aber der Reihe nach: Was versteht Spinoza unter inadäquaten Ideen?

Inadäquate Ideen: Es gibt zu unserem Körper eine Idee. Diese Idee ist adäquat und drückt damit auch Gott aus. Aber diese Idee, die wir sind, die Idee, die unsere Seele konstituiert, haben wir nicht. Bewusst sind uns ganz andere Ideen: Zu allen Wirkungen, die andere Körper auf meinen Körper verursachen, gibt es eine Idee, deren wir uns bewusst sind. Wenn mich jemand verletzt (Wirkung), habe ich Schmerzen (Idee). Diese Ideen sind inadäquat, weil sie ein Mixtum sind aus dem Körper, der auf mich wirkt (materiale Ursache), und meinem Vermögen zu denken (formale Ursache). Aus diesem Mixtum kann ich aber weder problemlos das Wesen des Gegenstandes noch mein eigenes Wesen extrahieren. Solche Ideen sind Zeichen, die aber nicht ein Wesen ausdrücken. Sie zeigen die Gegenwart eines wirkenden Körpers und seine Wirkungen auf uns an, schaffen uns Vorstellungsbilder zu dieser Affektion und bilden eine Erinnerungsspur.[36]

Ein Beispiel von Spinoza zeigt deutlich, dass diese Affektionsideen das Wesen des wirkenden Körpers nur unklar und indirekt aufzeigen, weil sie ihre Ursache einschließen, aber nicht ausdrücken; weil sie immer ein Mixtum sind aus den beiden Körpern, die sich begegnen: „So stellen wir uns beim Anblick der Sonne vor, sie sei etwa zweihundert Fuß von uns entfernt. [...] Denn wenn wir auch später zur

Erkenntnis kommen, dass sie mehr als 600 Erddurchmmesser von uns entfernt ist, so werden wir sie uns nichtsdestoweniger als nahe vorstellen [...], weil der Zustand unseres Körpers das Wesen der Sonne in sich schließt, sofern er von ihr von ihr erregt wird." Anm 35 II.

Die Menschen besitzen nach Spinoza zuerst keine adäquaten Ideen. In dieser Hinsicht ist Spinoza Empirist. Im Gegensatz zu den Rationalisten, die Wahrheit und Falschheit als Rechte ansehen und sich wundern, dass die Menschen sie verloren haben, ist es für die Empiristen erstaunlich, dass Menschen ab und zu das Wahre sogar begreifen und sich gelegentlich befreien und sich untereinander verstehen.[37]

Mit was beginnt die Wolfssprache? Das ist eine wichtige und interessante Frage. Rosenberg und andere GfK-Lehrer verweisen gerne auf Walter Wink oder auf Riane Eisler, die herausgefunden haben, dass in den vergangenen 10 000 Jahren mehr und mehr Dominanzstrukturen in menschlichen Gesellschaften entstanden sind, die Kontrolle und Ordnung durch Hierarchie, Herrschaft, Zwang, Verurteilung und Formen von Gewalt aufrechterhalten wollen.[38]

Warum konnten sich Dominanzstrukturen so stark durchsetzen? Vielleicht half ihnen die Wolfssprache. Die Wolfssprache ist eine statische Sprache. Rosenberg beschreibt den Unterschied zwischen statischer Sprache und Prozesssprache folgendermaßen: „Gewaltfreie Kommunikation [...] ist eine Prozesssprache. D.h., wir machen uns bewusst, dass wir uns in einem ständigen Veränderungsprozess befinden, und deshalb macht es eigentlich viel mehr Sinn, davon zu sprechen, was im Moment lebendig ist oder zu einem bestimmten Zeitpunkt lebendig war. D.h., alle Bewertungen von uns selbst und anderen sind immer nur Bewertungen innerhalb eines Prozesses. Man kann das Verb „sein" auf zwei unterschiedliche Weisen benutzen. In gewaltfreier Kommunikation würde ich sagen: „bist du im Moment wütend?" Aber wenn ich sage: „du bist ein wütender Mensch", dann ist das statische Sprache. Durch statische Sprache macht man aus Menschen leblose Dinge, und wenn man Menschen zu einem solchen Denken erzielt, dazu, dass es richtig und falsch gibt, normal und unnormal, dann ist diesem Denken inhärent, dass es ganz oben eine Autorität gibt, die weiß, was richtig und was falsch ist."[39]

Umso mehr in einer Kultur die statische Sprache gepflegt wird, umso mehr entstehen Voraussetzungen für Gewalt und Dominanzstrukturen. Rosenberg verweist hier gerne auf den Psychologen O.J. Harvey: „Er ist um die ganze Welt gereist und hat die Sprache verschiedener Kulturen untersucht, wie häufig statische Sprache, also Worte, die festschreiben und beurteilen, in der Literatur dieser Kulturen vorkommen. Und dann hat er die Gewaltrate, Selbstmord, häusliche Gewalt, Gewalt gegen Kinder und Frauen in dieser Kultur damit verglichen. Die Korrelation zwischen statischer Sprach und Gewalt ist sehr hoch."[40]

Spinoza gibt uns vielleicht eine Antwort, wenn wir weiter fragen: Mit was beginnt die statische Wolfssprache? Vielleicht als Tendenz immer schon damit, dass wir bei jeder Begegnung erst einmal inadäquate Ideen bilden: ein Mixtum aus dem Körper, der auf mich wirkt (materiale Ursache), und meinem Vermögen zu denken (formale Ursache). Diese inadäquate Idee drücke ich in Mischmaschbegriffen aus. Ebenso vermische ich Tatsache und Deutung und liefere eine Bewertung, ein Urteil ab.

Wenn Spinoza recht hat, dann bedeutet das: Die Giraffensprache ist immer Arbeit! Sie ist nie das erste nach einer Begegnung. Um sie sprechen zu können, muss ich immer erst mein Mixtum sortieren. Weil ich erst einmal eine inadäquate Idee habe, ist die normale Tendenz, Deutung/Urteil und Tatsache bzw. Gefühl und Deutung/Urteil zu vermischen.

Das positive Menschenbild der GfK wird durch zwei Prinzipien benannt: 1. Es ist leichter, Kontakt zwischen Menschen herzustellen, wenn wir davon ausgehen, dass Menschen alles, was sie tun, aus der Absicht heraus machen, ihre Bedürfnisse zu erfüllen.

2. Kooperation und Kontakt mit anderen Menschen fallen leichter, wenn wir davon ausgehen, dass alle Menschen gerne zum Wohlergehen anderer beitragen - wenn sie dies freiwillig tun können.[41]

Dem können wir mit Spinoza ernüchternd dazu stellen: Ja, das stimmt. Gleichzeitig gilt auch: Bei jeder Begegnung haben wir

Menschen erst einmal inadäquate Ideen, die wir in Mischmasch-Formulierungen ausdrücken. Es ist Arbeit, diesen Mischmasch aufzulösen. Wenn er nicht aufgelöst wird, führt er tendenziell zur statischen Wolfssprache!

Die Ethik und die GfK wollen die inadäquaten Ideen und negativen, passiven Affekte überwinden bzw. die Wolfssprache in eine Giraffensprache transformieren: „Ziel der *Ethika* ist, dem in eine zunächst übermächtige (Um-)Welt hineingestellten Menschen einen Weg aufzuzeigen, auf dem er sich aus seiner anfänglichen Stellung in der Welt, das heißt seiner Knechtschaft in seiner Unterworfenheit unter Leidenschaften, zu einem freien, also selbstbestimmten und insofern tugendhaften Leben heraus- und voran arbeiten kann."[42]

Sehen wir auch in den „Handreichungen", „Werkzeugen", um dieses Ziel zu erreichen, Ähnlichkeiten zwischen GfK und Spinozas Ethik? Das führt uns zum nächsten Kapitel.

„... immer ein bisschen weniger dumm"

„In der GFK geht es nicht um perfekt sein, sondern darum, immer ein bisschen weniger dumm zu werden." Dieser saloppe Satz von Rosenberg ist einerseits sehr entspannend und erleichternd. Er verhindert, dass wir unseren inneren Kritiker und Perfektionisten aktivieren, um verkrampft zu versuchen, optimal zu kommunizieren. Andererseits lässt er eine Erkenntnis erahnen, die auch Spinoza hatte: Er kritisiert die Stoiker, die sich das Ziel gesetzt haben, völlig ihre Affekte beherrschen zu können und völlige Freiheit im Geiste zu gewinnen. Dieses Ziel hält Spinoza für nicht erreichbar, ja sogar für unnatürlich. Wir können nur „mehr" erreichen. (Ignatius von Loyola empfiehlt ja auch eine magis-Spiritualität.) „Denn dass wir keine absolute Gewalt über sie [die Affekte] besitzen, habe ich bewiesen. Die Stoiker dagegen waren der Meinung, dass die Affekte absolut von unserem Willen abhängig seien und dass wir sie absolut beherrschen könnten." Vorwort IV

Wir können mit der Vernunft mehr Freiheit, mehr aktive freudige Affekte erreichen. Aber wir leben in einer Welt, in der wir nicht alles steuern können. So werden wir immer wieder Begegnungen haben, die in uns traurige Affekte, inadäquate Ideen hervorrufen. Wir werden nicht völlig frei sein können, im Leben nicht und auch im Geiste nicht. Sympathisch, dass Rosenberg und Spinoza mit ihren Empfehlungen uns realistisch „nur" zu mehr Freiheit, Freude und Frieden verhelfen wollen. „Weil die Macht jedes Einzelwesens endlich ist (4ax), bleibt es notwendigerweise auf anderes bezogen. Daraus ergeben sich Schwierigkeiten der Verhältnisbestimmung von Selbsterhaltung, Endlichkeit, Vernunft, Unvernunft, Knechtschaft und Freiheit. Selbsterhaltung, Vernunft und Freiheit sind für endliche Wesen nicht vollständig und endgültig realisierbar;"[43]

Dieses Kapitel „wandert" durch die verschiedenen Kapitel der Ethik „hindurch", um Hinweise zu sammeln, was Spinoza uns konkret empfiehlt: Wie gehe ich vernünftig mit Affekten und inadäquaten Ideen um? Wie werde ich etwas freier, freudiger, friedvoller, tugendhafter? Und welche dieser Empfehlungen finde ich in ähnlicher Weise auch in der GfK? Dabei werde ich die Analysen von Deleuze und von dem Kommentarband „Klassiker auslegen" aufgreifen, weil sie uns schneller die wesentlichen Aspekte aufzeigen.

Mit inadäquate Ideen beginnen Wie im letzten Kapitel ausgeführt, beginnen wir immer mit inadäquaten Ideen. Aber wenn wir sie überwinden wollen, müssen wir genauer verstehen, was sie eigentlich sind.

„Aus allem oben Gesagten erhellt klar, dass wir vieles wahrnehmen und Gattungsbegriffe bilden. 1. Aus den Einzeldingen, die durch die Sinne verstümmelt, verworren und ohne Ordnung sich dem Verstand darstellen (siehe Folgesatz zu Lehrsatz 29 dieses Teils); deshalb pflege ich solche Auffassungen eine Erkenntnis aus unsicherer Erfahrung zu nennen. 2. Aus Zeichen, z. B. daraus, dass wir uns beim Hören oder Lesen gewisser Worte der Dinge wieder erinnern, und gewisse Ideen von ihnen bilden, ähnlich denen, durch welche wir die Dinge vorstellen (siehe Anm. zu Lehrsatz 18 dieses Teils). Diese beiden Arten, die Dinge anzusehen, werde ich in der Folge Erkenntnis der ersten Gattung, Meinung oder Vorstellung nennen." Anm 40 II
Inadäquate Ideen habe ich also erst einmal aus meinen Erfahrungen: Wenn ich etwas höre, sehe usw., dann bilde ich mir eine Vorstellung, eine Imaginatio. Ich kann diese Vorstellung mit anderen verknüpfen und neue Vorstellungen bilden. Z. B. verbinde ich das Gesehene mit einigen Erinnerungen. Wenn mein Partner 20 min nach der abgemachten Zeit kommt und ich mich an andere Treffen erinnere, sage ich vielleicht: „Jetzt kommst Du wieder unpünktlich!" Oder noch schärfer: „Musst Du immer zu spät kommen?!" Oder sogar: „Du bist ein unpünktlicher Mensch!"

Die GfK kritisiert eine solche Aussage: Die Verallgemeinerung vermischt die eine Tatsache, dass der Partner 20 min nach der abgemachten Zeit kommt, mit anderen Erinnerungen und es wird ein Urteil, eine Bewertung gebildet. Sie empfiehlt, dass man nur die reine Tatsache bzw. die reine Beobachtung äußert: „Jetzt ist 18.20 Uhr und wir haben 18.00 Uhr vereinbart."

Finden wir diese Differenzierung auch bei Spinoza? Unsere Vorstellungskraft ist schnell dabei, eine Beobachtung mit Erinnerungen zu kombinieren und mit einer schnellen Konstruktion ein Urteil zu fällen. Wir sind dann auch schnell dabei, einen

Menschen zu bewerten: Du bist faul, unpünktlich, böse usw. Wir bilden also auch nach Spinoza zu schnell Hilfskonstruktionen, Bewertungen, um uns im ständigen Fluss des Lebens mit seinen vielen Eindrücken zurecht zu finden.

Aber das Entscheidende: Wir sind uns oft nicht bewusst, dass wir Hilfskonstruktionen erstellen. Wir fassen paar Erinnerungen zusammen und sagen vage: Du kommst oft zu spät. Und dann ein Schritt weiter meinen wir, das Wesen des anderen erkannt zu haben: Du bist ein unpünktlicher Mensch! Bewertungen, Urteile, Hilfskonstruktionen werden dann schnell als Tatsache angesehen!

„Der menschliche Geist entwirft sich eine Ordnung seiner Vorstellungen, indem er sich frei wähnt, ohne aber die wahren Gründe seines Entwerfens und Fingierens zu erkennen, weil er an der Naturordnung zwar äußerlich teilnimmt, aber aus einer seiner begrenzten Perspektive sie nicht selbst zu durchschauen vermag. […] Gleichwohl fungiert die Imaginatio bei Spinoza nicht nur als Negativfolie für das vernünftige, adäquate Erkennen. Die so verstandene „Einbildung" hat nämlich durchaus eine konstitutive Funktion auch für die höheren Erkenntnisarten. Denn sie stellt, in welcher unklaren und undeutlichen „Ordnung" auch immer, die Vorstellungsinhalte menschlichen Denkens bereit."[44]

Spinoza ist somit kein reiner Rationalist. Er ist auch Empirist: Wir müssen mit unseren Erfahrungen beginnen und arbeiten. Wir müssen uns aber bewusst sein, dass sie noch nicht das Wesentliche ausdrücken.

Die GfK beginnt ihre vier Schritte mit einer Beobachtung, mit einer Tatsache. Sie will nicht fantasieren, sondern ihr Ausgangspunkt soll empirisch sein! Das verbindet sie mit Spinoza, der auch (im Gegensatz zu Descartes) mit einzelnen Erfahrungen beginnt.

Aber warum ist nach Spinoza ein Tatsachensatz wie „Jetzt ist 18.20 Uhr und wir haben 18.00 Uhr vereinbart" eine inadäquate Idee?

„Denn in der sinnlichen Repräsentation des menschlichen Geistes findet sich nur die den menschlichen Körper konstituierende Relation der Teilkörper, nicht aber jeder Teilkörper nach Maßgabe *aller* ihn ausmachenden Bestimmungen. Auch die Teilkörper äußerer Körper werden nicht in all ihren Bestimmungen, sondern nur in gerade dem

Leib affizierenden Aspekt präsentiert. Kurz: sinnliche Repräsentationen sind weder klar noch deutlich und daher inadäquat."[45]

So schwierig und allgemein das klingt, wird es vielleicht verständlich, wenn wir das GfK Gespräch zwischen Chef und Mitarbeiterin als Beispiel heranziehen. Der Chef beginnt sein Gespräch mit der Beobachtung: „Ich habe verstanden, dass Sie mir die Vertriebszahlen bis heute Mittag zusenden und jetzt kann ich keine E-Mail von Ihnen in meinem Postfach sehen." Diese Aussage ist richtig. Aber sie drückt natürlich bei weitem nicht aus, warum das alles so passiert ist. Erst im Gespräch kann die Angestellte einige Aspekte erläutern, die dazu geführt haben, dass sie die Vertriebszahlen noch nicht abgeliefert hat. Alle sie ausmachenden Bestimmungen sind in dem Beobachtungssatz nicht enthalten. Der Satz präsentiert nur, welcher Aspekt gerade den Chef affiziert hat: Keine E-Mail von Ihnen in meinem Postfach.

Aber indem der Chef aus dieser Beobachtung keine Hypothese zieht und nicht in irgendeine Hilfskonstruktion verfällt und behauptet, seine Angestellte sei zu faul oder zu dumm oder ähnliches, weiß er, dass dieser Satz nur einen Aspekt ausdrückt. Das hat ihn gerade affiziert. Und das löst in ihm Enttäuschung aus. Aber wenn er nun in der Haltung des Nichtwissens die Angestellte fragt und bittet, sie möge erzählen, dann weiß er, dass diese Beobachtung nur die „Spitze" des Eisberges ist. Oder mit Spinoza ausgedrückt: eine inadäquate Idee!

Wenn wir mit einer Beobachtung beginnen, mit dem Wissen, dass sie nur einen Aspekt ausdrückt, dass ich eigentlich noch nichts richtig weiß, dann mache ich nach Spinoza und nach Rosenberg den ersten vernünftigen Schritt!

Natürlich soll ich meine Beobachtung klar und deutlich ausdrücken. Ich soll meine Tatsachenfeststellung nicht mit einer Deutung, einer Generalisierung, einem Urteil vermischen.

Aber eine klare und deutliche Tatsachenbehauptung ist zwar nach Spinoza wahr, sie drückt aber nicht die Ursache aus, die sie hervorbringt. Deswegen ist sie keine adäquate Idee: „Nun sieht man wohl, was der inadäquaten Idee oder der Vorstellung fehlt. Die inadäquate Idee ist wie eine Konsequenz ohne ihre Prämissen (II,28, Dem). Sie ist von ihren zwei Prämissen, der formalen und der materiellen, getrennt, ihrer beraubt, weil sie sich formal nicht durch unser Begriffsvermögen erklärt, materiell ihre eigene Ursache nicht ausdrückt, und es bei zufälligen Begegnungen bewenden lässt, anstatt die Verbindung der Ideen zu erreichen. [...] Dennoch gibt es in der inadäquaten Idee etwas Positives: wenn ich die Sonne in 200 Fuß Entfernung sehe, repräsentiert diese Wahrnehmung, diese Affektion wohl die Wirkung der Sonne auf mich, wenn sie auch von den Ursachen, die sie erklären, getrennt ist (II, 35; IV, 1). Was an Positivem in der inadäquaten Idee liegt, muss folgendermaßen definiert werden: Sie *schließt* den niedrigsten Grad unseres Begriffsvermögens *ein*, ohne *sich* durch es zu *explizieren* und *zeigt* ihre eigene Ursache *an* ohne sie *auszudrücken* (II, 17, Sch.)."[46]

Genieße die Wolfsshow oder Idee der Idee Wenn ich wütend bin und meine Gedanken eine wütende Assoziation nach der anderen produziert, dann empfiehlt Rosenberg: Genieße die Wolfsshow!

Ich bin erst einmal in der Achterbahn meiner Wut und der Waggon fährt mich von einem zornigen Gedanken zum nächsten. Wie sich das steigern kann, hat Watzlawik mit der berühmten Geschichte vom Hammer verdeutlicht.

> Ein Mann will ein Bild aufhängen. Den Nagel hat er, nicht aber den Hammer. Der Nachbar hat einen. Also beschließt unser Mann, hinüberzugehen und ihn auszuborgen. Doch da kommt ihm ein Zweifel: Was, wenn der Nachbar mir den Hammer nicht leihen will? Gestern schon grüßte er mich nur so flüchtig. Vielleicht war er in Eile. Vielleicht hat er die Eile nur vorgeschützt, und er hat was gegen mich. Und was? Ich habe ihm nichts getan; der bildet sich da etwas ein. Wenn jemand von *mir* ein Werkzeug borgen wollte, ich gäbe es ihm sofort. Und warum er nicht? Wie kann man einem Mitmenschen einen so einfachen Gefallen abschlagen? Leute wie dieser Kerl vergiften einem das Leben. Und dann bildet er sich noch ein, ich sei auf ihn angewiesen. Bloß weil er einen Hammer hat. Jetzt reicht's mir wirklich. - Und so stürmt er hinüber, läutet, der Nachbar öffnet, doch bevor er „Guten Tag" sagen kann, schreit ihn unser Mann an: „Behalten Sie Ihren Hammer".[47]

Wenn ich Rosenbergs Rat folge und meine Wolfsshow genieße, dann steige ich aus der Achterbahn meiner Wut aus und setze mich vor sie: Ich sehe immer noch, welche Sätze kommen und gehen. Ich spüre immer noch die Wut. Aber ich sitze nicht mehr in der Achterbahn drin. Ich stehe vor ihr und schaue zu. Ich „genieße" die Wolfsshow! „Der menschliche Geist erfasst nicht nur die Erregungen des Körpers, sondern auch die Ideen dieser Erregungen." LS 22 II Wenn er diese Erregungen erfasst, kann er eine Idee dieser Ideen dieser Erregungen bilden. Er kann sich selbst wahrnehmen. Er kann seine Gedanken bewusst wahrnehmen. Er kann reflektieren. „Die Idee der Idee von irgendeinem Zustande des menschlichen Körpers schließt eine voll entsprechende Erkenntnis des menschlichen Geistes nicht in sich." LS 29 II. Klar: Wenn ich meinen Wolfsgedanken zuschaue, habe ich noch keine adäquaten Ideen. Aber wenn ich die Wolfsshow genießen kann, bin ich nicht mehr völlig in der Knechtschaft dieser Gedanken und Gefühlen gefangen:

„Angesichts der sich von selbst einstellen abstrahierenden und assoziativen Verfestigung von Vorstellungsverknüpfungen in der Imagination ist es nicht selbstverständlich, dass der menschliche Geist solche Gemeinsamkeiten, die in adäquaten Ideen gewusst werden, aufspüren kann. Dass er dennoch dazu in der Lage ist, verdankt sich nach Spinoza einer Fähigkeit des menschlichen Geistes, sich mental gleichsam in Distanz zu den intentionalen Gegenständen zu setzen und sich des Denkens dieser Gegenstände *als Denken* bewusst zu sein. Terminologisch gefasst ist dieser Vorgang als „cognitio reflexiva" (TIE 38) oder „idea ideae (2p22d), was aber bei Spinoza nicht als objektivierende Selbstwahrnehmung zu denken ist, sondern vielmehr als ein den mentalen Repräsentationen selbst zukommendes intramentales Bewusstsein. […] Gäbe es diese Möglichkeit inner-mentaler Distanzierung nicht, wäre der menschliche Geist bloß ein den Assoziationsgesetzen unterworfenes geistig-kausalmechanisches Repräsentationsorgan ohne selbsttätige Denkkraft."[48] Gäbe es nicht die Möglichkeit, die Wolfsshow zu genießen, dann würden wir ständig so im Hamsterrad unserer assoziativen Gedanken gefangen sein wie der Mann in Watzlawiks Geschichte!

Vom Auslöser zur Ursache Wenn ich in der GfK meinen Ärger verarbeiten und transformieren möchte, beginne ich in meinem Selbstempathieprozess mit der Feststellung: Was habe ich wirklich deutlich und klar beobachtet, ohne jegliche Deutung? Dann genieße ich meine Wolfsshow. Im nächsten Schritt frage ich mich: Welches Gefühl habe ich unter der Wut und welches Bedürfnis ist gerade lebendig und meldet sich? Oder anders formuliert: Welches nicht erfüllte Bedürfnis ist die Ursache für das Gefühl? Z. B. Ich bin traurig, weil mir Höflichkeit und gegenseitiger Respekt wichtig ist.

Ich formuliere das Bedürfnis positiv. Dadurch lade ich mich selbst ein, von der Mangellandperspektive in die Füllelandperspektive bzw. Sonnenseite zu wechseln. Wenn ich wütend schimpfe: Dieser unverschämte Kerl, was erlaubt er sich? Dann stecke ich in meiner Ohnmacht und Empörung. Spinoza würde sagen: in meinen traurigen Leidenschaften. Wenn ich jedoch zu mir sage: Ich bin traurig, weil mir Höflichkeit und gegenseitiger Respekt wichtig ist. Dann sage ich mir selber positiv zu, was mir wichtig ist. Mein Fokus hat gewechselt von Mangel zur Fülle, indem ich meine Bedürfnisse in mir selbst empathisch fühlend wahrnehme und bewusst erkenne.

Gleichzeitig unterscheide ich zwischen Auslöser und Ursache: Auslöser mag das Verhalten eines Mitmenschen sein. Die Ursache meiner Traurigkeit ist mein Bedürfnis nach Höflichkeit und gegenseitigem Respekt.

Wo finden wir diesen Wandel bei Spinoza? Dafür müssen wir Spinozas Verständnis einer adäquaten Idee etwas näher betrachten.

Ein mathematisches Beispiel, das auch Spinoza verwendete: Wenn ich einen Kreis zeichnen will, nehme ich eine fixe Strecke, halte sie an einem Ende fest und bewege diese Strecke. Diese Beschreibung ist eine genetische Definition eines Kreises. Ich zeige auf, wie ein Kreis zustande kommt. Bzw. ich zeige die Ursache, den zureichenden Grund eines Kreises auf, indem ich seine Genese beschreibe. Wenn die Idee eines Dings ihre Genese, d. h. ihre eigene Ursache ausdrückt, dann ist sie eine adäquate Idee.[49]

Auf unsere Selbstempathie nach GfK bezogen bedeutet das: Die Ursache meines Gefühls ist mein unerfülltes Bedürfnis. Wenn ich das erkenne, habe ich den Grund meiner Traurigkeit erkannt, habe ich von diesem Affekt eine adäquate Idee. Und zwar eine Idee mit einem Gemeinbegriff (wenn man meine Deutung, dass Bedürfnisse spinozistische Gemeinbegriffe sein können, akzeptiert).

Damit wechsle ich in meiner Selbstempathie meinen Fokus weg vom Auslöser, dem Verhalten eines Mitmenschen, hin zur Ursache, meinem unerfüllten Bedürfnis. Auch das können wir bei Spinoza finden: Der Affekt wird vom intentionalen Objekt getrennt. Dazu eine wichtige Stelle aus dem 5. Buch:

„Daher muss unser Bemühen hauptsächlich darauf gerichtet sein, dass wir jeden Affekt, soweit es möglich, klar und deutlich erkennen, damit der Geist auf diese Weise von dem Affekt her zum Denken dessen bestimmt wird, was er klar und deutlich erfasst und worin er sich vollständig beruhigt; auf dass der Affekt selbst von dem Gedanken der äußeren Ursache losgelöst und mit wahren Gedanken verbunden werde. Die Folge hiervon wird sein, dass nicht bloß die Liebe [im Sinne von passives Anhängen an einen Menschen], der Hass usw. vernichtet werden (nach Lehrsatz 2 dieses Teils), sondern auch, dass das Verlangen oder die Begierde, die gewöhnlich aus einem solchen Affekt entspringt, kein Übermaß annehmen können (nach Lehrsatz 61 des vierten Teils). Es ist nämlich vor allem zu bemerken, dass es ein und derselbe Trieb ist, um dessentwillen der Mensch sowohl handelnd als auch leidend heißt. […] Und so sind alle Triebe oder Begierden nur insofern Leiden, als sie aus inadäquaten Ideen entspringen, sie werden aber zu den Tugenden gerechnet, wenn sie von adäquaten Ideen hervorgerufen oder erzeugt werden." Anm 4 LS V.

Francis Amann hat in ihrem Artikel „Liebe und Hass" den Vorgang, den Spinoza in dieser und anderen Stellen beschreibt erläutert. In der GfK ist das der Selbstempathieprozess, in dem ich mich meine Ausrichtung auf das zugrundeliegende Bedürfnis richte und damit wieder einen positiven Zugang zu mir selbst habe. Im folgenden Zitat spricht Francis Amann in Spinoza-Sprache. In eckige Klammer schreibe ich meine Erläuterung bzw. Übersetzung in GfK-Sprache. Damit wird auch nochmals deutlich, dass die GfK Spinozas Philosophiesehr gut konkretisieren kann:

„Aus der Beobachtung, daß die Objektrelativität der Affekte auf der imaginatio beruht, entwickelt Spinoza eine Strategie, mit der die affektive Kraft aus der Objektrelation [ich bin wütend auf ihn] abgezogen und in eine Macht des Geistes [Füllelandperspektive: Ich stehe positiv zu meinen Bedürfnissen] verwandelt wird, so daß diese affektiv besetzt wird. Die den Affekt begleitende Imagination wird vom Affekt getrennt und der Affekt bzw. seine Energie wird mit einer adäquaten Idee [dem zugrundeliegendem Bedürfnis] verbunden.

Mit Liebe oder Haß entsteht ein Bewußtsein des Affekts oder des aus ihm sich entwickelnden Begehrens, und dieses Bewußtsein kann in einer reflexiven Idee thematisiert (reflektiert) werden als Idee eines Affekts, unbezüglich auf das Objekt (5p2). [Die Wolfsshow] Daraus entsteht ein Bewußtsein des affektiven Zustands als eines eigenen Zustands. [gemäß Epiktet: Nicht die Dinge selbst beunruhigen uns, sondern unsere Meinungen über sie. Oder in GfK-Sprache: Ich übernehme Verantwortung für mein Gefühl, indem ich mich frage: Welches Bedürfnis in mir wird nicht erfüllt?] Obwohl der ursprüngliche Affekt der Liebe oder des Hasses an die Repräsentation eines äußeren Gegenstands [der Mitmensch und sein Verhalten] gebunden ist, kann dieses Bewußtsein die Form einer Selbstbeobachtung [Wolfsshow genießen] annehmen. Liebe oder Haß können auf etwas anderes bezogen werden, auf eine innere Ursache [das zugrundeliegende Bedürfnis] oder auf einen anderen Affekt [z. B. indem ich mir bewusst mache, dass der andere auch schon Bedürfnisse von mir erfüllt habe, entsteht Freude und Dankbarkeit als Gegenaffekt gegen die Wut]. Damit wird die imaginatio für einen Moment ausgesetzt, um eine Form der Selbstbeobachtung einzuführen, die eine Zerstörung der Bedeutung des imaginären Objekts für den Affekt bewirken kann. Da Selbsterhaltung jedoch in der Zeit, d.h. in der Gegenwart unentwegt stattfindet, und deren raumzeitliche Ereignisse mit der imaginatio bewältigt werden, muß diese Abstraktionsleistung der Selbstbeobachtung immer wieder von neuem erbracht werden, wenn eine Distanz zum imaginären Objekt der Affekte hergestellt werden soll. [Wut kann immer wieder entstehen. Deswegen wird immer wieder Selbstempathie nötig sein.] Wenn ein positiver Affekt wie Liebe keinen Zusammenhang mehr mit der imaginatio, sondern nur noch eine innere Ursache hat und deshalb vollständig aus dem Geist folgt, verwandelt der Affekt sich von einer Leidenschaft in eine Aktivität. [Wenn ich mir klar werde, welche Bedürfnisse ich mir in der Liebe zu einem Menschen erfülle, kann ich

71

die Beziehung zu ihm und auch zu anderen Menschen aktiv gestalten. Ich verwechsle nicht Strategie und Bedürfnis.] Aber auch ein negativer Affekt der Trauer kann zu einer Machtvermehrung umgewandelt werden, weil die selbstreflexive Beobachtung einer Affektidee [ich bin traurig, weil mir Respekt wichtig ist] einer Macht des Geistes entspricht und einen positiven, aktiven Affekt der Freude hervorruft [Ja ich spüre: Mein Bedürfnis ist Respekt. Ich stehe für dieses Bedürfnis ein. Ich stehe dazu. Ich stehe zu mir.] Eine Aktivität ist, sofern sie etwas Mentales ist, eine adäquate Idee. Eine adäquate Idee, die gleichzeitig affektiv ist, verfügt über mehr Kraft als eine adäquate Idee ohne begleitenden Affekt. [ein Bedürfnis ist immer eine adäquate Idee mit einem Affekt bzw. einem Gefühl] Eine inadäquate Affektidee wird nicht von einer adäquaten Idee korrigiert, sondern von einer stärkeren Affektidee beiseite geschoben. Deshalb zeigt Spinoza nicht, wie man sich von Affekten überhaupt befreien kann, sondern wie Passionen [wie z. B. Wut] in affektive Aktivitäten [klares Erkennen, welches Bedürfnis habe ich] umgewandelt werden können. Die Befreiung von der Idee einer äußeren Ursache [dieser Mensch hat mich verletzt, beleidigt usw.] macht aus dem ursprünglich mit einer Imagination verbundenen Affekt der Liebe oder des Hasses einen reinen Affekt der Freude oder Trauer, der dem Subjekt nicht äußerlich ist [Ich weiß, welche Bedürfnisse mir wichtig sind. Das lässt mich ins Fülleland wechseln. Ich erfreue mich aktiv!] und damit (aus der Perspektive des endlichen Individuums) nicht vom Zufall und der Zeitlichkeit der Ereignisse bestimmt wird [irgendwelche Menschen erfüllen mit ihrem Verhalten meine Wünsche, oder auch nicht...], sondern von der eigenen Macht. [Wenn ich um meine Bedürfnisse weiß, kann ich auch für sie einstehen, kann ich überlegen, welche Strategien ich wähle, um mir meine Bedürfnisse zu erfüllen, kann ich bewusst wählen, welchen Menschen ich bitte, mir meine Bedürfnisse zu erfüllen.]"[50]

Spinoza unterscheidet außerdem zwischen Materie und Form einer adäquaten Idee. Das Ausgedrückte ist die Materie der Idee. Das Ausdrückende ist die Form der Idee: „Das Ausgedrückte ist die Ursache, aber was sich ausdrückt, ist immer unser Vermögen zu erkennen und zu verstehen, das Vermögen unseres Verstandes".[51] Ich möchte dies in GfK-Sprache so übersetzen: Das Ausgedrückte ist das Bedürfnis, der Grund für den Affekt. Was sich ausdrückt, ist meine Selbstempathie. Sie ist die Form bzw. der Prozess der Selbstreflexion, in dem ich das Bedürfnis als Grund erkenne und spüre.

Empathie mit dem anderen Menschen Gibt es in der Ethik Spinoza auch Empathie mit dem Mitmenschen?

„Haß kann überwunden werden, indem man sich vergegenwärtigt, daß der andere aus seinem Selbsterhaltungsstreben heraus gehandelt hat, und nicht um einen zu schädigen.“[52] Jeder Mensch hat einen conatus, ein Streben, sich selbst zu erhalten. Und diesem Conatus folgt er, indem er sich Bedürfnisse erfüllt. Wenn jemand mich „beleidigt“ bzw. wenn ich sein Verhalten so deute, dass er mich beleidigt, kann ich mich fragen: Welches Bedürfnis erfüllt er sich, wenn er so handelt? In stiller Empathie versuche ich mich in den anderen hineinzudenken bzw. hineinzufühlen. Ein Beispiel:

Stellen Sie sich folgende Szene vor: „In einem Meeting mit Ihrem Team für ein bestimmtes Projekt berichten Sie, was Sie bisher gemacht haben. Herold sagt: „Mal sehen, ob wir diesen Teil des Treffens auf fünfzehn Minuten beschränken können.“ Sie verlassen ärgerlich das Treffen, Sie glauben, dass er Sie unterbrochen hat und dass seine Bemerkung gegen Sie gerichtet war.“[53] Natürlich können Sie sich erst einmal Selbstempathie schenken: „Sie denken: „Er hat mich unterbrochen und gesagt, ich brauche zu viel Zeit“. Dann merken Sie, dass dieser Gedanke ein Urteil und keine Beobachtung ist. Sie formulieren ihn als Beobachtung: „Er fing an zu reden, während ich noch sprach und sagte ...“ Während Sie über Ihren Ärger nachdenken, wird Ihnen klar, dass Sie sich verletzt fühlen, weil Ihr Bedürfnis nach Respekt und Verständnis nicht erfüllt wurde. Noch während Sie mit Ihren Bedürfnissen in Kontakt kommen, fühlen Sie, wie sich Ihre Brust öffnet und die Last, die Sie gerade noch empfunden haben, von Ihnen abfällt.“[54] (Diesen Prozess haben wir gerade ausführlich analysiert.)

Als nächstes können Sie sich in den anderen hinein fühlen, zum Beispiel folgendermaßen: „Meinte Herold mit seiner Bemerkung wirklich Sie? Welches Bedürfnis wollte er sich vielleicht erfüllen, als er sagte: „Mal sehen, ob wir diesen Teil des Treffens auf fünfzehn

Minuten beschränken können." Wenn Sie zurückdenken, merken Sie, dass Herold vielleicht sein Bedürfnis nach einem rücksichtsvollen Umgang mit seiner Zeit und nach korrektem Umgang mit Zeitplänen erfüllen wollte. Noch während Sie diese Sichtweise in Betracht ziehen, spüren Sie, wie Ihre Feindseligkeit gegenüber Herold nachlässt. Außerdem fühlen Sie sich von ihm besser akzeptiert."[55] Wenn Sie das nächste Mal Herold sehen, können Sie ihm freundlich begegnen. Vielleicht haben Sie noch den Wunsch, die Irritation des letzten Treffens anzusprechen. Aber das wird Ihnen dann sicherlich liebevoll und gütig gelingen.

Ab dem Lehrsatz 27 im III. Teil der Ethik beschreibt Spinoza zwischenmenschliche Vorgänge wie Mitleid oder Nacheiferung. Weil ein Mitmensch mir ähnlich ist, kann ich einen Affekt haben, der seinen Affekt imitiert bzw. ich gehe in Resonanz mit ihm. Moreau schreibt dazu begeistert: „Von 3p27 bis 3p31 taucht ein ganz anderes Universum der Leidenschaften auf, und so sehr Spinoza in seiner Behandlung der Beziehungen unter den Objekten klassisch vorging (außer daß er sie in seinem Bestreben, die ganze Breite des menschlichen Verhaltens aus einer kleinen Anzahl von Tendenzen zu erklären, vereinte und neu verknüpfte, und außer daß er gewisse traditionelle Beziehungen umkehrte oder neu erklärte), so sehr ist sein Vorgehen ab diesem Punkt revolutionär. Es handelt sich jetzt darum, einen beträchtlichen Teil des Verhaltens auf der Basis eines einzigen, fundamentalen Vorgangs, der nichts mit einem Objekt zu tun hat, zu rekonstruieren: der Imitation der Affekte. Spinoza beschreibt nun Leidenschaften, die nicht aufgrund irgendeines äußeren Objektes, sondern aufgrund des Verhaltens eines Dinges oder vielmehr einer Person zu diesem Objekt in uns entstehen. Die Entstehung solcher Leidenschaften hat ihren Grund in der Tatsache, daß diese Person oder dieses Ding uns ähnelt. Es handelt sich also um eine zweite Reihe von Leidenschaften, die so etwas wie ein Wirkungsfeld der Gleichartigkeit beschreibt und begründet."[56]

Heute wissen wir von Spiegelneuronen, die sogar biologisch die Imitation begründen können. In Spinozas Zeit, die von mechanistischem Denken eines Newton und Descartes geprägt war, war es nicht selbstverständlich, diese zwischenmenschliche Sphäre des Mitgefühls klar zu sehen und benennen zu können. Spinoza aber schaute genau hin: „Denn wir machen die Erfahrung, daß die Kinder, weil ihr Körper beständig wie im Gleichgewichte ist, schon deshalb weinen oder lachen, weil sie andere lachen oder weinen sehen, ferner wollen sie, was sie andere tun sehen, sogleich nachahmen, und begehren schließlich alles für sich, wodurch sie sich vorstellen, daß andere sich dessen erfreuen, weil nämlich die Vorstellungen der Dinge, wie wir gesagt haben, die Affektionen des menschlichen Körpers selbst sind, oder Modi, wodurch der menschliche Körper von äußeren Ursachen affiziert und disponiert wird, dieses oder jenes zu tun." Anm 32 III

Diese Imitation der Affekte führt uns dazu, dass wir uns vom anderen Respekt, Anerkennung, Aufmerksamkeit wünschen, damit Gegenseitigkeit zwischen uns entsteht:. „Wenn wir etwas unseresgleichen lieben, suchen wir, so viel wir können, zu bewirken, daß es uns wieder liebt." LS 33 III

Und wir erleben immer wieder, dass, wenn wir Anerkennung, Aufmerksamkeit, Dankbarkeit, Respekt bekommen, diesem Menschen auch Anerkennung, Aufmerksamkeit, Dankbarkeit und Respekt gerne schenken: „Wenn sich jemand vorstellt, daß er von jemand geliebt wird und keine Ursache dazu gegeben zu haben glaubt (dies ist möglich nach Folgesatz zu Lehrsatz 15 und nach Lehrsatz 16 dieses Teils), so wird er ihn wieder lieben. [...] Erläuterung: Wenn er sich jedoch vorstellt, dass er eine gerechte Ursache zur Liebe gegeben habe, wird er (nach Lehrsatz 30 mit seiner Erläuterung) stolz sein;" LS 41 III

Die Imitation der Affekte führt nicht immer zu besserem Zusammenleben der Menschen: „Wir sehen also, daß es mit der Natur der Menschen meist so beschaffen ist, daß man die, denen es schlecht geht, bemitleidet, und die, denen es wohl geht, beneidet, und zwar (nach dem vorigen Lehrsatz) mit umso größerem Hasse, je mehr man das Ding liebt, in dessen Besitz man sich einen anderen vorstellt. Wir sehen ferner, daß aus derselben Eigenschaft der menschlichen Natur, aus welcher folgt, daß die Menschen mitleidig sind, auch folgt, daß sie neidisch und ehrsüchtig sind." Anm LS 33 III.

Die Ähnlichkeit zwischen Menschen kann z. B. auch zu Neid führen, die dazu verleiten kann, dass einer dem anderen den geliebten Gegenstand stiehlt: „Stellen wir uns vor, dass jemand sich eines Dinge erfreut, dass nur einer allein besitzen kann, so werden wir zu bewirken suchen, dass jener dieses Ding nicht besitze." LS 32 III. Wir könnten noch mehr Beispiele nennen. Aber das Fazit ist schon jetzt offensichtlich: Weil alle Menschen von solchen Affektvorgängen beeinflusst werden, und weil nicht alle Menschen sich gleichermaßen vernünftig entwickeln, brauchen wir im Zusammenleben eine politische Ordnung. Oder in GfK-Sprache: Menschen wählen sehr oft Strategien, die die Bedürfnisse anderer zu wenig beachten, so dass man beschützende Macht einsetzen muss, um die Bedürfnisse der Benachteiligten auch zu schützen. Das führt uns zum Thema politische Philosophie von Spinoza und das Verständnis von Macht in der GfK, siehe Kapitel „Spinoza und Rosenberg im Gespräch über Macht" dazu.

Aber wenn ich mit meiner Vernunft mein Leben gestalte, meine Affekte wie oben betrachte und meine Bedürfnisse erkenne, dann führt mich die Imitation der Affekte auch dazu, dass ich klar erkenne: Auch der andere hat Bedürfnisse wie ich. Ich kann Gemeinbegriffe bilden und erkennen, dass sich der andere ebenso gegenseitige Anerkennung, Geben und Nehmen, Freundlichkeit usw. wünscht wie ich. Dieses Hineindenken in den anderen ist aber schwer, fast unmöglich, wenn ich auf ihn wütend bin. Ich muss also normalerweise erst mir selbst Empathie geben bzw. mich von meinem Affekt Wut lösen und eine adäquate Idee von der Idee haben, also das unerfüllte Bedürfnis als Grund der Wut verstehen, bevor ich erahnen kann, welches Bedürfnis den anderen zu seinem Handeln motiviert hat. Aber dann kann ich auch eine Vermutung für eine adäquate Idee haben: eine Vermutung, welches Bedürfnis bei ihm der Grund seines Handelns ist. Genau das passiert bei der stillen Empathie mit dem anderen. Ich erkenne, dass er aus einem Grund heraus handelt, aus einem Bedürfnis heraus, und nicht, um mich persönlich zu ärgern oder zu schaden oder ähnliches. (Siehe Beispiel Herolds Bemerkung.)

Ich kann aber auch manchmal zuerst den anderen mit seinem Bedürfnis verstehen. Diese Verständnis, diese adäquate Idee seines

Bedürfnisses, wird in mir einen neuen Affekt auslösen, der gegen meine Wut wirkt. LS 2 Teil 5: „Wenn wir eine Seelenaufwallung oder einen Affekt von dem Gedanken der äußeren Ursache trennen und mit anderen Gedanken verbinden, dann wird Liebe oder Haß gegen die äußere Ursache, wie auch das Schwanken der Seele, das aus diesen Affekten entsteht, vernichtet werden."

Fazit: Das Ergebnis des Vergleichs zwischen Rosenbergs GfK-Handreichungen und Spinozas Empfehlungen offenbart mehrere Aspekte:

1. Wir finden erstaunlich viele Ähnlichkeiten zwischen dem Vorgehen der GfK und der Ethik, um traurige Leidenschaften, wie Wut, Hass, Enttäuschung usw. zu überwinden. Wenn ich in diesem Kapitel nur die innere Empathie mit mir selbst und die stille Empathie mit dem anderen behandelt habe, ist das kein Mangel. Denn aus beiden Vorgängen folgt ja auch das Kommunizieren im Außen: Ich spreche mein Anliegen in den 4 Schritten an und/oder ich höre empathisch zu und fokussiere mich dabei besonders auf die Gefühle und Bedürfnisse des anderen.

2. Diese Ähnlichkeiten erhärten meine These, dass es sinnvoll ist, Bedürfnisse als spinozistische Gemeinbegriffen anzusehen.

3. Die allgemeinen Hinweise der Ethik werden durch die GfK erst richtig verständlich und anwendbar.

4. Spinozas Überlegungen stellen das Menschenbild der GfK nicht grundsätzlich aber teilweise in Frage. Wenn Menschen mit inadäquaten Ideen und traurigen Leidenschaften immer wieder beginnen müssen, wenn die Imitation der Affekte auch Neid, Prahlerei, Missgunst, Diebstahl usw. hervorbringen kann, wenn für die Verwandlung von traurigen Leidenschaften auch eine gewisse Portion Vernunft nötig ist, dann frage ich mich: Wie tief geht die Verwirrung? Menschen erfüllen sich mit jeder Handlung gewisse Bedürfnisse, aber anderen Bedürfnissen in ihnen bzw. bei anderen sind sie oft völlig ignorant gegenüber. (Diese Fragen und Überlegungen werde ich im letzten Kapitel wieder aufgreifen.)

Das Ziel ist aber bei beiden gleich: Vernünftiges und friedvolles Leben ist, wenn ich meine Bedürfnisse und die Bedürfnisse der anderen beachte. Dann entsteht freudiges, erfülltes Zusammenleben mit gegenseitigem Geben und Nehmen:

Erläuterung zu 59: „Alle Tätigkeiten, welche aus Affekten folgen, die den Geist betreffen sofern er erkennt, rechne ich zur Geisteskraft, die ich in Willensstärke und Edelsinn einteile. Unter Willensstärke meine ich nämlich die Begierde, mit der jeder bestrebt ist, sein eigenes Sein nach dem bloßen Gebot der Vernunft zu erhalten. Unter Edelsinn aber verstehe ich die Begierde, mit der jeder bestrebt ist, nach dem bloßen Gebot der Vernunft die übrigen Menschen zu unterstützen und sich dieselben in Freundschaft zu verbinden. Die Handlungen also, die nur den Nutzern des Handelnden bezwecken, rechne ich zur Willensstärke, und diejenigen, welche auch den Nutzen eines anderen zum Zwecke haben, zum Edelsinn. Mäßigkeit, Nüchternheit, Geistesgegenwart den Gefahren usw. sind also Arten der Willensstärke; Bescheidenheit dagegen, Milde usw. Arten des Edelsinns."

Spinoza im Gespräch mit Rosenberg, Schaik/Michel, Graves und Bloom

Der runde Tisch und wen ich dazu setze Ich will nun Spinoza mit Rosenberg zusammen an einen runden Tisch mit einigen Wissenschaftlern setzen, die zum Thema Menschenbild und Ethik neue Erkenntnisse beisteuern können. In den ersten Kapiteln habe ich Spinoza allein mit Rosenberg ins Gespräch gebracht. Jetzt kommen neue Gesprächspartner dazu:

Der Anthropologe Carel von Schaik und der Historiker Kai Michel, die zusammen die Bibel als Tagebuch der Menschheit lesen und in der Paradiesvertreibung letztlich die Sesshaftwerdung des Menschen wiedererkennen.

Der Psychologe Clare W. Graves, der eine Theorie der menschlichen Entwicklung aufstellte.

Der Philosoph Henri Bergson, der zwei Quellen der Moral und der Religion offenlegte.

Und der Entwicklungspsychologe Paul Bloom, der die angeborene Moral von Kleinkindern erforschte.

In die Runde werfe ich eine uralte Frage: Ist der Mensch von Natur aus gut oder böse? Das ist eine uralte Frage, über die Theologen und Philosophen sich immer wieder neu gestritten haben. Für Augustinus war der Mensch nach dem Sündenfall total verderbt. Luther und Erasmus stritten sich, ob die Seele tot oder krank ist, also ob der Mensch total in Sünde verstrickt ist oder ob er einen guten Kern hat, der nur durch Sünde mehr oder weniger verdeckt ist. Die jeweilige Antwort auf diese Frage beeinflusst zentral das Menschenbild und damit den Umgang der Menschen untereinander. Wenn der Mensch eigentlich böse ist, muss man notfalls mit Gewalt ihn zum Guten zwingen. So sah es jedenfalls im Roman „Die Brüder Karamasow" der Großinquisitor, der Jesus wieder wegschickte: Die Menschen sind unfähig zur Freiheit.

Spinoza und Rosenberg im Gespräch über Macht

Zuerst möchte ich Spinoza mit Rosenberg zu Wort kommen lassen: Ist der Mensch von Natur aus gut oder böse? So würde Spinoza die Frage natürlich ablehnen. Denn ein Mensch tut das, was seinem Vermögen und seinem Bestreben zu existieren und seinen Lebensbedingungen entspricht. Auch Rosenberg lehnt auf seine Weise diese Frage ab: Menschen erfüllen sich mit allem, was sie tun, Bedürfnisse. Und sie wählen den Weg, der in diesem Moment ihnen wohl als der beste erscheint.

Spinoza will den Menschen zeigen, wie sie vernünftiger leben können, wie sie mehr Freuden und aktives Vermögen erreichen können. Dafür brauchen Menschen aber ein Wissen, um diese Wandlung vollziehen zu können. Deswegen will Spinoza mit seiner Ethik aufklären und helfen. Für Spinoza gibt es nicht den moralischen Gegensatz: den Guten und den Bösen. Sondern den ethischen Gegensatz: Der Vernünftige und der Tor, der Weise und der Unwissende.[57] Oder in GfK-Logik: Es gibt Menschen, die immer mehr gelernt haben, die Bedürfnisse aller Beteiligten einzubeziehen und passende Strategien zu suchen – und es gibt Menschen, die das noch lernen müssen.

Aber der Tor und der Weise haben beide einen Conatus, einen Überlebenstrieb, haben beide Bedürfnisse und versuchen sich diese mit ihrem Handeln zu erfüllen. „Auch der Tor gehört zur Natur und stört keinerlei Ordnung."[58] Und es ist für Spinoza (und für Rosenberg) das natürliche Recht eines jeden Menschen, seinem Überlebenstrieb zu folgen bzw. zu suchen, sich seine Bedürfnisse zu erfüllen.

Besonders für Augustinus kam mit der Sünde Adams die ganze Verderbtheit in die Welt: Er hat sich frei gegen Gott entschieden. Augustinus und mit ihm die ganze folgende christliche Theologie stellten sich Adam als einen freien, vernünftigen und vollkommenen Menschen vor, der aus freiem Entschluss gegen Gottes Gebot handelte.

Adam ist für Spinoza jedoch ein Mensch, der von inadäquaten Ideen geprägt ist: Das heißt Adam ist traurig, schwach, seinen Affekten ausgeliefert, unwissend und damit Spielball der Ereignisse, die ihm einfach so zustoßen.[59] „Man muss einräumen, dass es nicht in der

Gewalt des ersten Menschen stand, richtigen Gebrauch von seiner Vernunft zu machen; er war vielmehr geradeso wie wir den Leidenschaften unterworfen."[60] Schreibt Spinoza in seinem politischen Traktat.

Grundgedanken von Spinoza und Rosenberg zu Macht und Staat
Wenn Adam und die nachfolgenden Menschen von inadäquaten Ideen, von Traurigkeit, Schwachheit und Ohnmacht geprägt sind, können sie ihrem Überlebenstrieb gar nicht richtig folgen. Sie können ihrem „Naturzustand", d. h. ihrem Recht, ihre Bedürfnisse zu erfüllen, gar nicht erreichen. Sie haben viel zu wenig Kontrolle darüber, mit wem sie aufeinandertreffen: Mit einem wilden Tiger, einem giftigem Pilz, einem gewaltsamen Menschen – all diese „Begegnungen" können tödlich enden.

„Es gibt nur ein Mittel, den Naturzustand lebbar zu machen, indem man nämlich Aufeinandertreffen organisiert. Auf welchen Körper auch immer ich treffe, ich suche das Nützliche. Es gibt aber eine große Differenz zwischen der zufälligen Suche nach dem Nützlichen (d.h. der Anstrengung, die nicht mit unserem Körper übereinstimmenden Körper zu zerstören) und der Suche nach einer Organisation des Nützlichen (der Anstrengung, auf mit unserem Körper übereinstimmende Körper zu treffen, in mit ihnen übereinstimmende Zusammenhängen). Allein diese zweite Anstrengung definiert das eigentlich oder wahrhaft Nützliche. [...] Und wenn man fragt, worin das für uns Allernützlichste besteht, dann sieht man wohl, das ist der Mensch ist. Denn der Mensch stimmt prinzipiell und naturgemäß mit dem Menschen überein; sein Zusammenhang setzt sich mit seinem zusammen; der Mensch ist dem Menschen absolut oder wahrhaft nützlich."[61] Der Mensch ist für Spinoza nicht des anderen Menschen Wolf, wie Hobbes behauptete.

Damit haben wir das Fundament für Gemeinschafts- und Staatsbildung bei Spinoza: Wir Menschen schließen uns zusammen, um unsere Bedürfnisse in Freiheit miteinander zu erfüllen.

Die „Anstrengung, die nicht mit unserem Körper übereinstimmenden Körper zu zerstören" – das klingt sehr nach Hobbesschen Krieg jeder gegen jeden. Meine Macht ausbauen gegen meine Feinde, damit ich überlebe. Die Lösung von Hobbes: Jeder Bürger verzichtet auf

Gewalt und ein starker Staat verhindert durch sein Gewaltmonopol, dass die Menschen voreinander Angst haben müssen. Das ist für Rosenberg Dominanzdenken: Man muss Macht über andere haben, weil ansonsten der Bürgerkrieg ausbricht.

Spinoza und Rosenberg dagegen sind sich auch in ihrer politischen Vorstellungen ähnlich: Menschen sollen so miteinander leben, dass sie sich gegenseitig in Freiheit unterstützen. Ich vermehre meine Macht, wenn ich mich mit anderen zusammentue. Das ist das Modell „Macht mit" statt „Macht über".

Für Hobbes ist der Staat begründet durch einen „Unterwerfungsvertrag": Die Menschen geben teilweise ihre Macht an den Staat ab, damit sie Schutz und Ordnung bekommen.

Für Spinoza dagegen soll und muss der Einzelne nicht sein Naturrecht im Staat aufgeben. Vielmehr soll der Staat ermöglichen, dass er in Freiheit im Austausch mit anderen sich entfalten kann. Oder in GfK-Sprache: Der Staat soll beschützende Macht ausüben, damit „Macht mit" miteinander in Freiheit gelebt werden kann.

„Aus den Grundlagen des Staates folgt ganz offensichtlich, dass sein letztes Ziel [...] nicht darin besteht, die Menschen aus vernünftigen Wesen zu Tieren oder Automaten zu machen, sondern im Gegenteil darin, dass der Geist und deren Körper ungefährdet das ihm eigene verrichtet und sie selber frei ihre Vernunft gebrauchen. [...] Das Ziel des Staates ist in Wahrheit die Freiheit." (TTP XX)

Natürlich kann für Spinoza nur eine Demokratie, die z. B. Religionsfreiheit, wissenschaftliche Freiheit und andere Freiheiten schützt, dieses Ziel erreichen!

Nun lasse ich den Anthropologen Carel von Schaik und den Historiker Kai Michel zu Wort kommen:

Was sind wir Menschen geworden? – Die Vertreibung aus dem Paradies und die Sesshaftwerdung des Menschen

Ein Anthropologe und ein Historiker lesen die Bibel als ein Tagebuch der Menschheit. In der Bibel spiegelt sich also die Entwicklung der Menschheit wider. Zentrale Erfahrungen von Menschen mit dem Wandel ihres Lebens und zentrale Reflexionen und Antworten auf die Herausforderungen, die der Wandel mit sich gebracht hat, enthält für Carel von Schaik und Kai Michel die Bibel.

Für einen Theologen, der um die Ergebnisse der historisch-kritischen Exegese weiß und der außerdem mit dem II. Vatikanischen Konzil davon ausgeht, dass die Bibel gerade deswegen Gottes Wort ist, weil in ihr Menschen aus ihrer Zeit heraus ringend und mit dem Heiligen Geist ihre Erfahrungen niedergeschrieben haben, sieht in dem Vorgehen der beiden Wissenschaftler kein glaubenzerstörendes Unterfangen sondern eine echte Bereicherung!

Ich muss ehrlich sagen, dass dieses Buch mich fasziniert hat und mir einen Zugang zu vielen vorher unverständlichen Stellen des Alten Testaments ermöglicht hat. Beginnen wir wieder mit Adam und Eva:

Die Sesshaftwerdung als Paradiesvertreibung: Die Vertreibung aus dem Paradies und alle folgende Geschichten in der Genesis können gelesen werden als eine Verarbeitung und komprimierte Darstellung der größten und prägendsten Wandlung in der ganzen Menschheitsgeschichte: der Sesshaftwerdung.

Normalerweise denken wir vielleicht naiv, dass die Sesshaftwerdung ein Fortschritt in der Menschheit ist. Schluss mit dem Jagen und Sammeln und Umherstreifen. Endlich ein Dach über dem Kopf und das schöne Landleben. Aber weit gefehlt!

„Jared Diamond nennt das, was als „Erfindung der Landwirtschaft" oder „neolithische Revolution" bezeichnet wird, provokativ den „größten Fehler der Menschheit". […] Erst langsam dringen Evolutionsbiologen, die den Prinzipien der kulturellen Evolution nachspüren, in vor- und frühgeschichtliches Terrain vor. Von den Historikern werden sie dort oft nicht gerade freudig begrüßt. So wartet der „größte Fehler der Menschheit" immer noch darauf, von der

83

breiten Öffentlichkeit in seiner Bedeutung erkannt zu werden: als einer der wichtigsten Wendepunkte der menschlichen Evolution, der unser Leben bis heute prägt. Bisher wird vor allem der Fortschrittsaspekt dieses Zivilisationsschritts betont. Keine Frage: Damals wurden die kulturellen Grundlagen für eine beispiellose Erfolgsgeschichte gelegt. Innerhalb der letzten zehntausend Jahre stieg die Population unserer Spezies von vier Millionen auf bald acht Milliarden Individuen an. Doch mit welchen Kosten war der Fortschritt verbunden? Ausgrabungsfunde zeigen: Gewalt gelangte auf die Tagesordnung, die Menschen wurden kleiner, hungerten öfter, starben früher. Als begonnen wurde, Tiere zu domestizieren, sprangen Krankheitserreger von Haustieren auf die Menschen über. Pest und Pocken, Karies und Masern, Grippe und Cholera machten sich erstmals über die Menschen her. Zugleich sorgte die Erfindung des Eigentums an Grund und Boden dafür, dass Ungleichheit und Unterdrückung in die Gesellschaften einzogen; Frauen hatten besonders darunter zu leiden.

Den apokalyptischen Reitern gleich kam all das über die Menschen und plagte sie jahrtausendelang. Doch ein Zurück gab es nicht. Es musste etwas unternommen werden. [...]

Deshalb schlug die Stunde für das größte Talent des Homo sapiens: die kumulative kulturelle Evolution. Um sich gegen all das Unheil zu behaupten, suchten die Menschen nach Erklärungen für die Katastrophen, die Gewalt, die Seuchen. Um dann Mittel und Wege zu finden, wie man sich vor den Gefahren schützen konnte. Ein Urknall der Kultur war die Folge. In den Jahrtausenden, in denen sich zunächst Häuptlingstümer (Chiefdoms) formierten, dann erste Staaten, die sich mancherorts zu Hochkulturen wie in Mesopotamien oder Ägypten entwickelten, existierten Wissenschaft, Medizin, Recht oder Religion noch nicht als ausgebildete Funktionssysteme. Wir haben es mit einer Ursuppe der Kultur zu tun: Erst langsam differenzierten sich einzelne Bereiche aus, mit je eigenen Experten und Diskursen, Methoden und Institutionen. Alle aber blieben zutiefst religiös gefärbt; der Glaube an das Walten übernatürlicher Kräfte durchwirkte alles. Hinter jedem Unglück mussten zornige Geister oder Götter stecken."[62]

Lebten die Jäger und Sammler wirklich paradiesisch? Jedenfalls viel besser als die sesshaftgewordenen Menschen: Da sie wanderten und keine Tiere domestizierten, plagte sie viel weniger Krankheiten durch Bakterien und Viren! Sie waren nicht so existentiell abhängig vom Wetter wie die Bauern, die unter Missernten immer wieder zu leiden hatten. Sie kannten keinen Kampf um das Eigentum eines Bodens oder eines Hauses. Der Lebensraum gehörte keinem, jeder durfte ihn nutzen. Die Frauen hatten eine gleichberechtigte Stellung. Die einzelnen Gruppen waren in der „Wildnis" zur Kooperation gezwungen und weil die Gruppen eine überschaubare Größe hatten, waren sie auch zur Kooperation fähig!

„Die Jäger und Sammler lebten zu mehreren Familien in kleinen Gruppen, die aus dreißig bis fünfzig Mitgliedern bestanden und nicht fest an einem Ort lebten. Mit den Nachbargruppen bildeten sie ein lockeres Netzwerk, ohne in beständigem Kontakt zu stehen. Das Jagen und Sammeln erforderte große Territorien. Nur von Zeit zu Zeit kamen die Mitglieder eines solchen Netzwerks, Macrobands, zusammen, um Heiraten anzubahnen oder Allianzen zu pflegen.

Innerhalb der Gruppen lebten die Menschen dagegen in engem persönlichem Kontakt. In den warmen Regionen der Welt waren sie unbekleidet und bedeckten in der Regel nur die primären Geschlechtsteile. Der materielle Besitz war klein, allenfalls individuelle Fähigkeiten oder markante Persönlichkeitszüge sorgten für Rangunterschiede. Ausgeprägte Hierarchien existierten genauso wenig wie bedeutende Machtkonzentrationen.

Man teilte die Ressourcen, insbesondere die Jagdbeute. Freigiebig zu sein steigerte die Reputation der Jäger. Das Leben der Menschheit spielte sich die längste Zeit weitgehend egalitär und demokratisch ab. Das hat sich tief in unsere Psyche eingebrannt und bestimmt die Wahrnehmung und Interpretation unserer sozialen Umwelt bis heute. Kooperation war alles. Interdependenz, die gegenseitige Abhängigkeit der Gruppenmitglieder, bildete die Grundlage des Zusammenlebens. Entscheidungen fällte die Gruppe gemeinsam, oft nach langen Diskussionen. Der Ruf des Einzelnen wog dabei schwer: War auf sein Wissen, seine Erfahrung Verlass? Galt er als vertrauenswürdig und hilfsbereit? Reputation stellte das Kapital der

85

Urzeit dar. Weil die Menschen damals über keine Nahrungsvorräte verfügten, mussten sie in soziale Beziehungen investieren, auch zu den Nachbargruppen. Wer bewiesen hatte, dass er bereit war, andere zu unterstützen, konnte in Notzeiten auf Beistand zählen. Belastbare Beziehungen stellten die Lebensversicherung dar.

Entsprechend wichtig war Harmonie: Jeder Verstoß gegen das Gemeinschaftsleben wurde registriert und gegebenenfalls sanktioniert. In schweren Fällen konnte das zu Gruppenausschluss oder zur Tötung eines Störenfrieds führen. Doch das geschah selten: Weil die Chancen, alleine zu überleben, gering waren, bemühte sich jeder, ein gutes Gruppenmitglied zu sein. Auch verzieh die Gruppe Fehlverhalten, sobald der Täter überzeugend seine Reue demonstrierte.“[63]

Rousseau Hier können wir kurz Rousseau an den Tisch bitten, der dann grinsend verlauten lässt: „Habe ich doch Recht gehabt!“ Mit der Sesshaftwerdung begann die Zivilisation und damit der Verfall! Auf die Preisausschreiben-Frage der Akademie von Dijon „Geht mit dem Fortschritt der Wissenschaften und der Künste auch eine Verbesserung der Moral und der Sitten einher?“ antwortete Rousseau: Die Zivilisation macht den Menschen nicht besser sondern schlechter! Der Mensch ist von Natur aus gut! Der Mensch wird böse durch die Zivilisation! Umso verdorbener wird er, umso weiter er weg ist von seinem natürlichen Zustand, bzw. umso weiter Wissenschaften und Künste voranschreiten. Die folgende Preisausschreiben-Frage kam Rousseau ebenso willkommen: Welches ist der Ursprung der Ungleichheit unter den Menschen? Seine Antwort: Der wilde Mensch im Naturzustand ist ausgeglichen, instinktsicher. Er besitzt sowohl gesunde Eigenliebe als auch natürliches Mitgefühl, also Nächstenliebe. Jedoch der Mensch besitzt den natürlichen Trieb, sich zu verbessern und sein Leben komfortabler zu gestalten. So wurde er sesshaft, wurde Bauer statt Jäger und Sammler und baute Hütten. Aber mit der Sesshaftigkeit änderte sich diese ideale Balance: Es kam das Gift Besitzdenken auf. Dazu schrieb Rousseau seine berühmten Worte. „Der erste, welcher ein Stück Landes umzäunte, sich in den Sinn kommen ließ, zu sagen: dieses ist mein und einfältige Leute antraf, die es ihm glaubten, der war der wahre Stifter der bürgerlichen Gesellschaft."

Und noch eine weitere Einsicht kommt uns im Gespräch mit Schaik und Michel: Spinozas Ziel eines Staates, der seinen Menschen Freiheit gewährt und ihnen ermöglicht, dass sie gut zusammen leben und zusammen arbeiten und sich gegenseitig bereichern können, haben die Jäger und Sammler anscheinend schon ganz gut erreicht... Jedenfalls viel besser als die sesshaft gewordenen Menschen...

Trotzdem sollte man ehrlicherweise zugestehen: Die Jäger und Sammler konnten sehr brutal zu anderen fremden Gruppen sein. Zu einer offenen, allumfassenden Menschheitsliebe konnten sie sich nicht emporschwingen![64]

Die drei Naturen und Mismatch-Probleme als Lesebrille für die Bibel Bevor ich kompakt die Deutungen von einigen wichtigen Bibelstellen vorstelle, will ich die zentrale hermeneutische „Brille" der beiden Wissenschaftler darlegen. Sie gehen von „drei Naturen" beim Menschen aus:

„Die erste Natur: das sind unsere angeborenen Gefühle, Reaktionen und Vorlieben. Sie haben sich über die Jahrhunderttausende hinweg entwickelt und ihre Tauglichkeit im Alltag kleiner Jäger-und-Sammler-Gruppen bewiesen.

Idealtypisch formuliert, gewährleisten sie ein fast reibungsloses Funktionieren des Menschen in seiner sozialen wie ökologischen Umwelt. Genetisch verankert, müssen sie nur beschränkt erlernt werden. Sie implizieren eine Art natürliche Moral, die das zwischenmenschliche Miteinander reguliert. Die individuelle Ausformung unterliegt der genetischen Variabilität. Zur ersten Natur gehören so unterschiedliche Neigungen wie Liebe zwischen Eltern und Kindern, der Sinn für Fairness und die Empörung über Ungerechtigkeit und Ungleichheit, der Abscheu gegenüber Inzucht und Kindstötung, die Furcht vor Fremden, die Sorge um die eigene Reputation, das Gefühl, sich anderen nach Geschenken und erhaltener Hilfe verpflichtet zu fühlen, die Eifersucht, der Ekel. Und nicht zuletzt unser religiöser Sinn, der allerorten übernatürliche Akteure am Werk sieht. Die erste Natur meldet sich als Intuition und Bauchgefühl zu Wort."[65]

Wir werden später den Entwicklungspsychologen Paul Bloom befragen, ob er diese Eigenschaften der ersten Natur als angeborene Moral bei Kleinkindern ebenso finden konnte.

„Die existentiellen Probleme, die das neue, das sesshafte Leben mit sich brachte, waren so dringend, dass schnelle kulturelle Lösungen vonnöten waren, die zu neuen Gewohnheiten, Konventionen und Mentalitäten führten. Solche kulturellen Produkte werden nicht vererbt, sie müssen, wenn sie sich bewähren, tradiert und jeweils neu erlernt werden. Die Menschen verinnerlichen sie schon in der frühen Kindheit – und zwar so sehr, dass sie ihnen zur zweiten Natur werden. Man muss über sie keine Rechenschaft ablegen. Während die erste Natur gewissermaßen unsere natürliche Natur darstellt, ist die zweite Natur unsere kulturelle Natur, die große territoriale oder ethnische Unterschiede aufweisen kann. [...] Deshalb reagieren Menschen beispielsweise mit Ekel (erste Natur) auf die Speisegewohnheiten (zweite Natur) anderer: „Wie kann man nur Hunde essen?" In den Bereich unserer zweiten Natur gehören Sitten und Gebräuche, die Religion als kulturelles Produkt, so wie sie von den entsprechenden Institutionen vertreten wird, ebenso Regeln des Anstands, der Höflichkeit und der guten Manieren [...].

Die dritte Natur nennen wir unsere Vernunftnatur. Das sind jene kulturell verankerten Maximen, Praktiken, Institutionen, denen wir aufgrund einer weitgehend bewussten Rationalität folgen – etwa als das Ergebnis einer gezielten Situationsanalyse. Was nicht heißt, dass die Regeln durch und durch rational sein müssen. Es scheint aber vernünftig, ihnen zu folgen, weil sie Common Sense sind oder Schwierigkeiten drohen, wenn man sie nicht befolgt. Auch sie werden teilweise internalisiert, aber meist erst auf einer späteren Stufe, durch die Schule oder andere Institutionen. Sie können zur Gewohnheit und damit zur zweiten Natur werden. Insbesondere dann, wenn sie von Kindheit an indoktriniert werden. Viele Inhalte der Vernunftnatur bleiben uns jedoch äußerlich. Das liegt an ihrer kognitiven Sperrigkeit oder dem Umstand, dass sie den angeborenen Neigungen unserer ersten Natur zuwiderlaufen und folglich Gefühle der Unlust provozieren. Beispiele dafür sind jene Dinge, die wir nur widerstrebend tun, obwohl wir wissen, dass sie gut für uns oder zumindest vernünftig wären: gesund essen, Sport treiben, uns an Geschwindigkeitsbegrenzungen halten. Auch die guten Vorsätze, die wir jedes Jahr aufs Neue fassen, sind typische Produkte der dritten Natur. Deshalb misslingt ihre Umsetzung immer wieder: Sie sind eben nur vernünftig und stehen im Widerspruch zu den Bedürfnissen unserer ersten Natur."[66]

Wenn es zwischen den drei Naturen knirscht, haben wir ein Mismatch! Mis-match = schlechtes Zusammenpassen oder schlechtes Zusammenspiel. Schaik und Michel betonen deutlich: „Mit dem Sesshaftwerden, dem gewaltigen Populationswachstum, den höheren Bevölkerungsdichten und dem technischen Fortschritt konnte unsere erste Natur nicht mithalten. Natur drei übernahm das Ruder. Mit beeindruckender Effizienz. Heute gibt es nur noch wenige Situationen, in denen wir guten Gewissens unserer ersten Natur die Entscheidung überlassen können. Weil die dritte Natur das Überleben so erfolgreich gewährleistete, gab es für die Selektion kaum Möglichkeiten, uns genetisch an die neue Problemlage anzupassen: Die Mismatch-Situationen blieben bestehen."[67]

Sie betonen: Viele kulturelle Fortschritte geben Hilfsmittel, um irgendwie die neuen Probleme des letzten kulturellen Fortschritts zu bewältigen. Aber diese Hilfsmittel beseitigen nicht grundlegend die neuen Probleme. Ein modernes Beispiel: Wenn wir in Zukunft CO_2 aus der Luft in die ehemaligen Erdgaslager pumpen, wie es inzwischen Norwegen plant, beseitigen wir nur mit einer zusätzlichen Technik die Folgen unseres Wirtschaftens und hoffen, damit den Klimawandel aufzuhalten. Aber wir reduzieren nicht wesentlich unseren CO_2-Ausstoß!

Ein Beispiel aus der biblischen Zeit: „Angesichts des Reproduktionserfolgs, den die Landwirtschaft den Menschen bescherte, wurden die fruchtbaren Böden knapp. Damit tauchte ein in diesen Dimensionen vorher unbekanntes Problem auf: Wie gebe ich Besitz weiter? Auch das ist ein Mismatch-Phänomen, für das es keine gute Lösung gibt. Wenn das Land unter mehreren Erben immer wieder geteilt wird, ist es nur eine Frage der Zeit, bis Felder und

Weiden zu klein sind für eine rentable Existenz. Also lautet die Lösung, die sich vielerorts etablierte: Einer bekommt alles. [...] Doch da gibt es ein Problem: Die Geschwister gehen leer aus. In einer einzigen Generation wird eine ganze Klasse besitzloser Menschen geschaffen. Trotzdem setzte sich diese Maxime durch – und der Gott der hebräischen Bibel wird auf der Seite des neuen Rechts stehen. Und wie immer, wenn Mismatch im Spiel ist, rebelliert unsere erste Natur: Das Privilegieren Einzelner widerspricht den angeborenen Jäger-und-Sammler-Präferenzen, die auf Teilen, Egalität und Kooperation zielen. Wir empfinden es als höchst ungerecht, wenn Einzelne übermäßig bevorzugt werden. Es sei denn, wir sind es selbst, die davon profitieren."[68]

Biblische Geschichten als Tagebuch der Menschheit gelesen

Ich will nun kompakt die Deutungen einiger Bibelgeschichten vorstellen. Drei Stellen zeigen im Schnelldurchlauf die Entwicklung von den Jägern und Sammlern, über die Sesshaftwerdung bis zu den Hochkulturen mit Städten auf. (Schaik und Michel erläutern noch mehr Stellen aus Gen 1-11. Uns reichen diese drei.)

Paradieserzählung

Die Geschichte von Adam und Eva ist einerseits seit mehr als 2000 Jahren eines der wichtigsten und prägendsten Geschichten unserer menschlichen Kultur. Sie ist so oft die Ausgangsgeschichte für die zentralen Fragen: Was ist der Mensch? Warum gibt es Leid in der Welt? Warum bekriegen sich Menschen, statt sich gegenseitig zu unterstützen? Andererseits ist die Geschichte so „seltsam", dass ihre inneren Spannungen den Interpreten leicht die Möglichkeit gibt, das in der Geschichte zu finden, was sie als Sinn hineinlegen wollen. Deswegen gibt es so viele verschiedene Deutungen für diese zentrale Geschichte.[1]

Die inneren Spannungen der Geschichte sind für Schaik und Michel Hinweise für Mismatch-Probleme und ihre Deutung, dass die

---

[1] Stephen Greenblatts Buch „Die Geschichte von Adam und Eva. Der mächtigste Mythos der Menschheit" erzählt einige der wichtigsten Deutungen, aber bei weitem nicht alle. Leider fehlen alle philosophischen Deutungen seit der Neuzeit.

Paradiesvertreibung eigentlich die Sesshaftwerdung beschreibt. Warum wirft Gott Adam und Eva wegen einer Nascherei aus dem Paradies? Warum soll so eine kleine Tat die ganze Menschheit ins Verderben stürzte? „In den Menschen regte sich zu allen Zeiten etwas, das protestiert: „Das ist ungerecht! Wie konnte Gott die beiden aus dem Garten Eden verstoßen." Das Bauchgefühl weigert sich, diese Strafe zu akzeptieren."[69] (Es gibt noch viele weitere Widersprüche.) Aber die Lektüre der Strafen wird sinnvoll, wenn wir die Paradiesvertreibung mit der Sesshaftwerdung gedanklich verbinden: „Zur Frau sprach Gott: Viel Mühsal bereite ich dir, sooft du schwanger wirst. Unter Schmerzen gebierst du Kinder. Du hast Verlangen nach deinem Mann; er aber wird über dich herrschen. Zu Adam sprach er: Weil du auf deine Frau gehört und von dem Baum gegessen hast, von dem zu essen ich dir verboten hatte: So ist verflucht der Ackerboden deinetwegen. Unter Mühsal wirst du von ihm essen alle Tage deines Lebens. Dornen und Disteln lässt er dir wachsen und die Pflanzen des Feldes musst du essen. Im Schweiße deines Angesichts sollst du dein Brot essen, bis du zurückkehrst zum Ackerboden; von ihm bist du ja genommen. Denn Staub bist du, zum Staub musst du zurück. [...] Gott, der Herr, machte Adam und seiner Frau Röcke aus Fellen und bekleidete sie damit." Gen 3,16-21
Mit der Sesshaftwerdung müssen die Menschen mühsam den Acker bestellen, sich mit Unkraut herumschlagen und unter schweren Bedingungen und Unsicherheit Getreide anbauen, um dann Brot zu backen. Schaik und Michel können auch erklären, warum Gott die schmerzhafte Schwangerschaft anspricht: „Mit dem Beginn der Landwirtschaft sank infolge harter Lebensbedingungen, einseitiger Ernährung und Krankheiten die Körpergröße der Frauen; die Größe der Kinder im Mutterleib, insbesondere der Kopfumfang, blieb dagegen annähernd gleich. Das erschwerte ihren Weg durch den Geburtskanal und erhöhte die Schmerzen und Risiken der Geburt. [...] Paläodemographische Analysen belegen auf jeden Fall unter den frühen Bauern deutlich höhere Raten perinataler Mortalität – Totgeburten und verstorbene Neugeborene – als bei den Jägern und Sammlern."[70]

Warum wird der Mann über die Frau herrschen? Mit der Sesshaftwerdung begann auch das Patriarchat. Denn Eigentumsverteidigung, schwindende Kooperation und Patriarchat gehören nach Schaik und Michel zusammen: „Das Sesshaftwerden setzte Prozesse in Gang, die das Wesen menschlicher Gesellschaften radikal veränderten. Weil es den Jägern und Sammlern nicht möglich gewesen war, Vorräte anzulegen, hatten sie in soziale Beziehungen investieren müssen, damit sie in Notsituationen mit Hilfe gegenseitiger Unterstützung überleben konnten. Kooperation war alles gewesen, Solidarität eine Lebensversicherung. Das kehrte sich jetzt um: Die Privatisierung der Ressourcen machte die Bauern von den Nachbarn unabhängig. Die Menschen waren nicht mehr auf die anderen angewiesen und konnten daher die sozialen Beziehungen vernachlässigen. Damit war jene Einbahnstraße beschritten, die in eine Welt führte, in der das Leben materiell zwar immer reicher wurde, aber sozial und emotional verarmte. Die Beziehungen zu Menschen außerhalb der Familie verloren an existenzieller Notwendigkeit, noch dazu musste Besitz geschützt werden, notfalls mit Gewalt. Weil die eigenen Verwandten die besten Verbündeten sind – Blut ist dicker als Wasser –, blieben die Söhne bei ihren Vätern vor Ort. Mit der Folge, dass die Frauen von anderswo geholt werden mussten. Im sich formierenden Patriarchat wurden sie zur Handelsware, zu Besitz."[71]

Kain und Abel

In Jägergesellschaften mussten Brüder eng zusammenhalten, um beim Jagen erfolgreich sein zu können. Nach der Sesshaftwerdung stellte sich immer neu die Frage: Wie wird das Land an die Nachkommen verteilt? Wenn es auf alle Kinder aufgeteilt wird, werden die Parzellen immer kleiner. Deswegen ist es sinnvoll, das ganze Land einem zu geben: Dem Erstgeborenen? Oder dem Lieblingssohn? Die anderen Söhne gehen dann leer aus. Die Konkurrenz unter Brüdern beginnt mit der Sesshaftwerdung! Man denke nur an Josef und den Neid seiner Brüder oder an den Kampf, wer der Erstgeborene sei bei der Geburt der Zwillinge Jakob und Esau. Kain und Abel steht für die Entstehung von Gewalt aus Neid seit der Sesshaftwerdung. Sogar Mord zwischen Brüder ist möglich!

Turmbau von Babel, Sodom und Gomorrha

Wohin gehen die Brüder, die leer ausgehen? In die Städte! Die Städte sind eine neue kulturelle Entwicklungsstufe und eine weitere Herausforderung! Schaik und Michel betonen erstaunt und lobend, dass die Bibel in Gen 1-11 die Entwicklung von den Jägern und Sammlern bis zu den Städten der Hochkulturen tatsächlich abbildet![72] Erste Städte entstanden ca. um 7000 v. Chr. Die neuen Schwierigkeiten: Die Hygieneprobleme wuchsen. Menschen, die sich nicht kannten, lebten auf engsten Raum zusammen. Menschen mit unterschiedlichen Sprachen und Traditionen begegneten sich in Städten. Gerade Menschen, oft junge Männer, die im Clan nicht gebraucht wurden, wanderten in die Städte: Die frustrierten jungen Männer suchten Arbeit und eine Frau. Wenn sie beides nicht fanden, reagierten sie mit Gewalt. Sodom und Gomorrha stehen für die Städte, die „zu Sammelbecken frauenloser Habenichtse wurden."[73] Ausgrabungen zeigten, dass viele der ersten Städte nach einer Boomphase aufgegeben wurden. Um so viele unterschiedliche Menschen „unter einen Hut" zu bekommen, braucht es Hierarchien. Die Städte wurden erst stabil, als Königreiche mit Beamten, Priestern und Sklaven entstanden.[74]

Doch Seuchen konnten immer wieder einmal eine ganze Stadt vernichten. Gerade Großbaustellen konnten zu Infektionsherden werden, weil zu viele Menschen, Sklaven, Kriegsgefangene, Tagelöhner, unter erbärmlichsten Bedingungen zusammenleben mussten. Kein Wunder, dass Großbauprojekte im Altertum nicht immer zu Ende gebracht werden konnten.[75]

Die Spiral Dynamics von Clare Graves

Die Entwicklung, die wir nun anhand der Analyse von Gen 1-11 nach Schaik und Michel dargestellt haben, wollen wir nun begrifflich schärfen, indem wir das Entwicklungsmodell des Psychologen Clare Graves heranziehen.

Die ersten sechs Entwicklungsstufen seines Modells will ich in Kurzform vorstellen. Schon mit wenigen Infos über dieses Modell können wir die Analyse von Schaik und Michel vertieft betrachten. (Ich werde später auch aufzeigen, wie Graves zu diesen Stufen kam.) Jede Ebene steht vor einer Herausforderung, vor bestimmten Problemen, die sie mit ihren speziellen Lösungsstrategien beantwortet. Die dargestellte Entwicklung können wir sowohl beim einzelnen Menschen feststellen als auch in der Menschheitsgeschichte. (Natürlich erreichen unterschiedliche Menschen verschiedene Ebenen im Erwachsenenalter. Außerdem leben wir heute oft ein Gemisch von mehreren Ebenen.)

Jede Ebene wird mit einer Farbe benannt. Das hilft der Kommunikation und dem Wiedererinnern und Orientieren.

Die Ebenen wechseln zwischen Ich-Betonung und Wir-Betonung hin und her. In der Ich-Betonung tendiert die Ebene dazu, dass die Welt bzw. die anderen Menschen sich dem Ich anpassen soll. In der Wir-Betonung tendiert die Ebene dazu, dass das Ich sich den anderen Menschen bzw. der Welt anpassen soll.

Nun in Kurzform die ersten sechs Ebenen:

1. beige Ebene: Naturzustand (beige erinnert an Savanne)
Zustand: Naturzustand mit Nahrungsmangel, kein Schutz oder Sicherheit
Reaktion: Das Verhalten ist überlebensorientiert, wie bei Tieren
Organisation: Horde, kleine Schar
Menschheitsgeschichte: Seit 100 000 Jahren
Einzelmensch: Baby, Traumatisierte, Demenzkranke, Sterbende
Eigenschaften: reaktiv, archaisch-instinktiv; das Überleben bzw. der Überlebenskampf stehen im Vordergrund. Ich-Betonung.

2. violette bzw. purpurne Ebene: Stammesleben, Magie
(violett/purpur erinnert an den Schmuck des Stammeshäuptlings)

Zustand: Die Naturgewalten flößen Angst ein und sind unvorhersehbar bzw. unerklärlich. Sie werden als bedrohlich erlebt.

Reaktion: Menschen schließen sich mit anderen zusammen, um sich gegenseitig Sicherheit zu gewährleisten und die bösen Geister durch magische Rituale zu besänftigen.

Organisation: Blutsverwandte, Clan, Stamm

Menschheitsgeschichte: Seit 50 000 Jahren

Einzelmensch: Kleinkinder

Eigenschaften: animistisch, tribalistisch, sicherheitsorientiert. Wir-Betonung.

3. rote Ebene: Ritter, Held, Einzelgänger

(rot erinnert an heißblütiges Feuer des Kämpfers)

Zustand: Nur die Stärksten überleben. Aggressionen und Feindseligkeiten gehören zum Alltag. Die Welt ist schwierig und hart, so dass nur die Stärksten überleben können.

Reaktion: Kämpft ums Überleben auf Kosten anderer und zwar mit allen Mitteln, um der Stärkere/ein Held zu sein.

Organisation: Bande, Autokratie, Despoten kleiner Staaten

Menschheitsgeschichte: Seit 10 000 Jahren

Einzelmensch: rebellierendes Kind oder Teenager

Eigenschaften: egozentrisch, selbstorientiert, hedonistisch, magisch. Ich-Betonung.

4. blaue Ebene: System der Loyalen Bürokratie

(blau erinnert an Himmel der Rechtgläubigen)

Zustand: Das Faustrecht hat viel Leid mit sich gebracht. Die Privilegierten haben die Ärmeren total ausgenutzt.

Reaktion: Regeln, Gesetze, Verträge, Verfassungen, an die sich jeder halten muss, stellen eine Weiterentwicklung dar. Die Menschen glauben an die Wahrheit und jeder folgt und gehorcht der höheren Autorität. Die Welt wird durch Gott kontrolliert und geführt.

Organisation: Hierarchie, Staaten, Großreiche, Patriarchat, Bürokratie

Menschheitsgeschichte: Seit 5 000 Jahren

Einzelmensch: in Gesellschaft eingefügter Erwachsener

Eigenschaften: absolutistisch, konformistisch, fromm. Wir-Betonung.

5. orange Ebene: Materialist, Kapitalist, aufklärender Wissenschaftler (orange erinnert an Energie des Stahls im Hochofen)
Zustand: Die Welt ist voller Möglichkeiten für Fortschritt und materiellen Wohlstand.
Reaktion: Verschiedene Möglichkeiten werden pragmatisch auf ihre Erfolgswahrscheinlichkeit hin getestet. Es lohnt sich, sich selbstständig zu machen bzw. gewinnbringende Geschäfte abzuwickeln. Die geistige Freiheit wird in Forschung, Philosophie und Politik immer mehr ausgelebt.
Organisation: Demokratischer Rechtsstaat, Staatenbündnisse, Marktwirtschaft, Kapitalismus
Menschheitsgeschichte: Seit 650 Jahren
Einzelmensch: (Junger) Erwachsener
Eigenschaften: erfolgsorientiert, materialistisch, objektivistisch. Ich-Betonung.

6. grüne Ebene: Bewegung, Beziehungen
(grün erinnert an Umweltbewusstsein)
Zustand: Die materielle gesellschaftliche Entwicklung ermöglicht, die Sinnfrage zu stellen. Man sucht wahre Menschlichkeit.
Reaktion: Die Menschen schließen sich in Gemeinschaften zusammen, so dass alle gleichermaßen am Wachstum teilhaben können und ein Gefühl von Lebenssinn erfahren können.
Organisation: Sozialstaat, Teams, Hilfsorganisationen
Menschheitsgeschichte: Seit 150 Jahren
Einzelmensch: (gereifter) Erwachsener
Eigenschaften: Personalistisch, gruppenorientiert, humanistisch. Wir-Betonung.

Nach diesen sechs Ebenen kann die ganze Entwicklung in eine neue Ordnung wechseln. Während jede der ersten sechs Ebenen schwer eine Wertschätzung für die anderen Ebenen entwickeln kann, haben die folgenden Ebenen das Vermögen, auch andere Ebenen zu würdigen und größere Differenzen zusammenzudenken. Graves selbst schreibt dazu: „Nachdem die menschliche Erkenntnis von begrenzten tierähnlichen Bedürfnissen und den zwingenden Überlebensforderungen [Beige], von der Angst vor Geistern [Purpur] und anderen räuberischen Menschen [Rot], von der Angst, die geheiligte Ordnung zu verletzen [Blau], von der Angst vor seiner Gier [Orange] und von seiner Angst vor sozialer Ablehnung [Grün] eingeengt war, ist sie nun plötzlich frei. Da seine Kräfte jetzt frei für eine Aktivierung des Denkens sind, kann sich der Mensch auf sein Selbst und seine Welt konzentrieren [Gelb, Türkis usw.].“[76]

Ein Wechsel in die nächste Ebene wird provoziert durch ein Scheitern der vorhergehenden Ebene:

„• In der beigen Welt kann der Lebensraum die Horden nicht länger erhalten, da Nahrung immer schwerer zu finden ist.

• In der purpurnen Welt gelingt es nicht mehr, die bösen Geister mittels Opfern und Ritualen abzuwehren, da die Stammesordnung beginnt, in sich zusammenzufallen.

• In der roten Welt beginnt der Gesellschaftsvertrag zwischen Besitzenden und Habenichtsen brüchig zu werden, da die mächtigen Besitzenden „gewogen und zu leicht befunden“ werden.

• In der blauen Welt garantiert „Die Wahrheit“ nicht länger Ordnung und Zukunft, da Zweifel, Skeptizismus und neue Möglichkeiten auftauchen.

• In der orangen Welt nutzt sich „das gute Leben“ ab und wird unansehnlich, die Suche nach innerem Frieden floriert.

• In der grünen Welt dünnen die warmen, menschlichen Hoffnungen aus, da die Realität komplexer gesellschaftlicher Probleme und begrenzter Ressourcen bloßgelegt wird.

• In der gelben Welt gelingt es nicht, die gemeinschaftlichen Schritte, die für das Überleben notwendig sind, zu unternehmen, indem man sich auf die Freiheit und Entscheidung des Einzelnen verlässt.“[77]

Wenn eine Ebene in die Krise kommt, besteht immer auch die Möglichkeit bzw. die Gefahr, dass das System in die Ebene darunter abrutscht. Dann zeigen sich die negativen Seiten dieser Ebene besonders stark. Deswegen ist die Herausforderung, gezielt Impulse zu setzen, damit eine positive Weiterentwicklung gefördert wird.

Clare Graves und Schaik/Michel im Dialog

Der Pentateuch erzählt die Geschichte der Entwicklung von Beige bis zu Blau. Das letzte Zitat können wir nun leicht auf Gen 1-11 anwenden:

Adam und Eva leben erst einmal auf der ersten Ebene „Beige". Sie stehen für die ersten Menschen, die noch sehr ähnlich wie Affenhorden in der Natur leben.

Mit der Zeit entwickeln sie Gruppen und wechseln zur zweiten Ebene: Die Horden von Jäger und Sammlern.

Die Vertreibung aus dem Paradies ist die Seßhaftwerdung. Sie zwingt die Menschen in die rote Ebene.

Die Konzentration von sehr vielen Menschen in Städten zeigt die Notwendigkeit von Regeln, Hierarchien und Ordnungen. Die blaue Ebene entfaltet sich. Die folgenden Kapitel und Bücher im Pentateuch verdeutlichen diese Entwicklung

Die Clangeschichten der Erzeltern

Die Erzeltern von Abraham bis zu Josef offenbaren ein Mischmasch von der purpurnen und roten Ebene!

Nach innen möchten die Erzeltern eine harmonische Gemeinschaft bilden, die purpurne Ebene. Nach außen sind sie gezwungen, sich gegenüber anderen Clans abzugrenzen, die rote Ebene. Aber Konkurrenz und Habgier dringen auch in die Großfamilie. Die purpurne Welt kann auch im Inneren nicht erhalten bleiben, die rote Kampflogik prägt auch die Erzelterngeschichte: „Wir haben es mit einer Familiensaga zu tun, die den Vergleich mit einer der guten alten TV Serien wie Dallas oder Denver Clan nicht zu scheuen braucht. Die Patriarchen führen vor Augen, was Reichtum mit Familien anstellt. Da gehen die Söhne mit der Frau des Vaters ins Bett; Männer schlafen mit der Schwiegertochter und schwängern schon mal die eigenen Töchter. Frauen integrieren. Brüder üben blutige Rache. Der Stoff reich leicht für eine Serie mit vier Staffel."[78]

Überall Konkurrenz: Zwischen Brüdern, die das gesamte Erbe haben möchten. Wenn es nach den Gesetzen im Pentateuch ginge, müsste der Erstgeborene das Erbe bekommen. „Ob Ismael (in die Wüste geschickt), Esau (mit einem Linsengericht ums Erbe gebracht) oder Ruben (wegen einer Affäre mit einer der Frauen seines Vaters enterbt)

– in keiner der Patriarchen-Geschichten erhält der Erstgeborene den väterlichen Segen. Die tatsächlichen privilegierten Isaak, Jakob und Josef sind alle Nachgeborene."[79]

Konkurrenz herrscht aber auch zwischen den Ehefrauen. Sie haben keinen guten Grund, freundlich und kooperativ miteinander umzugehen. Denn auch für sie ist entscheidend, ob ihr Sohn den Segen und das Erbe erhält.

Sogar zwischen Väter und Söhne finden wir Konkurrenz und sexuelle Tabubrüche: „So schläft Bilha, eine der Nebenfrauen Jakobs, mit dessen Erstgeborenen Sohn Ruben. Jakob wertet das als Angriff auf seine Autorität und enterbt Ruben."[80]

Bei so viel Konkurrenz stehen die Großfamilien in Gefahr auseinanderzufallen. Die Lösungen, die die Erzeltern fanden, passen zur roten Logik: die erste Strategie heißt Expansion! Wenn der Wohlstand wächst, kann man mehr verteilen und die verfeindeten Brüder mit Geschenken beruhigen. „Jakob, in der Fremde zu Besitz gekommen, kehrt endlich nachhause zurück. Doch wird er von Esau, längst ebenfalls reich geworden, freundlich begrüßt – nicht zuletzt, weil Jakob ihn mit Geschenken überhäuft."[81] Da die Nachbarn ebenfalls die gleiche Strategie verfolgen, gilt es, entweder stabile Bündnissysteme aufzubauen oder den Konkurrenten gegenüber Stärke zu demonstrieren.

Deswegen verfolgte man noch eine weitere Strategie: es bleibt alles in der Familie! Es sollen bloß nicht zu viel fremde Frauen einheiraten. Lieber heiratet man innerhalb der Großfamilie oder verwandten Clans. Und so überrascht es nicht, dass sich die Genesis-Erzählungen auch die Frage stellen, wie nah man verwandt sein darf, um sexuell miteinander zu verkehren.

Erst Josef verfolgt eine Strategie, die aus der roten Logik heraus führt: mit seinen intellektuellen Fähigkeiten ist er fähig, versöhnend auf seine Brüder zuzugehen und damit das Konzept der Rache in der roten Ebene zu überwinden.

Die Gesetze im Pentateuch

Wenn Schaik und Michel über die Gesetze im Pentateuch sprechen, werden sie euphorisch. „Die Bibelautoren haben einen Ehrenplatz in der Ruhmeshalle der Wissenschaft verdient."[82] Für sie sind die vielen

Gesetze zum Beispiel im Buch Levitikus ein ausgefeiltes kulturelles Schutzsystem, um Katastrophen abzuwehren. Schon die Sintflutgeschichte zeigte, dass Menschen immer wieder Katastrophen wie Dürren, Erdbeben, Überschwemmungen, Epidemien ausgesetzt waren.

Und hier berühren sich auf erstaunliche Weise die Analysen von Spinoza und von Schaik/Michel: Beide betonen die Unwissenheit der damaligen Menschen. Aus heutiger Sicht ist diese Unwissenheit schnell erklärt: die Menschen damals wussten nichts von Bakterien, Viren oder von Plattentektonik oder von metereologischen Zusammenhängen. Katastrophen waren somit aus der damaligen Sichtweise Bestrafungen eines Gottes. So galt es, diese Zornesausbrüche zu verhindern. Viele religiöse Gesetze und eben auch die Gesetze im Pentateuch sind kulturelle Errungenschaften: „Unter Hochdruck arbeitete die dritte Natur, der kognitive Genius des Homo Sapiens, an Präventionssysteme, um sich dauerhaft die Gunst der Götter zu sichern."[83] Bzw. die Gunst Jahwes zu sichern!

Spinoza weiß zwar nichts von Bakterien oder Viren als die adäquaten Gründe für Epidemien. Trotzdem war auch er der Ansicht, dass die Gesetze im Pentateuch aus einer gewissen Unwissenheit entstanden sind und zum Ziel hatten, dass das Volk auf bessere Weise zusammen leben könne: „Das gilt zum Beispiel von Moses selbst: er hat aus der Offenbarung oder aus dem ihm offenbarten Grundlagen die Art und Weise erkannt, wie das Volk Israel am besten in einem bestimmten Landstrich zu vereinigen sei, und wie sich eine ganze Gesellschaft bilden oder ein Reich errichten lasse, und weiter auch die Art und Weise, wie jedes Volk am besten im Gehorsam zu erhalten sei; er hat aber nicht begriffen und auch nicht offenbart bekommen, dass jene Art die beste sei, und ebenso wenig, dass sich durch den allgemeinen Gehorsam des Volkes in jenem Landstrich das angestrebte Endziel erreichen lassen müsse. Darum hat er das alles nicht als ewige Wahrheiten, sondern als Vorschriften und Verordnungen aufgefasst und als Gesetze Gottes vorgeschrieben. So kam es, dass es sich Gott als Führer, Gesetzgeber, König, als barmherzig, gerecht usw. vorstellte, während das doch alles Attribute bloß der menschlichen Natur sind, die von der göttlichen Natur völlig ferngehalten werden müssen."[84] Die Gesetze und Gebote im Pentateuch führen für Spinoza nicht zu einer adäquaten Erkenntnis. Sie sind befehlende Zeichen, die höchstens nur indirekt und unklar Wahrheit offenbaren können.[85] Ihm ist jedoch bewusst, dass diese befehlende Zeichen häufig notwendig waren, um das Schlimmste zu vermeiden: „Der große Haufe ist furchtbar, wenn er nicht fürchtet. Darum ist es kein Wunder, daß die Propheten, welche nicht für den Nutzen einiger wenigen, sondern für den allgemeinen Sorge trugen, Niedergeschlagenheit, Reue und Ehrfurcht so sehr empfohlen haben. Und gewiß können die, welche diesen Affekten unterworfen sind, viel leichter als anders dahin gebracht werden, endlich nach der Leitung der Vernunft zu leben, d. h. frei zu sein und das Leben der Glückseligen zu genießen." Anm 54 IV

Schaik/Michel können Spinoza nur zustimmen: Die Menschen konnten für die Katastrophen keine adäquate Ursachen finden. Aber ihre kulturellen Regelungen aus ihrer dritten Natur hatten erstaunlich viele positive Wirkungen. Hier einige Beispiele:

Mit diesen Gesetzen kommen wir in die blaue Ebene. Die Gewaltspirale, die das rote Denken hervorbringen kann, musste durchbrochen werden: Schon das bekannte Auge um Auge, Zahn um Zahn (Exodus 21, 24f) zielt darauf, die Rache zu begrenzen und durch einen klaren Schadensausgleich die Gewaltspirale aufzuhalten. Erstaunlich viele Gesetze versuchen, die Sklaven vor Ausnutzung und körperlicher Misshandlung zu beschützen. Ebenso versucht das Gesetz ein weiteres Hauptproblem antiker Gesellschaften einzudämmen: die Armut. Die Thora verbietet Zinsen und untersagt, einem Schuldner alles zu nehmen. Ebenso schützt das Gesetz die Fremden. „Die Eroberungszüge der Assyrer hatten viele Flüchtlinge ins Land Juda getrieben, vor allem aus dem Nachbarreich Israel. All diese Beispiele zeigen, wie groß die sozialen Verwerfungen waren und wie sehr diese Ungerechtigkeiten der Menschen misshagten. Entsprechend folgerten sie, mit Gott verhalte es sich ebenso. Schließlich griff er strafend ein und schickte soziales Elend, Aufrührer und Banditen. [...] Die Tora hält tatsächlich die Gesetze parat, die es brauchte, um jene Problemen entgegenzutreten, auf die wir bei unserer Bibellektüre gestoßen sind."[86]

Schaik und Michel zeigen auch ausführlich, dass all die Gesetze für den Umgang mit Speisen, mit Körperflüssigkeiten, mit Leichen usw. auch aus heutiger Sicht nicht völlig unsinnig sind: ohne es zu wissen, vermeiden sie die Übertragungen von Bakterien und Viren und somit die Ausbreitung von Krankheiten.

Dabei war die Unterscheidung zwischen rein und unrein indirekt hilfreich. Sie bewirkte einen hygienischeren Umgang mit Dingen, Tieren und Menschen. Jedoch förderte das auch neue soziale Konflikte: „Da Krankheit als Strafe Gottes gilt, ist der Kranke als von Gott Gestrafter unrein und steht nicht mehr in göttlicher Gunst. Der Kontakt mit ihm ist ansteckend: Wird jemand, der sich dem Kranken nähert, ebenfalls krank, hat Gott ihn dafür bestraft, dass es sich einem in Ungnade Gefallenen genährt hat. So logisch diese Folgerung ist, so schwer tun sich die Menschen mit mir. Dem steht die Empathie unserer ersten Natur entgegen: Um Kranke müssen wir uns kümmern! Auch das ist ein neues Mismatch-Problem: Infektionskrankheiten waren zu Jäger und Sammlerzeiten selten."[87]

Damit die Gesetze eingehalten werden, braucht es Ordnung und Strenge und eine blaue Logik: Du musst diesen Gesetzen folgen, ansonsten hast Du göttliche Strafen zu fürchten.

Nach dem babylonischen Exil: Gegen das Murren des Volkes eine blaue Ordnung durchsetzen

Die Endredaktion des Pentaeuch, der Thora, der fünf Bücher Mose entstand im babylonischen Exil. Es waren eifrige Vertreter des Jahwe Glaubens: Weil die fehlende Jahwe-Treue der Hauptgrund für das Exil und den Untergang Judas war, war ihre Folgerung, dass Jahwe der einzige Gott ist. Man würde mit Graves Modell sagen: Sie erschufen eine blaue Religion. Als sie jedoch heimkehrten, hatten sie die schwierige Aufgabe, ihren absoluten Jahwe-Glauben mit seinen 613 Gesetzen den in Juda Zurückgebliebenen zu vermitteln.

Vor dem babylonischen Exil, im alten Israel der Königszeit herrschte ein durchaus verständlicher Mischmasch an Religionsformen. Im folgenden Zitat können wir purpurne, also familiäre Religiosität, rote bzw. lokale, Region gebundene Religiosität und blaue, d.h. staatsgebundene, von Priestern getragene Religiosität unterscheiden:

„Allerorten finden wir den Kult der „dezentralen persönlichen und familiären Frömmigkeit", der auf Ahnen und Götter ausgerichtet war. Darüber befand sich die „Ebene des wohnortgebundenen lokalen Kults". Dazu gehörten die in der Bibel wiederholt geschmähten Höhenheiligtümer, wo verschiedene Götter, aber auch lokale Varianten von Jahwe verehrt wurden. Und schließlich gab es den „überregionalen, stadt- und staatsgebunden offiziellen Kult", der an zentralen Kultstätten dem Staatsgott Jahwe zu Ehren betrieben wurde. Die Übergänge zwischen diesen Sphären waren fließend."[88]

613 Gesetze und ein einziger Gott, von dem man sich kein Bildnis machen darf – das ist eine intellektuelle institutionelle Religion, ein Produkt der dritte Natur. Sie sollte sich nun gegenüber der intuitiven und individuellen Religiosität der Familientraditionen und der lokalen Kulte durchsetzen. Das Mischmasch von purpurnen, roter und blauer Religiosität sollte ein Ende haben! Oder anders formuliert: die dritte Natur sollte sich gegenüber der ersten und zweiten Natur durchsetzen! Das musste auf Widerstand stoßen! Deswegen betiteln Schaik und Michel dieses Kapitel mit: „Das Murren des Volkes: der Protest der ersten Natur." Die neue blaue Religion machte es den Menschen auch nicht gerade einfach. „Ein Gott, der nicht einmal einen Hofstaat besaß, erschien unglaubwürdig; weshalb man ihm wenigstens Engel an die Seite stellte. […] Außerdem kann man kaum direkt mit ihm kommunizieren; das ist Sache der Priester. Die Tora verliert fast kein Wort zum Thema Gebet. […] Für die meisten Fragen des ganz alltäglichen Lebens hatte der monotheistische Gott keine Antwort parat, die Tora erwähnt sie nicht einmal. Damit wurden die Frauen als traditionellen Ritualexpertinnen arbeitslos. Und dieser Ausschluss war besonders fatal […] All das zeigt: den Monotheismus zu etablieren war ein langer, mühseliger Prozess. Die Bibelautoren mussten ihr Konzept nachbessern. Religion im antiken Israel blieb lange eine „pluriforme" Angelegenheit, die intuitive Religion verschwand nie völlig. Trotzdem setzte sich der Monotheismus durch."[89]

Um die blaue Religion attraktiv zu machen, verwendeten die Bibelautoren mehrere Mittel: Insbesondere attraktive Geschichten wie der Befreiungsepos, dem Exodus, und Wundergeschichten während der Wüstenwanderung sollten die Menschen überzeugen. Moses ist ein roter Held, ein Befreier! Der Auszug aus Ägypten soll die „roten Sehnsüchte" befriedigen. Jährliche Feiern, die an die großen Taten Jahwes mit seinem roten Helden Moses erinnern, ersetzen auch die purpurnen Feste, die die Jahreszeiten feiern. Tägliche Übungen, wie das Sch´ma Israel rezitieren, sollten die neue Religion zu einer zweiten Natur werden lassen.

Die persönliche Religiösität fand aber noch andere Formen, sich auszudrücken. Der deutlichste Beleg dafür sind die Psalmen: Der Beter darf in ihnen Gott als persönlichen Gott erfahren, den er ganz „intim" ansprechen, bitten, danken darf. Die Psalmen wurden nicht bewusst von Vertretern der „blauen" offiziellen Religion, der Tora-Religion, geschrieben. Ansonsten würde die Befreiung aus Ägypten oder auch Komplex von Sünde, Zorn Gottes und Vergebung eine größere Rolle spielen. So wie früher in purpurnen Religionsformen Menschen ihre verstorbene Ahnen ansprachen, um Schutz zu erbeten, so erlebt der Beter der Psalmen nun Urvertrauen, indem er sich zu Jahwe wendet! Die intuitive Religion der ersten Natur hat in den Psalmen eigene Wege gefunden, indem es den offiziellen Jahweglauben „synkretistisch" für seine Bedürfnisse umwandelte.[90]

Die Herausforderungen, die Mismatchprobleme, die Spannungen sind dadurch abgemildert aber nicht gelöst: Die Hiobgeschichte stellt die berechtigte Frage, warum ein Gerechter leiden muss. Wenn es für einen gläubigen Israeliten nur einen Gott, kann er bei Misserfolgen nicht mehr zu einem anderen Gott wechseln. (Etwas salopp formuliert: Heutzutage kann man wieder zu einer neuen spirituellen Lehre, zu einer neuen Religion wechseln, wenn die eine nicht funtioniert...) Das Danielbuch eröffnet eine weitergehende Lösung: Gerechtigkeit kommt den Frommen im Endgericht Gottes zuteil. Deswegen werden die Martyrer von Gott gerettet, wie das Makkabäerbuch als erstes in der Bibel deutlich betont! Der suchende Weg der Menschen mit Gott geht weiter...

Vorläufiges Innehalten, Fragen und Gespräch mit Paul Bloom

Schaik und Michel stehen in der Tradition der bibelkritischen Lektüre Spinozas. Sie erlauben sich, die Bibel aus einer anderen Perspektive zu lesen. Die Bibel ist von Menschen geschrieben. Deswegen ist es vernünftig und aufschlussreich zu fragen: In welchen Kontexten und geschichtlichen Herausforderungen standen die Bibelautoren? Das II. Vatikanische Konzil hat mit der Offenbarungskonstitution Spinozas damals sehr gewagten und gefährlichen Perspektivenwechsel als hilfreich anerkannt. Es betont, dass die Bibel sowohl Wort Gottes als auch menschliches Wort ist. Der Heilige Geist wirkt durch die Autoren, die in ihrer Zeit auf die Herausforderungen antworten. Deswegen ist eine historisch-kritische Lektüre der Bibel legitim und bereichernd.

Schaik und Michel gehen aber einen Schritt weiter als die historisch-kritischen Bibelexegeten, indem sie die Bibellektüre mit dem neuesten Wissen über die Menschheitsgeschichte verknüpfen. So konnten wir ihre Entwicklungsdarstellung mit den Stufen von Clare Graves verbinden.

Wenn wir nun den Anfang unseres Gespräches am runden Tisch aufgreifen, zeigt sich: Die rote Stufe und die blaue Stufe wenden „Macht über" an. Die Gewalt bricht in der roten Stufe massiv aus. Der Kampf um mehr Macht über andere ist in vollem Gange. Die Ordnungsmacht der blauen Stufe versucht diese Gewaltspirale durch eine andere Form von „Macht über" einzudämmen. Das ist die Entwicklung, die Hobbes beschrieben hat. In der roten Stufe ist jeder Mensch dem anderen ein potentiell gefährlicher Wolf. Eine Ordnungsmacht, ein Leviathan, ein starker Staat kann diesen gefährlichen Zustand des Kriegs jeder gegen jeden beenden.

Aber wie ist ein Zusammenleben in der Form „Macht mit" möglich? Die orange Stufe will sich von der blauen Ordnungsmacht befreien. Man erkämpft sich Freiheit, seine „Macht mit" sich selbst und für sich selbst. Zu diesem Kampf um Freiheit gehört natürlich auch Spinoza. In der grünen Stufe versucht man, jenseits von „Macht über" kooperativ zusammenzuleben. Dies will die gewaltfreie Kommunikation erreichen.

Gesellschaftliche Herausforderungen bestehen nicht nur darin, dass eine Stufe in die Krise kommt und sich weiter entwickeln sollte, sondern auch, dass Mischformen von mehreren Stufen bestehen, die in Konkurrenz miteinander treten können. Auch das zeigte der Dialog zwischen Schaik/Michael und Graves: Es war schwierig und auch problematisch, dass die aus dem Exil zurückgekehrten religiösen Eliten eine rein blaue Religiosität durchsetzten.

Diese Probleme sind ja heute noch aktuell: Z. B. In der katholischen Kirche kämpfen Traditionalisten (blaue Stufe), Volksfrömmigkeit wie z. B. Marienkult (purpurne Stufe,), aufklärerische Theologie (orange Stufe), modernes Gemeinschaftschristentum (grüne Stufe) um die Vorherrschaft. Die katholische Lösung war oft, jedem eine gewisse Nische, Wirkungsbereich und Akzeptanz anzuerkennen, alles unter einer hierarchischen Gesamtleitung (blaue Stufe).

Folgende Fragen ergeben sich für mich aus unserem bisherigen Gespräch am runden Tisch:

Gab es wirklich mal eine paradiesische Zeit? Das Leben als Jäger und Sammler war ja auch hart. In der beigen und die purpurnen Stufe kämpften Menschen oft ums Überleben. Warum ist die Zeit vor der Sesshaftwerung in der Bibel als Paradies dargestellt? Da werden wir nochmals Schaik und Michel zu Wort kommen lassen.

Wie ist die erste Natur? Ist sie wirklich wie in Beige beschrieben? Wie ist die moralische Grundausstattung in der ersten Natur? Dafür wollen wir Paul Bloom zu Wort kommen lassen, der in seinem Buch „Jedes Kind kennt gut und böse" die Forschungen und Erkenntnisse der Entwicklungspsychologie dargestellt hat.

Wie kam Graves auf seine Stufen? Die Art und Weise, wie Graves geforscht hat und wie er auf die Stufen kam, ist äußerst aufschlussreich. Das wird mich zu der steilen Behauptung führen, dass Graves mit seinen Forschungen klarer und besser das erreicht hat, was Hegel mit seiner „Phänomenologie des Geistes" eigentlich erreichen wollte. (Ohje: Ich höre schon das entsetzte Aufschreien der Hegelfans.)

Wie kann man Spinoza und die GfK in Graves Spiral Dynamics einordnen? Reicht es, einfach zu sagen, Spinoza ist orange und Rosenberg grün? Oder sollten wir die beiden doch etwas differenzierter betrachten?

Wenn man die Bibel mit der Analyse von Schaik und Michel betrachtet, fragt man sich als Gläubiger:

Wo bleibt da das Wirken Gottes? Wie ist Glaube an Gott nach Spinoza, Schaik/Michel, Graves und Co noch möglich, sinnvoll, vernünftig? Schaik und Michel beurteilen respektvoll und würdigend die biblischen Autoren. Jedoch sie betrachten die biblischen Texte als „rein" menschliche Texte: Wie kann ich als Gläubiger auch mit Schaik/Michels Analyse das Wirken des Heiligen Geistes in den „Irrungen und Wirrungen" der biblischen Geschichte und den biblischen Geschichte erkennen? Ich will diese Fragen im übernächsten Kapitel aufgreifen.

Gab es wirklich mal eine paradiesische Zeit?

Natürlich mussten Menschen in der beigen oder purpurnen Stufe, Naturvölker im Urwald oder in der Wildnis immer wieder ums Überleben kämpfen. Naturvölker leben nicht im Schlaraffenland. Aber sie haben noch keine Mismatch-Probleme: eine Kluft zwischen „alter Psyche" (also erste und zweite Natur) und „neuer" Umwelt. Diese Probleme entstehen erst mit der Sesshaftwerdung. Aber wenn auch das Leben der Jäger und Sammler kein Zuckerschlecken war, gab es mal ein paradiesische Zeit? Warum ist die Zeit vor der Sesshaftwerung in der Bibel als Paradies dargestellt?

„Mit dem Ende der Eiszeiten vor gut 15 000 Jahren verwandelten sich viele Landstriche in jener als Fruchtbarer Halbmond bekannten Weltgegend zwischen dem Nil im Westen und dem Euphrat und Tigris im Osten in eine Art Schlaraffenland. Herden von Antilopen und Garzellen, von wilden Pferden und Rindern bevölkerten die Weiten des Graslandes. Die Menschen mussten nicht mehr als Jäger und Sammler umherziehen. In festen Lagern lebend konnten sie den Überfluss genießen. Doch das Glück währte nicht ewig.

Die Prähistoriker diskutieren noch, ob ein Klimawandel den paradiesischen Bedingungen vor gut 12.000 Jahren ein Ende bereitete. Oder ob die Menschen selbst Schuld daran trugen. Vieles deutet darauf hin, dass Überjagung die Tierbestände einbrechen ließ.“[91] Wie aktuell: Wir beuten auch die Natur über die Maßen aus! Die „Ursünde“ von Adam und Eva ist eigentlich die Ausnutzung der Natur!

„Wollten die Menschen nicht ein ähnliches Schicksal erleiden, mussten sie sich etwas einfallen lassen. Wieder Umherziehen war vielerorts keinen Option: die Nachbarn duldeten niemanden mehr auf ihrem Land. Auch fehlte es nach einigen Generationen sesshaften Leben schon an Wissen, um sich in der Wildnis durchzuschlagen. Verzweifelt suchten die Menschen nach Überlebensstrategien. [...] Mit der Landwirtschaft nahm es zufällig seinen Anfang. Schon immer hatten die Menschen Beeren, Nüsse oder Wildgetreide gesammelt. In Siedlungsnähe waren beständig Samen auf die Erde gefallen, was zur Selbstaussaat der entsprechenden Pflanzen führte und von dem Menschen irgendwann systematisch genutzt wurde. Zur selben Zeit begann die Domestizierung von Tieren wie Ziegen und Schafen.“[92]

Was lassen wir uns einfallen, um den Klimawandel und die Ausbeutung der Natur aufzuhalten? Oder werden wir nach 50 oder 100 Jahren auch aus dem jetzigen Paradies vertrieben bzw. vertreiben wir uns selbst hinaus, indem wir alle Ökosysteme mehr und mehr zerstören?

Wie ist die erste Natur?

Ist sie wirklich wie in Beige beschrieben? Wie ist die moralische Grundausstattung in der ersten Natur? Dafür wollen wir Paul Bloom zu Wort kommen lassen, der in seinem Buch „Jedes Kind kennt gut und böse“ die Forschungen und Erkenntnisse der Entwicklungspsychologie dargestellt hat.

Seine Grundthese lautet: „Das Hirn benötigt wie der übrige Körper Zeit zum Wachsen, so dass ich also nicht behaupte, dass Moralität bereits bei der Geburt vorhanden ist. Was ich aber vorschlage, ist, dass bestimmte moralische Grundlagen nicht durch Lernen erworben werden. Sie werden nicht mit der Muttermilch aufgesogen, und sie werden auch nicht durch Schule oder Kirche beigebracht, sondern sind vielmehr das Produkt der biologischen Evolution.“[93]

Viele verschiedene Experimente mit Babys und Kleinkindern haben gezeigt, dass schon die Kleinsten Absichten anderer erkennen können, Mitgefühl haben können, hilfsbereit und kooperativ sind und einen Gerechtigkeitsempfinden haben. Ein paar ausgewählte Experimente sollen dieses Ergebnis nun verdeutlichen:

Bei psychologischen Experimenten mit Babys werden besonders die Bewegungen ihrer Augen betrachtet. Umso länger ein Kleinkind ein Objekt oder eine Person anblickt, umso mehr Interesse hat es.

Zum Beispiel zeigten Paul Bloom und seine Mitarbeiter Babys Animationsfilme, in denen ein roter Ball versuchte, einen Hügel hinauf zu rollen. „In einigen Fällen lief ein gelbes Viereck dem Ball hinterher und stupste ihn vorsichtig dem Berg hinauf (half ihm also); in anderen Fällen befand sich ein grünes Dreieck vor dem Ball und schubste ihn immer wieder zurück (behinderte ihn). Als nächstes sahen die Babys Filme, in denen sich der Ball entweder dem Viereck oder dem Dreieck näherte. Das erlaubte uns, ihre Erwartungen darüber zu erforschen, wie der Ball in Gegenwart dieser „Persönlichkeiten" handeln würde. Wir fanden heraus, dass neun und zwölf Monate alte Babys länger hinschauten, wenn sich der Ball demjenigen Objekt näherte, das ihn behindert, und nicht dem, dass ihm geholfen hatte."[94] Die Babys wunderten sich also, dass der Ball sich dem grünen Dreieck näherte, obwohl es ihm vorher nicht geholfen hat.

„Bei einer Untersuchung stellten die Psychologin Carolyn Zahn-Waxler und ihre Kollegen fest, dass kleine Kinder häufig mit Trösten reagieren, wenn sich Menschen in ihrer Umgebung so verhalten, als hätten sie Schmerzen (so etwa, wenn sich die Mutter des Kindes das Knie stößt oder wenn ein Versuchsleiter in einer Schublade seinen Finger einklemmt). [...] Und Kleinkinder reagieren auf den Schmerz anderer bisweilen mit Aufregung und trösten sich dann selbst und nicht die Schmerzen erleidende Person. Empathisches Sich-Einfühlen und Leiden ist unangenehm, und manchmal ist diese Unannehmlichkeit überwältigen."[95] Damit folgen die Kleinkinder eigentlich nur einem sehr wertvollen Rat von Rosenberg: Selbst-Empathie vor Fremd-Empathie. Wenn meine Akkus leer sind, ich gerade ausgelaugt bin oder der Schmerz des anderen mich überfordert, brauche ich Selbstempathie, bevor ich Empathie geben kann.

Auch einen Gerechtigkeitssinn kann man bei Kleinkindern schon feststellen: „Die Psychologinnen Christina Olson und Elisabeth Spelke baten Dreijährige, einer Puppe dabei zu helfen, kleine Preise (wie Stickers und Schokoriegel) an zwei Figuren zu verteilen von, von denen es hieß, dass sie mit der Puppe auf verschiedene Weise in Beziehung stehen: manchmal waren sie ein Geschwister und ein Freund der Puppe; manchmal aber auch ein Geschwister und ein Fremder, oder ein Freund und ein Fremder. Olson und Spelke stellten fest, dass die Dreijährigen fast immer wollten, dass die Puppe die gleiche Menge an Preisen den beiden Figuren abgeben sollte, unabhängig davon, wer diese waren, wenn die Kinder eine gerade Zahl an Preisen zu verteilen hatten."[96]

Diese und viele andere Untersuchungen untermauern die These von Bloom, dass wir Menschen von Geburt an bzw. mit unseren ersten Natur fähig sind zu lernen, Absichten anderer erkennen zu können, Mitgefühl haben zu können, dass wir schon im Kleinkindalter hilfsbereit und kooperativ sind und ein Gerechtigkeitsempfinden haben.

Schaik und Michel stellen uns die Jäger und Sammler wie die Kleininder als natürlicherweise mitfühlend, hilfsbereit, kooperativ und gerechtigkeitsliebend vor. Nun kann man die Frage stellen: Sind wirklich alle Naturvölker so „natürlich gut"? Forscher haben Naturvölker mit ganz unterschiedlichen Traditionen und Umgangsformen entdeckt. Naturvölker entwickeln ja immer noch ein zweite Natur, die dann von dem möglichen Mitgefühl, der Hilfsbereitschaft und Gerechtigkeitsliebe der ersten Natur abweichen kann. Trotz dieser möglichen Vielfalt stellte der Anthropologe Christopher Boehm folgendes fest, nachdem er viele kleine menschliche Gemeinschaften von Naturvölkern untersucht hat: „Materielle Ungleichheit wird auf ein Mindestmaß beschränkt, Güter werden an alle verteilt. Für Alte und Kranke wird gesorgt. Es gibt zwar Anführer, doch ihre Macht wird unter Kontrolle gehalten; und die Gesellschaftsstruktur ist flexibel und nicht hierarchisch."[97]

Die Umwelt und die kleine Gruppengröße „zwingt" zu Mitgefühl, Kooperation und Gerechtigkeit. Es bleibt also auf dem purpurnen kooperativen Level. Rote Herrschaftsenergien werden eingegrenzt: „Um sicherzustellen, dass niemand zu hoch aufsteigt, praktizieren die Stammesangehörigen verschiedener Verhaltensweisen: so üben sie etwa Kritik und machen jene lächerlich, die größenwahnsinnig werden. [...] Leider hat dieser von Böhm beschriebene Egalitarismus für die meisten von uns ein Ende gefunden. Die Bevölkerung nahm zu, der Ackerbau kam auf, Tiere wurden domestiziert und neue Technologien erfunden. Deswegen wurden die den Schwachen zur Verfügung stehenden Sanktionen immer weniger effektiv und die Gegenmaßnahmen der Mächtigen wurden tödlicher. Wenn wir in einer kleinen Jäger und Sammler Gesellschaft leben und ein Alpha-Männchen will seine Macht durchsetzen, dann können wir ihn auslachen oder ihn ignorieren. Wir können Versammlungen abhalten, und wenn genügend von uns unzufrieden sind, können wir in absetzen, verprügeln oder töten. Doch all das funktioniert nicht in Gesellschaften, in denen sich der Umgang miteinander nicht mehr von Angesicht zu Angesicht gestaltet und in denen Einzelpersonen oder kleinen Elite über unverhältnismäßig viele – materielle wie gesellschaftliche – Ressourcen verfügen. [...] In der modernen Welt kann ein skrupelloser, grausamer und machtgierige Anführer eine Gruppe um sich scharen, mit der er eine tausendmal größere Bevölkerung beherrscht. Für die Schwachen ist es nicht mehr so einfach, sich zusammen zu tun, um die Starken in ihre Schranken zu weisen."[98]

Das heißt: Es gibt auch bei den kleinen Gruppen der Naturvölker Menschen, die sich gerne als Anführer über alle erheben wollen und eine „rote" Macht ausüben wollen. Aber die Situation, kleine Gruppe in der Wildnis, verhindert dies. Es ist ähnlich wie bei der Verfahrensgerechtigkeit: Wenn man zwei Kindern ein Stück Torte gibt und möchte, dass sie gerecht teilen, gibt man vor: A schneidet durch und B nimmt als erster ein Stück. Dann wird A, auch wenn er egoistisch ist, die Torte in genau zwei Hälften teilen.

Die rote aggressive Energie konnte sich erst mit der Sesshaftwerdung durchsetzen und ausbreiten.

Wie kam Graves auf seine Stufen?

Clare Graves war als Psychologieprofessor irgendwann frustriert über die unübersehbare Vielfalt der psychologischen Lehren und die Streitigkeiten darüber, welche wahr seien. So fragte er sich, was eine gesunde Persönlichkeit ausmache. Haben wir davon nur eine Konzeption oder verschiedene Konzeptionen? Wenn es mehrere gibt, wie sind sie klassifizierbar oder sogar hierarchisierbar?

Er legte seinen jungen Studenten gleich am Anfang ihres Studiums die Frage vor: Was ist für Sie die Konzeption einer psychisch gesunden Persönlichkeit? All diese Aufsätze studierte Graves und konnte erst einmal zwei Kategorien feststellen:

1. Es ist förderlich, sein Ich aufzugeben, aufzuopfern.
2. Es ist förderlich, das Ich zum Ausdruck zu bringen.

Mit zwei Unterkategorien fand er die vier Stufen von blau bis gelb heraus:

Blau: Mich zurückstellen, aufgeben für spätere Belohnung.

Grün: Mich zurückstellen, aufgeben, um jetzt Akzeptanz zu bekommen.

Orange: Mein Ich auf berechnende Weise und auf Kosten anderer zum Ausdruck bringen.

Gelb: Mein Ich ohne Benachteiligung anderer zum Ausdruck bringen.

Aus den Diskussionen der Studierenden untereinander korrigierten Studenten ihre Ansichten. So ergab sich aus diesen Wandlungen für Graves die Erkenntnis, dass psychologische Gesundheit ein offener, hierarchischer Prozess ist, der zwischen Ich-Betonung und Wir-Betonung hin und her wechselt: auf blau folgt orange, dann grün, zuletzt gelb. In der Ich-Betonung dominiert die Tendenz, die Umwelt anzupassen. In der Wir-Betonung dominiert die Tendenz, das eigene Ich anzupassen. Die kognitive Komplexität und das Freiheitsvermögen nehmen mit jeder neuen Stufe zu.

„Graves ging davon aus, dass die im Gehirn angelegten neurologischen Systeme in einer hierarchischen, dynamischen Art und Weise angelegt und darauf ausgelegt war, die jeweiligen Probleme des aktuellen Levels zu lösen. Diese standen für eine Seite der Entwicklung. Auf der anderen Seite standen die Lebensbedingungen, die Umwelt, oder auch die existenziellen

Probleme, die sich ebenfalls zyklisch veränderten. Zusammen bildeten die neurologischen Systeme und die Lebensbedingungen die existenziellen Zustände. Der Lernprozess ist auf jedem Level ein anderer:

Beige: Gewohnheit

Purpur: Pavlov´sche/klassische Konditionierung

Roth: Operante/instrumentelle Konditionierung

Blau: Vermeidungskonditionierung

Orange: Erwartungslernen

Grün: operationaler Lernprozess

Demnach reagierten verschiedene Systeme auf verschiedene Stimuli. Bestimmte Arten von Lernen funktionieren auch nur auf bestimmten Levels und auf anderen eben nicht (mehr).“[99]

Der Dialog zwischen Graves und Schaik/Michel brachte uns neue Einsichten: Mismatch-Probleme sind der Motor für die Aufwärtsbewegung in der Entwicklung: Neue Herausforderungen aus der Umwelt zwingen Menschen zu Lösungen durch ihre dritte Natur, die wieder neue Konflikte zwischen den drei Naturen hervorbringen können.

Dabei bewegt sich das Aufwärtstreiben der Spirale zwischen Ich-Betonung und Wir-Betonung hin und her, wobei in den höheren Ebenen mehr Synthese und Vereinbarkeit von Wir-Betonung und Ich-Betonung erreicht wird.

Was erreicht man, wenn man Graves und Schaik/Michel kombiniert? *Eine neue Phänomenologie des Geistes:* Die Stufen der Spiral Dynamics zeigen die verschiedenen Denkformen bzw. Erscheinungsformen des Bewusstseins auf. Die Mismatch-Probleme sind der Motor von dialektischen Prozessen.

Warum wage ich diese steile These? Frech antworte ich: Erstens Graves und Schaik/Michel versteht man viel besser und leichter als Hegel. Zweitens hat Werner Becker, ein Assistent von Adorno, in seinen kritischen Schriften über Hegel detailliert aufgezeigt, wie oft Hegel mit philosophisch unsauberen Taschenspielertricks gearbeitet hat.

Graves Modell ist aus nachvollziehbarer psychologischer Forschung entstanden. Schaik/Michel bauen ihre Analyse auf fundierter

Forschung der Anthropologie, Evolutionsbiologie, Historik und Bibelexegese auf. Sie erreichen die Ziele der „Phänomenologie des Geistes": Die einzelnen Bewusstseinsstufen und Denkformen in ihrer konfliktreichen Entwicklung aufzuzeigen. Ein weiterer Vorteil: Graves' Modell ist nach oben offen und unbestimmt und schließt nicht wie Hegels Phänomenologie mit einem nebulösen absoluten Wissen ab.

Mismatch-Probleme sind ja auch in Hegels Phänomenologie Motoren des dialektischen Fortschritts. Stellen wir z. B. Antigone und Sara nebeineinander: „Als nun Polyneikes, Antigones Bruder, gegen seinen [Kreons] Bruder Eteokles zu Felde zieht und Theben angreift und beide dabei zu Tode kommen, handelt Antigone in einer Weise, die mit den Normen der Stadt nicht in Einklang steht, die ihr aber von dem göttlichen Gesetz als dem Gesetz der Familie geboten ist: Sie bestattet den verbannten Bruder Polyneikes, während Eteokles mit allen Ehren der Stadt beerdigt wird. Der Onkel Kreon wendet sich aus diesem Grund gegen sie. Damit ist wiederum die familiäre Ordnung gestört, so dass es zu einem raschen Zusammenbruch des gesamten Ordnungsgefüges kommt (in Sophokles Tragödie sind am Ende fast alle tot). [...] Die sittlich Handelnden sind nicht in der Lage zu realisieren, dass sich ihre sittlichen Ordnungen in dem konkreten Fall widerstreiten."[100]

Wir können auch sagen, dass Antigone nach ihrer ersten Natur und pupurnen Tradition handelte, während Kreon gemäß seiner blauen Stadtkultur und seiner dritten Natur entschied. In einen ähnlichen Konflikt befindet sich auch Sara:

„Sara war, indem sie ihren Mann ins Bett ihrer Magd schickte, der patriarchalen Logik gefolgt, dass Abraham einen Erben braucht. Als das tatsächlich geschieht, protestieren die vitalen Interessen ihrer ersten Natur namens Eifersucht. Der Konflikt eskaliert, als auch Sara einem Sohn das Leben schenkt. Ihre Position als angestammte Ehefrau – zudem war Sara noch Abrahams Halbschwester – ermöglicht es ihr, durchzusetzen, dass der erstgeborene Ismael, der eigentliche Erbe, mitsamt seiner Mutter in die Wüste geschickt wird."[101]

Graves und seine Schüler haben den dialektischen Prozess folgendermaßen beschrieben: „Die Alpha-Phase ist stabil und im Gleichgewicht, Beta ist eine Zeit der Unsicherheit und des Infragestellens, Gamma ist voller Wut und Verwirrung, Delta ist inspirierte Begeisterung und das neue Alpha ist Stabilität im nächsten System / in den nächsten Systemen – ein Stück höher oder auch tiefer auf der Spirale."[102] Der Wandlungsprozess ist offen und ungewiss. Ein guter Leiter (ein Unternehmer, ein Bischof, ein Ministerpräsident usw.) sollte deswegen versuchen, die Beta-Phase so zu lenken, dass sie gleich in die Delta-Phase wechselt, damit dadurch die stark verunsichernde und instabile Gamma-phase vermieden werden kann. Wenn ein System in die Gammaühase rutscht, kann es auch in das niedrigere Level absinken und sein schon mal erreichtes Niveau verlieren.

Mehr als diese vagen Hinweise zu meiner verwegenen Behauptung kann ich in diesem Rahmen nicht machen, ohne ihn über Gebühr zu sprengen. Deswegen folgende wichtige Bemerkung zum Schluss des Abschnitts: Natürlich kann ein Mensch in unterschiedlichen Situationen und Kontexten aus unterschiedlichen Levels heraus handeln. Z. B. In der Maiandacht kann ich meine purpurne Seite in mir ausleben. Im Geschäft versinke ich in blaue Ordnungswelt. Wenn ich politisch diskutiere, nehme ich oft einen orangenen Standpunkt ein. Usw. Ebenso kann ich auch in verschiedenen Wandlungsprozessen gleichzeitig sein: „Da es bei der Spirale um Denkweisen geht, nicht um Menschentypen, können Sie auf dem Weg an mehreren Stellen zugleich stehen. In Bezug auf das Heiraten mit achtzehn können Sie sich in Alpha befinden, auf der Arbeit verzweifelt in Gamma feststecken, in der Kirche eine verlorene Seele sein, die in Beta umherwandert, und zugleich in einer Stadt leben, die ein Delta des Wachstums und erneuerten Gemeinschaftsgefühls erfährt."[103]

115

Wie kann man Spinoza und die GfK in Graves Spiral Dynamics einordnen? Es ist offensichtlich, dass Spinoza ein großer Aufklärer ist und somit ganz stark aus dem orangenen Level heraus denkt und argumentiert: Seine Freiheitsliebe, seine Betonung der Vernunft, seine Liebe zur Mathematik und sein physikalisch-mechanistisches Weltbild. Seine Kritik an Geboten und Regeln, die nicht vernünftig begründet werden können. Auch sein Lebensweg zeigt seine Ich-Betonung: Ich passe mich nicht der Synagoge an, ich will frei denken. Ich will mit meinen Schriften die Menschen aufklären und zu neuem vernünftigen Denken führen.

Aber haben wir Spinoza damit wirklich ganz erfasst? Descartes ist wirklich ganz im orangenen Level zuhause. Bei Spinoza entdecke ich doch auch Aufwärtsbewegungen hin bis zu gelb: Sein Immanenzdenken, dass alles in Gott und Gott in allem ist und alles Ausdruck Gottes ist, möchte ich doch eher im gelben Level verorten. Von seinem orangenen Vernunftstandpunkt schwingt sich Spinoza einsam in seiner Linsenschleiferwerkstatt schwindelerregend hoch in das gelbe Level einer systemischen Ganzheitsbetrachtung hinein. Am Schluss seiner Ethik wird er sich besonders der intuitiven Erkenntnis widmen, die das Ganze aus der Ewigkeitssicht betrachtet.[104]

Spinoza überwindet auch das dualistische Denken von Körper und Geist, die das Zusammenwirken beider immer als ein Null-Summen-Spiel betrachtet: Entweder ist der Geist aktiv und unterwirft den Körper oder umgekehrt. Dieses Denken, das wir in der Stoa, der christlichen Tradition oder bei Descartes finden, überwindet Spinoza mit seinem Parallelismus: Von der Substanz aus gesehen sind Attribute wie Denken und Ausdehnung zwei verschiedene parallele Ausdrücke. Deswegen gilt: Wenn der Körper sein Vermögen erhöht, erhöht sich auch das Vermögen des Geistes und umgekehrt. Auch dies ist für mich ein Beispiel, wie Spinoza vom orangenen Denken aus in ein gelbes Denken hinein gelangt.

Spinozas Ethik ist letztlich auch eine gelbe Ethik, genau nach Graves Definition von Gelb: Ich ohne Benachteiligung anderer zum Ausdruck bringen. (Der Aufklärer Voltaire dagegen lebte ganz das orange Level: Mein Ich auf berechnende Weise und auf Kosten anderer zum Ausdruck bringen.)

Ich bin überzeugt, dass diese Aufwärtsbewegung von orange nach gelb allein mit orangener Vernunft Einiges von der Faszination erklären kann, die Spinozas Philosophie bei so vielen auslöst.

Gleichermaßen sollten wir auch die gewaltfreie Kommunikation differenziert betrachten: Auf den ersten Blick erscheint die gewaltfreie Kommunikation ganz aus dem grünen Level heraus entstanden zu sein. Aber eigentlich können wir mit allen Menschen aus verschiedensten Stufen gewaltfrei reden. Sie ist ja von Rosenberg mit dem Ziel konzipiert worden, Menschen z. B. in roter Level-Wut oder in blauer Verbissenheit anzusprechen und sie sanft einzuladen, sich weiter zu entwickeln. Die gewaltfreie Kommunikation hat deswegen für mich zwei Fähigkeiten: Sie gleicht die jeweilige Tendenz aus. Wenn eine Wir-Betonung vorherrscht, kann sie die Bedürfnisse des Einzelnen stark machen. Wenn eine Ich-Betonung vorherrscht, kann sie die Bedürfnisse der anderen stark machen. Damit lädt sie aber auch ein, sich in der Spirale nach oben zu bewegen. Mit ihren Schlüsselunterscheidungen differenziert sie: Z. B. bei roter Aggression muss man beschützende Macht einsetzen. Das kann auch polizeiliche Macht sein. Aber sie will nicht ins blaue Denken verfallen und diese Machtausübung als rechtmäßige Bestrafung verstehen.

Die gewaltfreie Kommunikation ist aus mehreren Gründen auch nicht rein grünes Level:

Sie vermeidet die Wir-Betonung der grünen Stufen, indem sie immer eine Balance zwischen meinen Bedürfnissen und den Bedürfnissen aller Beteiligten fördern möchte.

Gerade indem sie vermeidet, von richtig und falsch zu reden, möchte sie alle Dualitäten der ersten 6 Stufen vermeiden: „Bei Purpur kämpfen gute Geister gegen böse. Rot unterteilt in Eroberer und Eroberte. Auf der blauen Stufe gibt es Heilige und Sünder, bei Orange Gewinner und Verlierer, im Grünen Sensible und Unsensibel. Diese Schwarz-Weiß-Einteilung hat auf den ersten fünf Stufen ihre Berechtigung, auf der grünen Stufe aber führt sich dualistisches Denken selbst ad absurdum: im Namen der Toleranz ist Grün intolerant gegenüber Intoleranten. Im Namen der Einschließlichkeit schließt Grün viele aus.“[105] Genau dieser grüne Falle will Rosenberg entgehen, wenn er vehement die Differenz von richtig und falsch, gut und böse usw. vermeidet. Rosenberg will erreichen, dass die Menschen sich zu einer Stufe weiter entwickeln, in der die eigenen Bedürfnisse und die Bedürfnisse anderer geachtet werden – das passiert eigentlich erst richtig ab der Stufe Gelb. Folgendes Zitat bestätigt meine Deutung der GfK:

„Was ich sagen will: viele der Menschen, die wir gemein oder böse nennen, die finden keinen anderen Weg, mit ihren Bedürfnissen umzugehen. Wenn jemand sein Kind disziplinieren will, indem er es schlägt, denkt er, er müsse dies tun. Viele sagen zum Beispiel, sie wollten doch nur, dass ihr Kind ihnen endlich mal zuhört und das aus ihrem Kind mal ein ordentlicher Mensch wird. [Zum Beispiel auf der Ebene von Blau versucht man durch Regeln und Strafe Ordnung zu schaffen.] Egal wie Menschen es ausdrücken, böse sind sie alle nicht. Wenn ich den Menschen, die so denken und kommunizieren, unbedingt einen Stempel aufdrücken wollte, dann würde ich sagen, sie sind in evolutionärer Hinsicht unterentwickelt. Sie haben ihr Potenzial als menschliche Wesen noch nicht voll entfaltet und wissen nicht, wie sie ihre Bedürfnisse erfolgreich und sinnvoll erfüllen können. Sie können es nur auf Kosten der Bedürfnisse anderer tun, und das ist letztendlich für alle Beteiligten unbefriedigend."[106]

Natürlich wäre es kontraproduktiv, wenn ich jemandem direkt sage: Du bist noch unterentwickelt. Ich kann Dir bessere Strategien zeigen. Dann würde ich mich über ihn erheben und belehren. Das würde Widerstände hervorrufen. Deswegen lässt Rosenberg nur zögerlich diese Sichtweise heraus. Besser ist es, dem anderen GfK vorzuleben und ihn damit einzuladen, sich weiterzuentwickeln. Wenn ich empathisch eine Verbindung zu seinen eigentlichen Bedürfnissen habe, ermögliche ich die Weiterentwicklung besser als durch distanzierte Analyse.

Mit seiner gewaltfreien Kommunikation lädt Rosenberg also alle ein, sich in Richtung Gelb zu bewegen. Die gewaltfreie Kommunikation führt hin zum gelben Level, auch wenn Menschen noch gar nicht bei diesem Level sind: „Gelb stellt aber durchaus eine freiere Variante grüner fürsorglicher Präsenz dar. Es folgt zwar seinem vorrangigen Wunsch nach Selbstentfaltung, verspürt aber auch eine hohe

Motivation, andere bei ihrer eigenen Selbstentwicklung zu unterstützen. Echte Selbsterkenntnis kann für Gelb ohnehin nur in einem möglichst dynamischen Beziehungsprozess mit Toleranz und Tiefgang gewonnen werden. Gelb speist dafür Altruismus, Spontanität, Natürlichkeit, Humor und Würde in seine Beziehungen ein, ohne besitzergreifend zu sein."[107]

Das macht ihre Stärke und ihre Faszination aus: Die GfK ist mit Menschen auf verschiedenen Levels anwendbar und kann in den verschiedensten Situationen eine ausgleichende und eine levelfördernde Wirkung haben!

Beide, Spinoza und Rosenberg, wollen die Menschen einladen zu reifen. Dafür müssen sie die Hindernisse beseitigen, die verhindern, dass sie ihren alten Denkrahmen hinterfragen und übersteigen. Das führt uns zu m nächsten Kapitel.

Irritationen, Illusionen und falsches Denken überwinden

Nicht immer wollen Menschen sich weiter entwickeln. Falsche Vorstellungen, Illusionen, verengtes Denken sind Hindernisse, die Fortschritte verhindern. Sowohl Spinoza als auch die GfK versuchen, solche Hürden zu überwinden. Jedoch lösen Spinoza und die GfK auch manchmal selbst Irritationen aus. Beide Seiten können sich auch miteinander verkeilen. Ich möchte nun sowohl einige Hindernisse, die Spinoza und Rosenberg aufdecken, als auch einige Irritationen, die sie auslösen, thematisieren.

Wenn Menschen mit blauem Denken „jenseits von gut/böse" hören Wir haben von verschiedenen Seiten her die gute Absicht heraus gearbeitet, warum Rosenberg die Beurteilung „Gut und Böse" überwinden will. Mit den Entwicklungsstufen von Clare Graves können wir besser verstehen, wann und warum die GfK bei Menschen heftigste Irritationen und Abwehr auslösen kann:

Die meisten Widerstände hat Rosenberg bei Eltern gefunden, die in einer blauen Erziehungslogik gefangen sind. Sie verstanden die gewaltfreie Kommunikation als lassez-faire-Pädagogik, die ins Chaos abgleitet. Wenn Teenager in ihrer roten rebellischen Phase sind, muss man natürlich Grenzen setzen. Aber wie? Das blaue Denken greift schnell zu harten Strafen und moralischen Urteilen. Für Menschen auf der blauen Stufe ist Rosenberg eine Gefahr, weil er das rote Chaos fördert. Rosenberg erzählt: „Ich sage ja nicht: „Macht doch, was ihr wollt." Leider verstehen genau das viele Leute, und es bringt sie furchtbar gegen mich auf. Die heftigste Aggression, die ich je gegen mich erlebt habe, kam nicht etwa von Leuten in Ruanda oder Palästina, sondern von Eltern und Lehrern in den USA, denen ich Alternativen zum Bestrafen von Kindern vorgeschlagen habe. Ich dachte, gleich steinigen sie mich. In deren Ohren habe ich Anarchie gepredigt, und sie haben entsprechend reagiert: „Leute wie Sie sind doch Schuld an den ganzen Problemen. Es gibt nur deshalb soviel Kriminalität, weil jeder denkt, er kann machen, was er will. Ihre Ideen sind gefährlich." Und sie sagen das, weil sie mich sagen hören: „Es ist okay zu töten, es ist okay zu vergewaltigen, lasst uns niemanden bestrafen, sondern jeden einfach gewähren."[108]

Hier tauchen gleich mehrere Fehlinterpretationen über die GfK auf, die teilweise die GfK-Standardpräsentation auch fördert:

1. Die GfK führt zu Relativismus, zur Ethiklosigkeit.

Dann wird übersehen, dass die GfK eine andere Ethik aufbaut. Dafür muss man klar machen, dass Bedürfnisse Werte sind. Man muss klar machen, dass man jedes Verhalten mit GfK auch ethisch beurteilen kann. Diese Urteile sind dann Bedürfnisurteile.

2. Die GfK führt zur Hilflosigkeit und Laissez-faire.

Folgendes Beispiel zeigt, dass man auch als „GfK-Vater" Grenzen setzen kann: „Nachdem er seinen Sohn dreimal gebeten hatte, den Computer auszuschalten, und kein Gehör gefunden hatte, ging er seelenruhig zum Hauptschalter und legte den Strom im gesamten Haus lahm. Das führte natürlich zu empörtem Protestschrei. Aber da der Mann selbst weder gereizt noch wütend war, konnte er zuhören und die Entrüstung des Teenagers aufnehmen.

So kam es zu einem Dialog und einem Miteinander, das sich als weit tragfähiger erweisen sollte als eine Fortsetzung ihres üblichen „Spiels". Ohne einen anschließenden Dialog hätte die Stromabschalt-Aktion natürlich den genau gegenteiligen Effekt haben können."[109]

Der Vater bestraft nicht, er schützt seinen Sohn vor zuviel Computerbeschäftigung. Er bleibt seinen Werten beharrlich treu, indem er den Strom ausschaltet. Er fordert nicht das Ende des Computerspielens bei Androhung von Strafen. Durch das Stromausschalten zeigt er dem Sohn: Auch ich kann frei entscheiden, was ich mache, wenn Du Nein sagst. Damit zeigt er auch die wechselseitige Abhängigkeit auf. Dann nimmt er die Enttäuschung seines Sohnes empathisch auf. Ja er möchte auch die Bedürfnisse seines Sohnes hören. Daraus können sie gemeinsam neue Spielregeln finden, hinter denen beide stehen, weil die Bedürfnisse aller gewürdigt sind. Ich darf für meine Bedürfnisse beharrlich einstehen.

3. GfK hat für jeden Verständnis, so dass ich irgendwie zur Indifferenz verurteilt bin.

Diese Fehlinterpretation übersieht, dass die GfK zwischen Strategie und Bedürfnis unterscheidet. Das Bedürfnis nach Intimität ist okay.

Aber Vergewaltigen ist klar eine brutal verletzende Strategie. In Spinoza-Sprache kann ich das klar begründen: Weil die Begegnung „Vergewaltigung" schlecht für einen Körper ist. Es schafft passive traurige Affekte und vermindert das Tätigkeitsvermögen. Noch mehr: Es verletzt den Körper und vergiftet den Geist.

Diese Differenzierung wird von Zuhörern leicht übersehen, wenn Rosenberg und mit ihm GfK-Lehrer Bewertungen wie gut/böse oder richtig/falsch ablehnen.

Was in der üblichen GfK-Präsentation auch zu wenig gesagt wird: Ich muss manchmal gewisse Erfahrungen mit einem Menschen zusammenzufassen und daraus ein gewisses Urteil über den Menschen und seinem wahrscheinlichem Entwicklungspotential fällen. Z. B. wenn ich als Chef überlege, jemand nach der Probezeit fest anzustellen. Oder z. B. wenn ich als Richter überlege, zu wieviel Jahren Gefängnis ich einen Vergewaltiger verurteile, um die Gesellschaft vor ihm zu schützen.

Aus diesen Betrachtungen wird für mich mehreres deutlich:

1. Schlüsselunterscheidungen helfen, Missdeutungen der GfK zu überwinden! Sie können aber auch Illusionen und falsches Denken in Denkrahmen tieferer Levels aufdecken.

2. Es ist klärend und vemeidet Irritationen, wenn die GfK-Lehrenden klar sagen würde: Die GfK ist eine Ethik! Eine universale Ethik auf der Basis der Bedürfnisse und der ethischen Differenz gut/schlecht für Person X zur Zeit Y bzw. in der Situation Z.

3. „Formales" GfK, das „ganz korrekt" Beobachtung, Gefühl, Bedürfnis und Bitte äußert, ist nicht in jedem Kontext passend. Die Äußerungsform sollte der Situation und „Denkform" angepasst werden. Aber man kann die inneren Grundsätze und Haltung der GfK beibehalten, auch wenn die Äußerungsform „ganz anders ausschaut".

Diese drei Punkte möchte ich nun ausführlicher darlegen:

Schlüsselunterscheidungen helfen, Missdeutungen der GfK zu überwinden und falsches Denken auf tieferen Levels aufdecken!

Ich möchte nun in einem ordnenden Überblick die meisten Schlüsselunterscheidungen vorstellen. Zuerst eine Gesamtliste:

Schlüsselunterscheidungen rund um die vier Komponenten der GFK
Unterschied zwischen „Beobachtungen" und „Bewertungen"
Unterschied zwischen „Gedanken" und „Gefühlen"
Unterschied zwischen „Stimulus" und „Ursache"
Unterschied zwischen „Bedürfnissen" und „Strategien"
Unterschied zwischen „vagen Bitten" und „klaren, machbaren Bitten"
Unterschied zwischen einer „Bitte um das, was man will" und einer „Bitte um das, was man nicht will"
Unterschied zwischen „Bitten" und „Forderungen"

Schlüsselunterscheidungen rund um „Wölfe" und „Giraffen"
Unterschied zwischen „klassisch Giratfisch" und „umgangssprachlich Giraffisch"
Unterschied zwischen „Giraffe sein" und „sich wie eine Giraffe verhalten"
Unterschied zwischen „Ehrlichkeit der Giraffe" und „Ehrlichkeit des Wolfes"
Unterschied zwischen „Giraffenschrei" und „Wolfsschrei"
Unterschied zwischen „Nein sagen als Wolf" und „Nein sagen als Giraffe"
Unterschied zwischen „sich giraffisch entschuldigen" und „sich wölfisch entschuldigen"

Schlüsselunterscheidungen rund um Empathie
Unterschied zwischen „mit Fokus auf den Inhalt zuhören" und „mit Fokus auf den Prozess zuhören"
Unterschied zwischen „Empathie mit Fokus auf Bedürfnissen" und „Empathie mit Fokus auf unerfüllten Bedürfnissen"
Unterschied zwischen „behaupten" und „vermuten"
Unterschied zwischen „intellektuell vermuten" und „empathisch vermuten"
Unterschied zwischen „Sympathie" und „Empathie"
Unterschied zwischen „Ratschlägen" und „Empathie"
Unterschied zwischen „empathisch zuhören" und „trösten"
Unterschied zwischen „trauern" und „aufgeben"
Unterschied zwischen „Selbstempathie" und „sich in Gefühlen suhlen"
Unterschied zwischen „Selbstempathie" und „seine Gefühle ausagieren"

Schlüsselunterscheidungen rund um Selbstempathie
Unterschied zwischen „mit Fokus auf den Inhalt zuhören" und „mit Fokus auf den Prozess zuhören"
Unterschied zwischen „Sympathie" und „Empathie"
Unterschied zwischen „trauern" und „aufgeben"
Unterschied zwischen „Selbstempathie" und „sich in Gefühlen suhlen"
Unterschied zwischen „Selbstempathie" und „seine Gefühle ausagieren"

Schlüsselunterscheidungen rund um Macht
Unterschied zwischen „dominanzorientierten Systemen" und „bedürfnisorientierten Systemen"
Unterschied zwischen „Macht mit Menschen" und „Macht über Menschen"
Unterschied zwischen „Angst vor Autoritäten" und „Respekt vor Autoritäten"
Unterschied zwischen „Gehorsam" und „Selbstdisziplin"
Unterschied zwischen „beschützender Machtausübung" und „bestrafender Machtausübung"
Unterschied zwischen „moralischen Urteilen" und „Bewertungen auf der Basis von Bedürfnissen"
Unterschied zwischen „Bestrafungen" und „Konsequenzen"
Unterschied zwischen „Schwäche" und „Verletzlichkeit"
Unterschied zwischen „äußerer Motivation" und „innerer Motivation"
Unterschied zwischen „Wahlfreiheit" und „Abhängigkeit"
Unterschied zwischen „Abhängigkeit/Unabhängigkeit" und „wechselseitiger Abhängigkeit"
Unterschied zwischen „Wertschätzung" und „Anerkennung"

Weitere Schlüsselunterscheidungen
Unterschied zwischen „Kompromiss" und „Wandel"
Unterschied zwischen „etwas tun, das uns mit dem Leben verbindet" und „etwas tun, das uns vom Leben trennt"
Unterschied zwischen „fordern" und „beständig an etwas festhalten"
Unterschied zwischen „Liebe als Gefühl" und „Liebe als Bedürfnis"
Unterschied zwischen „natürlich" und „gewohnheitsmäßig"
Unterschied zwischen „leisten" und „erschaffen"
Unterschied zwischen „offenen Fragen" und „geschlossenen Fragen"

Es gibt *grundlegende sortierende Schlüsselunterscheidungen*, die den Mischmasch auflösen:

- Ich unterscheide zwischen Beobachtungen und Bewertungen bzw. Deutungen und gebe im 1. Schritt meine Beobachtung an.

- Ich unterscheide zwischen echten, reinen Gefühlen und Gedanken, die ein Mischmasch aus Deutung und Gefühlen sind, und gebe im 2. Schritt meine Gefühle an.

- Ich unterscheide zwischen auslösende Situation bzw. Handlung eines anderen und der Ursache für meine Gefühle, meine unerfüllten Bedürfnisse, und mache den anderen nicht für meine Gefühle verantwortlich. (Für seine Tat ist er natürlich verantwortlich.)

- Ich unterscheide zwischen Bedürfnissen und Strategien und ermögliche mir damit mehr Wahlfreiheit, Offenheit und Flexibilität.

- Ich gebe eine klare, machbare, positiv formulierte Bitte an, anstatt zu fordern, vage zu bitten oder zu bitten, was ich nicht will.

Beim Zuhören haben wir *fokusverändernde Schlüsselunterscheidungen*, die alle helfen, dass ich mich wirklich auf das DU, den anderen Menschen mir gegenüber, im Hier und Jetzt ausrichte. Also diese Schlüsselunterscheidungen lenken mich *vom Ich zum Du*! Und sie sollen helfen, dass das Zuhören lösungsorientiert und nicht problemorientiert ist.

Wenn ich empathisch zuhören will, dann ist es besser

- Mehr auf den Prozess zu hören als nur auf den Inhalt zu hören. Denn dann bin ich mehr beim anderen, wie es ihm jetzt geht.

- Auf Augenhöhe zuzuhören, d. h. das dahinterliegende Gefühl und Bedürfnis zu vermuten anstatt zu behapten

- Zu versuchen, wirklich mitfühlend zu vermuten, anstatt nur mit dem Verstand zu rekonstruieren, wie es dem anderen gehen könnte.

- Wirklich beim anderen zu sein, anstatt von sich eine ähnliche Geschichte erzählen (das wäre Sympathie)

- Erst Empathie schenken; Ratschläge nur geben, wenn der andere nach Ratschlägen fragt oder ich nachgefragt habe, ob er/sie Ratschläge hören will.

- empathisch zuhören anstatt zu trösten.

- Den anderen vom Mangelland ins Fülleland einladen, indem ich die Formulierung „unerfüllte Bedürfnisse" in eine positive Formulierung der Bedürfnissen verwandle.

Dann gibt es wichtige *Schlüsselunterscheidungen, die die Balance zwischen meinen Bedürfnissen und den Bedürfnissen des anderen betreffen.* Sie wollen alle verhindern, dass ich in ein entweder-oder Denken abgleite: Entweder meine Bedürfnisse, Wünsche oder seine. Entweder ich gewinne oder er. Einer muss nachgeben. Diese Schlüsselunterscheidungen sind äußerst wichtig, um das rote und das blaue Denken, aber auch um das orange oder grüne Denken zu überschreiten. Denn all diese Denklevels arbeiten mehr oder weniger mit einem Entweder-Oder!

Rot und Orange: Ich will, auch auf Kosten anderer

Blau (und Grün): Wir ist wichtig, auch auf Kosten des Einzelnen

Diese Schlüsselunterscheidungen laden positiv dazu ein: Lasst uns in Freiheit miteinander umgehen. D. h. lasst uns bitten statt fordern. Ein Nein ist erlaubt. Nach einem Nein vom anderen muss ich nicht mein Bedürfnis zurückstellen. Ich bleibe ihm treu und schaue nach neuen Wege.

- Ich bitte, statt zu fordern. Ich lasse dem anderen seine Freiheit.

- Nein im Giraffendenken sage ich, wenn irgendwelche wichtigen Bedürfnisse (meine Bedürfnisse oder die Bedürfnisse des anderen oder aller Beteiligten) zu kurz kommen, wenn ich Ja sagen würde. In der Wolfslogik sage ich Nein, weil ich den anderen bestrafen will, ihn für „böse" halte, oder weil ein Gesetz, eine Konvention usw. es verbietet, obwohl der Sinn dahinter nicht klar ist. Wenn ein Teenager Nein sagt auf die Bitte der Mutter, den Rasen zu mähen, dann kann die Mutter im Giraffendenken sein Ja zu anderen Bedürfnissen hören: Er möchte Freizeit genießen oder selbst entscheiden. Er lehnt sich nicht gegen die blöde Mutter auf.

- Nach einem Nein kann ich zwei Schlüsselunterscheidungen anwenden: Unterschied zwischen „trauern" und „aufgeben"

Unterschied zwischen „fordern" und „beständig an etwas festhalten"

Wenn ich im „Entweder-oder"-Denken bin, kapituliere ich oder fordere ich. Entweder ich gewinne oder der andere bzw. das Wir gewinnt. Die Gfk empfiehlt zu trauern: Ich spüre meine Traurigkeit und kann mich somit mit meinem Bedürfnis, das in der Situation nicht erfüllt war, positiv verbinden. Dann kann ich dem Bedürfnis auch treu bleiben und andere Strategien suchen, mir das Bedürfnis zu erfüllen, ohne den anderen gegen seinen Willen zu drängen, zu fordern oder zu zwingen.

- Gemeinsam suchen wir Lösungen, die win-win-Lösungen sind. Dafür muss man manchmal über den Tellerrand hinweg denken. (Siehe viele Möglichkeiten von Beides in Exerzitien der Selbstliebe). Ein Kompromiss ist dagegen nur eine halbe win-win-Lösung. Damit sollte man sich nicht zu schnell zufrieden geben. Oft gibt es andere, bessere Lösungsmöglichkeiten.

- Wenn ich nicht Auslöser und Ursache unterscheide, rutsche ich in die Vorstellung, dass ich auch für die Gefühle des anderen verantwortlich bin. Diese falsche Vorstellung errichtet eine Abhängigkeit, die meine bewusste Wahlfreiheit aufgrund meiner Bedürfnisse erschwert. (Unterschied zwischen „Wahlfreiheit" und „Abhängigkeit")

Es gibt *Schlüsselunterscheidungen zum Lernprozess der GfK*. Am Anfang wendet man die vier Schritte der GfK an und versucht beim empathischen Zuhören Gefühl und Bedürfnis zu vermuten. Man übt, sich wie eine Giraffe zu verhalten. Man übt, „klassisch" giraffisch zu reden. Mit der Zeit versteht man die Tiefendimension der GfK, ihr Menschenbild, ihre Haltung, ihr Ziel, die Bedürfnisse aller Beteiligten zu würdigen. Dann kann man aus dieser inneren Haltung heraus, Giraffe sein, kann mit Übung und Training auch umgangssprachlich giraffisch reden.

Es ist wichtig, sich klar zu machen, dass nur so der Lernprozess sein kann. Gerade wenn Menschen z. B. im blauen Denken verhaftet sind und GfK in einem Kurs kennenlernen, müssen sie erst einmal durch Ausprobieren das andere Denken erleben. Sie müssen im Vollzug erfahren, dass Win-win-Lösungen zwischen Ich und Wir möglich sind. Gleichzeitig muss man ihre Skepsis und Missverständnisse hören und versuchen, durch die passende Schlüsselunterscheidung Klarheit und Aha-Erfahrung bei ihnen zu ermöglichen.

Eine Haltung lernt man durch Üben des Verhaltens, das die Haltung bewirkt. Was ist also zuerst da: Die Henne oder das Ei? Es ist ein hermeneutischer Lernprozess zwischen GfK-Formen üben und innere Haltung der GfK immer mehr verstehen. Deswegen braucht es Zeit, GfK zu lernen, zu verstehen und in den Alltag zu integrieren.

Es gibt *Schlüsselunterscheidungen, die unterdrückende ungerechte Machtspiele und Machtstrukturen aufdecken und überwinden wollen*: Grundlegend ist die Unterscheidung zwischen „dominanzorientierten Systemen" und „bedürfnisorientierten Systemen". Wir müssen uns klar sein, dass es nicht nur auf dem blauen Level dominanzorientierte Systeme gibt. Natürlich ist ein Großreich mit Hierarchie wie das Pharaonenreich, das römische Reich oder das deutsche Kaiserreich ein blaues dominanzorientiertes System.

Die Kämpfe zwischen italienischen Stadtstaaten im Mittelalter waren eher auf rotem Level. Aber hier ging es auch darum: Wer dominiert?! Der Kapitalismus gehört zum orangen Level. Nicht von ungefähr geht Adam Smith vom Eigeninteresse des Einzelnen aus. Das ist die Hoffnungsidiologie des orangen Levels: Wenn jeder egoistisch seinen Nutzen verfolgt, wirkt sich das positiv auf den Wohlstand aller aus. (Man denke nur an die Bienenfabel!) Aber reiner Kapitalismus hat oft genug zu Dominanz und Ungerechtigkeit geführt.

Wenn die GfK versucht, die Bedürfnisse aller in den Blick zu nehmen, hat sie eine Option für die Benachteiligten im jeweiligen Dominanzsystem. (Da hat die GfK einen Befreiungsimpuls in sich!)

Die GfK versucht aber auch mit weiteren Schlüsselunterscheidungen zu beschreiben, wie bedürfnisorientierte Systeme ausschauen können: Denn auch in bedürfnisorientierten Systemen muss es Leitung und Autoritäten geben. Wir können dies am einfachsten beim Lehrer-Schüler-Verhältnis verdeutlichen:

Der Lehrer muss immer wieder einmal eine beschützend Macht ausüben. Er soll aber nicht bestrafen. Bsp fehlt

Schüler sollen Respekt vor dem Lehrer haben, aber sie sollen keine Angst vor ihm haben. (Unterschied zwischen „Angst vor Autoritäten" und „Respekt vor Autoritäten")

Der Lehrer weiß, dass er nur mit seinen Schülern zusammen einen guten Unterricht gestalten kann. Er wird also nicht durch Gehorsam Macht über seine Schüler ausüben, sondern mit ihnen zusammen arbeiten, um ihnen zu zeigen und zu lernen, wie sie sich selbst leiten (disziplinieren) können. (Unterschied zwischen „Macht mit Menschen" und „Macht über Menschen", Unterschied zwischen „Gehorsam" und „Selbstdisziplin")

Wir können auch zwischen „Abhängigkeit/Unabhängigkeit" und „wechselseitiger Abhängigkeit" unterscheiden. Im Dominanzdenken hat einer der Macht und ist unabhängig (absoluter Herrscher) und die anderen sind abhängig. In manchen Klassenzimmern herrscht dieses Denken: Der Lehrer herrscht, die Schüler gehorchen. Aber schon Hegels Dialektik von Herr und Knecht zeigte: eigentlich gibt es immer eine wechselseitige Abhängigkeit. Die Schüler können mitmachen oder nicht. Was passiert, wenn z. B. die ganze Klasse geschlossen boykottiert? (Dann ist plötzlich die Schule wegen der Bauarbeiten geschlossen, siehe der Film „Die Feuerzangenbowle"!) (Unterschied zwischen „Abhängigkeit/Unabhängigkeit" und „wechselseitiger Abhängigkeit")

Der Lehrer soll bei seinen Schülern ein Interesse für den Lernstoff entwickeln, so dass sie mehr aus innerer Motivation als aus äußerer Motivation (gute Noten, Belohnung usw.) lernen. (Unterschied zwischen „äußerer Motivation" und „innerer Motivation")

Wenn ein Schüler sich so verhält, dass die Bedürfnisse der anderen Schüler nach Ordnung und Lernatmposphäre nicht erfüllt werden, dann setzt der Lehrer seine beschützende Macht ein, indem er dem Schüler aufzeigt, dass sein Verhalten Konsequenzen hat: Z. B. dass er zeitweise eine Sonderaufgabe bekommt. Das ist aber keine Bestrafung, weil der Schüler ein böser Schüler ist. (Unterschied zwischen „beschützender Machtausübung" und „bestrafender Machtausübung", Unterschied zwischen „Bestrafungen" und „Konsequenzen")

Nun habe ich die meisten wichtigen Schlüsselunterscheidungen vorgestellt und wende mich dem zweiten Punkt zu:

Wir sollten klar sagen, dass die GfK eine Ethik ist! Die Eltern und Lehrer im blauen Level, die Rosenberg hart angegriffen haben, haben vielleicht auch das vermisst!

Zwei Schlüsselunterscheidungen sollte man deswegen betonen: Ich kann auch in der GfK beurteilen. Es ist dann eine Bewertung auf

Basis von Bedürfnissen und auf Basis der Erfahrungen, die ich gemacht habe. (Wir werden im letzten Kapitel ausführlich darauf zu sprechen kommen) Die GfK ist eine Ethik, weil sie unterscheidet zwischen „etwas tun, das uns mit dem Leben verbindet" und „etwas tun, das uns vom Leben trennt". Und so kann ich sagen, das diese Tat für Person X zur Zeit Y bzw. in der Situation Z gut oder schlecht ist.

Nun zum dritten Punkt:

Passend zum Level des Gegenübers und zur Situation reagieren!

Ein Bekannter von mir arbeitet in der Arbeitsagentur für Arbeit. Immer wieder erlebt er leider auch Kunden, die ihm drohen. Mit roter Wut brüllen sie ihn an: Ich schlag Dich zusammen, wenn ich Dich auf der Straße sehe. Oder ähnliches.

Wie er mit solchen Kunden passend umgeht, hat er bei seinem Hund gelernt. Anfangs hörte sein Hund nie richtig auf ihn. Als der Hund einmal auf die Straße laufen wollte und es kam ein Auto, rief er heftig und mit angespannten Körper: Sitz! Sitz! Sitz! Und der Hund setzte sich. Er lernte dadurch zweierlei: Erstens Rede und Körpersprache müssen stimmig zueinander sein! Zweitens deutlich kurze Anweisungen!

Diese Einsicht wendete er auch in seinem Beruf an: Wenn nun also ein Kunde ihn heftig angriff, stand er energisch auf, machte sich groß, streckte gebieterisch die Hand aus und brüllte: Raus! Raus! Raus! Und der Kunde ging dann auch raus. Beim nächsten Termin war er anständig.

Wenn er klassisch GfK gesagt hätte: „Wenn Sie mir sagen, dass Sie planen mich zusammenzuschlagen, dann fühle ich mich unwohl, weil mir Sicherheit wichtig ist. Bitte sagen Sie mir: Was haben Sie gehört?" Der Kunde hätte ihn entweder verlacht oder wäre noch provozierter gewesen. Der heftige Ruf „Raus!" klingt zwar nicht nach GfK. Jedoch man darf auch beschützende Macht für sich selbst ausüben, wenn man bedroht wird. Fazit: Man muss bei roter Aggression mit klarer Körpersprache Grenzen setzen! Das wird in einem GfK-Kurs selten gelernt. Das kann man eher im Buch von Michael Bongartz „Nutze Deine Angst. Wie wir in Gewaltsituationen richtig reagieren" lernen.

Rosenberg selbst lernte von Al Chapalle, einem Ganganführer im Schwarzenviertel von St. Louis, wie man Ghetto-GfK spricht.[110]

Schauen wir uns noch einmal das obige Beispiel „Computerspielzeiten" an:

Ein Teenager, der immer wieder sich verweigert, die Computerspielzeiten einzuhalten, ist im roten Level: Ich lass mir nichts mehr sagen. Ich will selbst bestimmen.

Wenn der Vater die Sicherung herausdreht, setzt er in blauer Weise klare Grenzen. Er zeigt, wer der Herr im Haus ist und schafft Ordnung.

Jetzt darf aber der Teenager seine Wut äußern und der Vater hört ihm empathisch zu. Sind wir hier nicht auf dem orangen Level? Der Sohn erklärt in Sprache, warum er wütend ist, warum er selbst bestimmen will, wie lang er Computer spielt.

Wenn dann der Vater ihm seine eigenen Bedürfnisse erklärt, befinden wir uns auf dem grünen Level: Der Teenager soll die Bedürfnisse der anderen auch hören und respektieren.

Wenn nun beide eine ganz neue Lösung gemeinsam finden, befinden wir uns dann nicht schon auf dem gelben Level? (Klar, dass deswegen das gelbe Denken nicht gleich der prägende Denkrahmen des Sohnes wird.) Diese Deutung des Beispiels zeigt:

Wirklich beschützende Macht ist oft eine klare blaue Reaktion. (Aber sie muss nicht aus der blauen Ideologie heraus getan werden, dass es gottgegebene Gebote gibt und dass alle bestraft werden, die sie übertreten.)

Das Beispiel führt uns noch zu einer ganz wichtigen Einsicht: Jede Stufe, jedes Level kann in der passenden Situation ihre Berechtigung haben. Wenn man von den einzelnen Levels und ihren möglichen Nachteilen redet, meint man, man müsse die ersten 6 Levels überwinden, weil sie in sich defizitär sind. Dann haben wir vergessen: Von der gelben Sicht aus (und aus der Sicht der noch höheren Stufen) wird jedes Level in seinem spezifischen Wert gewürdigt und es ist möglich und sinnvoll, bewusst passend zur Situation zwischen Levels in Reaktion und Handlung zu wechseln.

Wir brauchen z. B. eine Polizei. Eine Polizei handelt immer hauptsächlich im blauen Modus! Das ist ihre Aufgabe. Es wäre naives grünes Denken, wenn man sich wünscht, die Polizei abzuschaffen. Aber das schließt nicht aus, dass heutige Polizisten in ihrer Ausbildung z. B. GfK lernen können und sollten, um in ihrer Arbeit auch andere Modi und Betrachtungsweisen einbringen zu können.

Stufen der Entwicklung in der GfK Mackenzie beschreibt drei Stufen der emotionalen Entwicklung: „Wir alle durchlaufen Phasen der emotionalen Reifung. In der Gewaltfreien Kommunikation kennen wir drei Hauptphasen der emotionalen Reifung, deren letzte die emotionale Befreiung ist.

Meistens beginnen wir mit Phase 1, indem wir glauben, wir seien für die Gefühle anderer verantwortlich. In dieser Phase fühlen wir uns schlecht, wenn unser Partner unglücklich ist, und wir sorgen uns, möglicherweise die Gefühle anderer Leute zu verletzen. Oft versagen wir uns unser eigenes Glück, damit die anderen glücklich sind."

Wenn wir in einem Dominanzsystem aufwachsen (z. B. einem blauen System, natürlich kann auch ein orangenes oder grünes System ein Dominanzsystem sein!), dann sind wir geprägt von Pflichten und Ansprüchen von außen! Die Umwelt sagt uns, wie wir leben sollten!

„In Phase 2 fällt uns langsam auf, wie oft wir uns unser eigenes Glück versagt haben, und wir sind traurig darüber. Sehr oft fühlen Menschen in diesem Stadium Ärger und Groll, und das Erfüllen der eigenen Bedürfnisse wird vordringlich. Dies führt zu Aussagen wie: „Das ist dein Problem, ich bin nicht für deine Gefühle verantwortlich.",

Das ist eine typisch orangene Reaktion! Wichtig ist: Diese Phase braucht es, damit man das grüne und gelbe Level erreichen kann!

„In Phase 3 haben wir die ersten beiden Phasen integriert. Wir haben erkannt, dass jeder für seine eigenen Gefühle verantwortlich ist, aber wir wissen auch, was geschieht, wenn wir etwas tun, das Schmerz bei anderen auslöst. Außerdem beginnen wir, die Bedürfnisse aller zu würdigen, nicht nur die des anderen oder unsere eigenen."[111]

Der Reifungsweg muss über das orange Level gehen: Ich darf meine eigenen Bedürfnisse ernst nehmen – auch mal ohne Berücksichtigung der anderen. Die Schlüsselunterscheidung „Wahlfreiheit" vs. „Abhängigkeit" bezieht sich natürlich auf diesen Prozess der emotionalen Reifung und kann Menschen helfen, ihn zu vollziehen.

Klagende und Energievampire Manche Menschen bilden durch die Ansprüche ihrer Umwelt einen starken inneren Kritiker, so dass sie unter den „Pflichten" leiden. Es gibt aber auch Menschen, die solche Ansprüche von außen bzw. echte Verantwortlichkeiten wegschieben. Sie verteidigen sich chronisch: Ich kann nichts dafür! Der andere, der Partner, meine Eltern, die Situation, das System sind schuld. Sie sind Klagende: Sie merken, dass sie ein Problem haben. Jedoch sie sehen keinen Eigenanteil. Bzw. etwas in ihnen wendet sehr viel Energie auf, dass sie ihren Eigenanteil, der manchmal sehr groß sein kann, nicht sehen (müssen). (Im Verständnis der IFS würde man sagen: Der Klafende versucht die Angriffe seines inneren Kritikers durch einen starken Verteidiger abzuwehren und zu unterdrücken.) Solche Klagende können sehr anstrengend sein. Wenn man ihnen empathisch zuhört, wird man leicht in ihren klagenden Sog hinein gezogen. Ein Wechsel vom Mangelland zum Fülleland gelingt äußerst schwer. Sie können immer wieder in ihre Problemtrance zurück fallen. Sie sind dann echte Energievampire! Man ist nach einem Gespräch mit ihnen ausgelaugt!

Die emotionale Reifung, die Mackenzie beschrieben hat, sortiert die Verantwortlichkeiten. Ein Klagender hat alle Vernatwortlichkeiten vermischt und als Gesamtpacket weggeschoben. Er verweigert sich der Dialektik von Ich und Wir. Damit hockt er in einer Sackgasse und klagt und raubt seinen Zuhörern die Nerven! Klagende, die nie Verantwortung übernehmen wollen, nutzen empathisch Zuhörende oft aus. Die Sackgasse wird vom Klagenden missbraucht durch Energievampirismus und stiller Gewalt, indem er den anderen schlechtes Gewissen macht und damit in die Unordnung und Mischmasch der Verantwortungen hineinzieht.

Wie soll man mit ihnen umgehen? Wieder eine Geschichte meines Bekannten aus dem Jobcenter. Er kennt auch diese klagenden Klienten. Einer erzählte ihm, dass sein Kindheitstraumberuf eigentlich Busfahrer sei. Dann ermöglichte der Berater eine Ausbildung als Busfahrer und bot ihm im nächsten Gespräch dies an. Der Klient zögerte: Ich muss erst einmal meine Frau fragen. (Ohje, wenn er zu viel grübelt, wird das nichts und er hat Ausreden, warum das alles nicht klappen kann.) Mein Bekannter sagte ihm deutlich: Das ist Ihr Kindheitstraum. Und da wollen Sie erst Ihre Frau fragen? Sie haben jetzt nur eine Chance. Entweder Sie unterschreiben den Ausbildungsvertrag jetzt oder gar nicht. Er unterschrieb und brachte auch die Ausbildung zu Ende.

Klagende Energivampiristen brauchen anscheinend Ehrlichkeit und Herausforderung zu einer Entscheidung. Sie müssen merken: Jetzt muss ich Verantwortung übernehmen! Und man muss sich als Zuhörender innerlich frei machen: Ich muss ihn nicht retten. Ich kann ihn nicht den Berg Huckepack hinauftragen. Er muss selber gehen. Und wenn er im Jammertal bleiben will, ist das seine Entscheidung und Verantwortung. Ich kann ihm nur paar Angebote machen. Ich muss aber auch nicht ständig neue Angebote machen! Ich darf auch auf meine Vemögensgrenzen schauen!

Welche Schlüsselunterscheidungen der GfK können hier hilfreich sein?

Der Unterschied zwischen „Selbstempathie" und „sich in Gefühlen suhlen": Klagende suhlen sich in ihren traurigen Gefühlen und versinken in ihnen. Sie stellen sich nicht vor die Achterbahn ihrer Gefühle und fragen sich: Was spüre ich? Das wäre Selbstempathie.

Der Unterschied zwischen Auslöser und Ursache. Der andere hat etwas getan, dass in mir Ärger oder Traurigkeit ausgelöst hat. Aber Ursache ist mein unerfülltes Bedürfnis. Er hat volle Verantwortung für seine Tat. Aber nicht für meine Gefühle. Für meine Gefühle bin ich verantwortlich, weil ich schauen kann, wie ich die Situation deute, welches Bedürfnis bei mir nicht erfüllt ist und was ich dann nach dieser Selbstempathie mache!

Echte Bitten Klagende wünschen sich oft, das die anderen einfach ihnen Gutes tun. Meine Partnerin, mein Partner müsste doch wissen, dass.. Nein, er/sie weiß es nicht. Warum nicht eine klare Bitte äußern?! Dann würde man Verantwortung übernehmen. Der Klagende vemeidet klare Bitten. Lieber nörgelt er herum, um unklar zu drängen.

Bei einem Nein Bedürfnis treu bleiben. Trauern statt aufgeben Der Klagende versinkt in Selbstmitleid und versinkt ins Mangelland, anstatt seinem Bedürfnis treu zu bleiben und nach neuen Wegen zu suchen.

Unterschied zwischen „Wahlfreiheit" und „Abhängigkeit" Wenn ich mir meiner Wahlfreiheit bewusst bin, weiß ich um meine Bedürfnisse und weiß auch, dass es immer mehrere Strategien und Wege gibt. Ich übernehme auch volle Verantwortung für meine Deutung der Situation und damit für meine Gefühle. Wenn ich mich abhängig fühle, dann meine ich, dass andere direkt meine Gefühle verursachen und mache sie verantwortlich für meine negativen Gefühle. Oder ich fühle mich für die negativen Gefühle anderer verantwortlich bzw. abhängig und versuche krampfhaft, ihnen alles recht zu machen.

Unterscheidung für rote, impulsive Gemüter Eine letzte Schlüsselunterscheidung. „Selbstempathie" bedeutet nicht „seine Gefühle ausagieren". Ein rotes, aggressives Teenager-Gemüt verfällt oft der Logik: Entweder ich darf meine Gefühle ausleben. Oder ihr wollt meine Gefühle unterdrücken.

Aber ich kann meine Wut bewusst spüren, ohne sie auszuleben. Ja ich kann mich vor meiner Gefühlsachterbahn stellen und bewusst meine Wut spüren, ohne sie auszuleben. Das ist eigentlich Selbstempathie. Dann kann ich unter der Wut die zugrundeliegenden Bedürfnisse entdecken, die mich antreiben. Ich kann auch z. B. Sehnsucht, Neid oder ähnliches spüren, ohne diesen Gefühlen zu folgen. Es ist oft besser, erst bewusst zu spüren anstatt gleich impulsiv aus den Gefühlen zu agieren.

Kommen wir zu unserem ersten Beispiel zurück: Die Eltern und Lehrer, die Rosenberg angriffen, weil er Strafen abschaffen wollte.

Ich habe so etwas ähnliches auch einmal erlebt: An einem Abend habe ich in einer Seniorengruppe das II. Vatikanische Konzil vorgestellt. Ein Ehepaar hatte davon noch nie etwas gehört und reagierte aggressiv und fast panisch. Die Frau sagte: Ich lasse mir meinen Kinderglauben nicht nehmen. Und der Mann, ganz im blauen Denken verhaftet, griff mich hart an: Sie können doch nicht aufhören, Regeln und Gebote zu predigen!

Ja das blaue Level zu überschreiten kann man manchmal sehr schwer sein! Besonders wenn auch noch der Glaube und die Religion hineinspielt. Da sind wir wieder bei Spinoza angelangt!

Spinoza lebte in einer blauen Welt! Die Monarchen herrschten. Die Machtverhältnisse waren klar geregelt. Besonders in Spanien und

Portugal herrschten die katholischen Könige und tauften notfalls alle unter Zwang.

In den Niederlanden, in Amsterdam herrschte Religionsfreiheit, schon ein Hauch von Aufklärung und orangenen Level. In der Einsamkeit eines Einsiedlers griff Spinoza mit der ganzen Schärfe seines Verstandes das blaue Dominanzdenken mit seinem metaphysischen Überbau an. Eine gefährliche Lebensaufgabe, die Spinoza freiwillig gewählt hatte! Diese entlarvende Zielrichtung erkennen wir auch in der Ethik, besonders in ihren unterschiedlichen Stilen:

Die drei Stile der Ethik Spinozas

Wer die Ethik von Spinoza beginnt zu lesen, hat den Eindruck, er sei in einem Mathematikbuch gelandet. Axiome, Definitionen, Sätze, Beweise. Ja Spinoza will seine philosophische Lehre so logisch stringent aufbauen wie eine mathematische Lehre, wie die euklidische Geometrie.

Aber bald erahnt man einen anderen Stil: einerseits errichtet Spinoza seine Philosophie Schritt für Schritt in seinen Definitionen, Lehrsätzen und Beweisen. Andererseits kritisierte er in den Anmerkungen andere Philosophien und Denkvorstellungen.

Die erste „Tonlage" ist die Bewegung des Begriffs. Spinoza schreitet in seiner Ethik von Definitionen und Axiomen ausgehend von einem Lehrsatz und Beweis fort zum nächsten.

Dazwischen aber wuchern wie Gras aus den Pflastersteinen die Anmerkungen. Auch sie gehören teilweise zur Begriffsebene, da sie selbst auch Beweise enthalten. Doch sie lassen auch eine zweite „Tonlage" anklingen, die zweite „Ethik": In ihr geht es nicht allein um den Begriff sondern auch um den Affekt. Mit Schärfe kämpft Spinoza gegen alle traurigen Leidenschaften und gegen alle falschen Vorstellungen über Gott, uns Menschen und die Körper, die solche Leidenschaften fördern. Gleichzeitig sind die Anmerkungen ein Aufruf zu den freudigen Affekten, eine „Hymne an die Freude"[112]

Zuletzt beschreibt Deleuze noch eine dritte Tonlage, die Ebene der Perzepte, die Entdeckung neuer Seh- und Hörweisen. „Und dann gibt es noch eine dritte Ethik, sobald das fünfte Buch kommt. Denn Spinoza teilt uns mit, dass er bis jetzt unter dem Gesichtspunkt des Begriffs gesprochen hat, aber nun den Stil ändern wird und durch

reine, intuitive und unmittelbare Perzepte zu uns sprechen will. [...]
Es ist eine dritte Ethik, und wenn sie auch erst zuletzt in Erscheinung
tritt, war sie doch von Anfang an da und koexistiert mit den beiden
anderen."[113] Der Stil der Ethik besteht aus den drei Polen:

- Begriffe, die neuen Denkweisen,
- Affekte, die neuen Empfindungsweisen,
- Perzepte, die neuen Seh- und Hörweisen.

(Gleichzeitig bilden für Deleuze diese drei Pole den Stil der
Philosophie schlechthin. In „Was ist Philosophie?" wird Deleuze dem
Zusammenspiel dieser drei Polen ein eigenes Kapitel widmen.)

Spinozas Kampf gegen die Vorstellung vom absoluten Willen

Wir wollen uns nun Spinozas Kampf gegen falsche Vorstellungen und
daraus folgenden traurige Affektionen widmen, die er besonders in
den Anmerkungen ausgeführt hat. Ein ausführliches Beispiel zuerst:
„Und da alle Vorurteile, die ich hier behandeln will, von dem einen
abhängen, nämlich dass die Menschen gewöhnlich annehmen, alle
Dinge in der Natur handelten, wie sie selber, um eines Zweckes
willen, ja auch von Gott mit aller Bestimmtheit behaupten, er lenke
alles zu einem bestimmten Zwecke hin - sagen sie doch, Gott habe
alles um des Menschen willen gemacht, die Menschen aber, auf dass
er ihm diene -, so will ich vor allem dies eine Vorurteil in Erwägung
ziehen, indem ich erstens die Ursache aufsuche, warum die meisten
in diesem Vorurteile sich befriedigt fühlen und alle von Natur so
geneigt sind, es zu hegen. [...] es wird genügen, wenn ich zu Grunde
lege, was jedermann anerkennen muss, nämlich, dass alle Menschen
ohne Kenntnis der Ursachen der Dinge zur Welt kommen und dass
alle den Trieb haben, ihren Nutzen zu suchen und sich dessen wohl
bewusst sind. Denn daraus folgt erstens, dass die Menschen sich für
frei halten, dass sie sich eben ihres Wollens und ihres Triebes bewusst
sind und an die Ursachen, von denen sie zum Begehren und Wollen
bestimmt werden, nicht einmal im Traume denken, weil sie dieselben
nicht kennen. - es folgt zweitens, dass die Menschen alles um eines
Zweckes willen tun, nämlich um des Nutzens willen, den sie
anstreben; [...] so ist es gekommen, dass sie alles in der Natur als
Mittel zu ihrem eigenen Nutzen ansehen. Und weil sie wissen, dass
jene Mittel von ihnen vorgefunden, nicht aber hergestellt sind, haben

sie Veranlassung genommen, zu glauben, irgendein anderer sei es, der jene Mittel zu ihrem Nutzen bereitet habe. Denn nachdem sie die Dinge als Mittel betrachteten, konnten sie nicht glauben, dass diese sich selbst gemacht hätten, sondern aus dem Mitteln, die sie sich selbst herzustellen pflegen, mussten sie schließen, es gäbe einen oder mehrere mit menschlicher Freiheit begabte Lenker der Natur, welche alles für sie besorgt und alles zu ihrem Nutzen geordnet hätten." Anhang zu Buch I der Ethik.

Vielleicht können wir Spinozas Gedanken so erläutern: Viele Menschen halten sich gewissermaßen für absolut frei! Ich bin die Ursache meiner Handlungen. Die wechselseitige Abhängigkeit mit der Umwelt, den Mitmenschen, seinen Körper, seinen Vorstellungen und Denkformen – all das nimmt der Mensch meistens zu wenig wahr. Deswegen erstellen die Menschen (im blauen Denken besonders) Hierarchien:

- Der Geist des Menschen ist frei. Der Mensch hat einen absolut freien Willen und herrscht über den Körper.
- Der König ist frei und herrscht über das Volk.
- Gott ist frei wie ein König und herrscht über die Welt.

Alle drei Vorstellungen und Hierarchien greift Spinoza an. Sie hängen für ihn zusammen: Nach dem Modell vom absoluten Willen entwickelt der Mensch ein Gottesbild, ähnlich wird die Staatsgewalt in den Händen des Königs gesehen. „Denn man sagt, Gott habe die Gewalt, alles zu zerstören und in nichts zu verwandeln. Ferner vergleicht man sehr oft Gottes Macht mit der Macht der Könige." Anm 3 II.

Wir können nicht nur bei mittelalterlichen Theologen und Philosophen sondern sogar noch in den Meditationen und Prinzipien von Descartes genau diese Denkstruktur finden. Der freie Wille ist nach Descartes die höchste Vollkommenheit der Menschen und seine tiefste Schicht. Gott wird nach dem gleichen Modell nur in eminenter Weise vorgestellt. Und in einem Brief meint Descartes, dass Gott die Gesetze der Natur so eingerichtet hat, wie ein König Gesetze erlässt.[114]

Wir sind schon bei den Schlüsselunterscheidungen der GfK auf dieses Denkmodell gestoßen: Es wird also im Denkmodell „Unabhängigkeit versus Abhängigkeit" gedacht und nicht im Denkmodell „wechselseitige Abhängigkeit" bzw. Vernetztheit.

Wenn man sich als absolut frei wähnt und sich jedoch nicht als frei erfährt, führt das zu traurigen Affekten, zu Ohnmachtsgefühlen:

„Die meisten, welche über die Affekte und die Lebensweise der Menschen geschrieben haben, scheinen nicht von natürlichen Dingen zu handeln, die den allgemeinen Naturgesetzen folgen, sondern von solchen, die außerhalb der Natur stehen. Ja sie scheinen den Menschen wie einen Staat im Staate aufzufassen. Denn sie glauben, dass der Mensch die Ordnung der Natur mehr störe, als ihr folge, und dass er über seine Handlungen eine absolute Macht habe und von nirgend sonst her als von sich selbst bestimmt werde. Des Weiteren schreiben sie den Grund der menschlichen Ohnmacht und Unbeständigkeit nicht der allgemeinen Naturkraft zu, sondern ich weiß nicht welche Gebrechen der menschlichen Natur, die sie deshalb beweinen, belachen, verachten oder, was am häufigsten zu geschehen pflegt, verwünschen. Und wer die Ohnmacht des menschlichen Geistes recht gut und scharf runter zu machen versteht, der wird wie ein göttliches Wesen angesehen. [...] allein die Natur und die Kräfte der Affekte und was wiederum der Geist zu deren Bemeisterung vermag, das hat, so viel ich weiß, noch keiner festgestellt. [...] - doch will ich mich wieder zu jenen wenden, welche die Affekte und Handlungen der Menschen viel lieber verwünschen oder belachen denn verstehen wollen. Diesen wird es ohne Zweifel sonderbar vorkommen, dass ich mich anschicke, die Fehler und Torheiten der Menschen nach der geometrischen Weise zu untersuchen, und dass ich vernunftgemäß Dinge beweisen will, die jene als der Vernunft widerstreitend, als eitel, widersinnig und abscheulich verschreien. Indessen habe ich dafür folgendem Grund: es geschieht nichts in der Natur, was ihr als Fehler angerechnet werden könnte; denn die Natur ist immer die gleiche, und überall ist ihre Macht und Wirkungskraft ein und dieselbe; das heißt: die Gesetze und Regeln der Natur, nach welchen alles geschieht und alles aus einer Form in die andere sich umwandelt, sind überall und immer die gleichen, und daher muss es auch einen Weg der Erkenntnis der Natur der Dinge, welche immer es sein mögen, geben, nämlich: die allgemeinen Gesetze und Regeln

139

der Natur. Es folgen daher die Affekte des Hasses, des Zornes, des Neides und so weiter, an sich betrachtet aus der selben Notwendigkeit und Macht der Natur wie die übrigen Einzeldinge; sie setzen somit gewisse Ursachen voraus, durch die sie erkannt werden, und haben gewisse Eigenschaften, die unserer Erkenntnis ebenso würdig sind wie die Eigenschaften eines jeden anderen Dinges, an dessen bloßer Betrachtung schon wir uns erfreuen." Vorwort zum 3. Kapitel, Ethik; Der Moralist fragt nicht, was ein Mensch kann und vermag. Spinoza dagegen will helfen, dass die Menschen sich selber mit ihren inadäquaten Ideen und Vorurteilen besser verstehen und somit ihre wechselseitige Abhängigkeit erkennen und somit das erstreben, was möglich ist: Ein Anwachsen von relativer Freiheit durch adäquate Ideen, positive Affekte und daraus folgendem Handeln!

Dafür muss er den Moralisten scharf kritisieren: Einerseits untersucht der Moralphilosoph nicht das, was ist; vielmehr verspottet oder beweint er die menschlichen Schwächen. Andererseits entwirft der Moralphilosoph Zwecke und Ziele, die er den Menschen von außen zuschreibt: Du sollst so und so sein. Ratschläge, Appelle und Abwarten sind dann die Instrumente zur Verbesserung für den Moralphilosophen. Dazu kann im blauen System kommen: Strafandrohung, Strafen, usw.

Spinoza kritisiert deswegen auch die klassische Konzeption der Tugend: „Die Glückseligkeit ist nicht der Lohn der Tugend, sondern selbst Tugend; und wir erfreuen uns ihrer nicht deshalb, weil wir die Triebe hemmen, sondern umgekehrt." LS 42 V. Das können wir wieder mit einer Schlüsselunterscheidung der GfK verbinden: Tugendhaft leben bringt in sich Sinn und Freude. Tundhaft leben hat eine interne Motivation. Ich brauche keine externe Motivation wie z. B. ein Lob einer Autorität, eine gute Note, ein besseres Leben im Jenseits usw.

Spinoza erbaut eine andere Ordnung der Welt, in der alles in der Natur mit einer Notwendigkeit und Vollkommenheit vor sich geht. Er spricht vom Menschen als einem Naturobjekt und nicht als ein Wesen, das aus der Ordnung der Natur heraus fällt. Somit ist es dem Gesetz der Naturnotwendigkeit unterworfen. „Ich habe deshalb die menschlichen Affekte, als da sind Liebe, Hass, Zorn, Neid,

Ruhmsucht, Mitleid und die übrigen Gemütsbewegungen nicht als Fehler der menschlichen Natur betrachtet, sondern als ihre Eigenschaften, die ihr gerade so gut zu eigen sind, wie der Natur der Luft die Hitze, die Kälte, der Sturm, der Donner und der gleichen"[115] Ist dann Spinoza ein Materialist, der den Determinismus, den er in der Ausdehnung feststellt, auf das Bewusstsein erweitert? Dann würde man vergessen, dass nach Spinoza jedes Ding ein Vermögen hat, „die ihm eingeschriebene Fähigkeit, Wirkungen zu haben, d.h. seine Wirkungskraft".[116]

Das wird nur verständlich, wenn man beachtet, dass Spinoza das Wort Notwendigkeit auch anders als üblich versteht. Im klassischen Denken bedeutet Notwendigkeit „soviel wie Wirkung einer Ursache sein. Größe und Skandalon des Menschen besteht eben darin, dass er zumindest in seinem Geist diesen Zwängen entrinnen kann. Bei Spinoza ist es nahezu umgekehrt: notwendig sein bedeutet, Ursache einer Wirkung oder mehrere Wirkungen zu sein, und die Vollkommenheit eines Dings wird an der Anzahl der Wirkungen gemessen, die aus ihm folgen. Gott oder seine verschiedenen Modi, aber auch der Mensch und alle anderen Wesen produzieren, und sie produzieren gemäß Gesetzen. [...] Spricht man also in Bezug auf Gott von Notwendigkeit, so wird seine Macht nicht verneint, sondern vielmehr ihr geregelter Charakter unterstrichen. Den Schöpfer den freien Willen abzusprechen, heißt nicht, ihn (und mit ihm den Menschen) in den Rang eines Objekts herabzusetzen. Es bedeutet vielmehr, den Entwurf einer Welt ohne „Objekte" zu umreisen, in der kein Ding die Eigenschaft der klassischen Notwendigkeit besitzt: Mittel für einen Zweck zu sein. [...] die Notwendigkeit, die das Universum bestimmt, ist nicht ein den Dingen äußerlicher einfacher Mechanismus: sie ist eine in den Dingen liegende lebendige Wirkungskraft."[117]

Im vorletzten Kapitel werden wir Spinozas Vorstellungen von Freiheit und Notwendigkeit noch einmal kritisch untersuchen. Auch einige Irritationen, die seine Philosophie bewirken können, werden wir in diesem Kapitel untersuchen. Hier ging es nur um die Vorstellung seines Kampfes gegen falsches Denken und einigen Paralleln zu GfK-Schlüsselunterscheidungen.

Spinozas Gott, Bergsons Elan vital, Whiteheads Poet der Welt

Die Immanenz entdecken – der Faden der Gnade

Wenn man über Spinoza schreibt, beginnt man normalerweise mit seiner Gotteslehre und seiner Seinslehre (Ontologie). Ich habe das Pferd von hinten aufgezäumt: Ausführlich erörterten wir seine Affektenlehre und seine eigentliche Ethik. Jetzt erst kommen wir zu dem Teil der Philosophie Spinozas, der viele Theologen erschüttert und in kalte Ablehnung versetzte. Gott ist für Spinoza nicht transzendent! Pantheismus: Alles ist Gott! Sie argumentieren: Wenn Gott und Alles identisch ist, dann ist Gott nicht Gott! Dann ist Gott nichts Besonderes! Ich habe diesen Gedankengang nie verstanden…

Ich möchte eine persönliche Geschichte erzählen, die in mir vielleicht meine Faszination für Spinoza ausgelöst hat, auch wenn er in dieser Geschichte gar nicht vorkommt:

Ich war circa 16 oder 17 Jahre alt und hatte mir Gedanken darüber gemacht, wie eigentlich Gebete für andere, Fürbitten funktionieren. Wenn ich bete „Herr, hilf diesem oder jenem Menschen", was passiert da? Ich überlegte, dass Gott durch eine Fürbitte ja nicht direkt eingreift. Aber was passiert anstelle eines direkten Eingreifens? Ich stellte mir vor, dass durch die Fürbitte die Gegenwart Gottes bei dem Menschen, für den ich gebetet habe, erhöht wird. Etwas platt mathematisch formuliert: vor der Fürbitte war die Gegenwart auf 60 und nach der Fürbitte auf 70. Ich habe diese Gedanken auf eine Seite zusammengeschrieben und dem Jesuitenpater gegeben, der damals im Caritas-Pirckheimer-Haus für die Jugendlichen zuständig war. Er las sich meine Gedanken durch und schrieb mir eine Antwort. In dieser Antwort kam ein Satz vor, der mein ganzes Denken über Gott neu ordnete: „Von Gott ausgesehen ist Gott überall gleich gegenwärtig." Dieser Satz hat sehr tiefen Eindruck auf mich gemacht und prägt bis heute mein Denken über Gott.

Warum? Wenn es wirklich so ist, dass Gott von ihm aus gesehen überall gleich gegenwärtig ist, dann ist der ganze Kosmos erfüllt von der Gegenwart Gottes, dann brauche ich letztlich keinen Ort im

Kosmos zu fürchten, dann kann ich letztlich überall zu Gott beten und ihn in allen Dingen finden. Später habe ich diese Wahrheit bei Ignatius von Loyola wieder gefunden: Gott suchen in allen Dingen. Aber auch in der Apostelgeschichte, in einer Predigt von Paulus in Athen: Denn in Gott leben wir, bewegen wir uns und sind wir.

Diese „Egalität" (Gleichheit) allen Seins in Bezug auf die Gegenwart Gottes finden wir in besonderen Maße bei Spinoza: Gott ist die eine Substanz. Sie wird ausgedrückt in den Attributen. Die einzelnen Dinge (wie z. B. Menschen) sind Modi der einen Substanz, die auch Ausdrücke sind. Deswegen sind alle Modi von Gott aus gesehen von Gott gleichermaßen erfüllt, Gott „gleich nah".

Ich möchte unsere Frage aus dem vorletzten Kapitel aufgreifen: Wie kann ich an Gott glauben nach der Analyse von Schaik/Michel? Und sie stellen eigentlich die Theodizeefrage: Warum beseitigt Gott nicht das Unheil in der Welt?

Nehmen wir nur z. B. ihre ernüchternde Analyse der Propheten. In der Antike gab es verschiedene Arten von Propheten: Tanzende Gruppenpropheten, Tempelpropheten, Hofpropheten in Anstellung beim König und oppositionelle Propheten, „freischaffende Künstler" sozusagen! Warum finden wir in der Bibel fast nur Oppositionspropheten? Sie sind ja Unheilspropheten, nicht Optimismuspropheten wie die Berufspropheten am Hof! Schaik/Michels Einschätzung: Die Unheilspropheten blieben übrig, weil deren Vorhersagen eintrafen! „Einmal mehr haben wir es mit einer Gelegenheit zu tun, in der die Bibelautoren ihr Talent beweisen konnten, das Beste aus dem Desaster zu machen. Sie erkannten die Chance, die sich ihnen in Gestalt der Unheilspropheten bot. Der Selektionsprozess der Geschichte hatte diese zu „echten" Propheten geadelt."[118] Doch bei allen neuen biblischen Anläufen, Desaster zu überwinden, die Schaik/Michel faszinieren, kann man als Gläubiger frustriert fragen: Ja tut Gott gar nichts? Gibt es ihn vielleicht gar nicht? Überheblich sagt der Frevler: „Gott straft nicht. Es gibt keinen Gott. So ist sein ganzes Denken." Ps 10,4

Die Israeliten bzw. Juden stellten sich Zug um Zug einen immer größeren, erhabeneren Gott vor, weil sie eine Enttäuschung nach der anderen mit Gott erlebten?

143

Eine Rabbinergeschichte aus Bubers Sammlung kann uns von diesen Zweifeln zu Spinozas Gotteslehre führen: „Als Rabbi Jizchak Eisik [...] noch kaum dem Knabenalter entwachsen war, fragte ihn einmal sein Vater, dessen einziger Sohn er war: „Wie verstehst du das Wort unserer Weisen: „Wer sich bei Nacht mit der Lehre befasst, zu dem zieht Gott bei Tag einen Faden der Gnade hin"? Wir stehen doch immer mitternachts auf und befassen uns mit der Lehre, und doch sind wir bei Tag in großer Not und Bedrängnis. Wo ist da der Faden der Gnade?" Der Knabe antwortete: „Vater, dass wir dennoch, ohne der Bedrängnis zu achten, Mitternacht um Mitternacht aufstehen und uns mit der Lehre befassen, eben das ist der Faden der Gnade."" [119]

Zwei Gottesvorstellungen stehen hinter der Geschichte und geben ihr den tieferen Sinn: Von einem jenseitigen, transzendenten Gott erwarte ich, dass er eingreift. Er soll das Unheil, das Leid beseitigen. Dafür soll er direkt in das Weltgeschehen eingreifen. Z. B. den Altar des richtigen Propheten Elija enzünden, wenn er gegen die Baalspriester antritt! So sollte er auch die Not und die Bedrängnis lindern, die die Gläubigen, Vater und Sohn, erleiden müssen!

Aber der Faden Gnaden ist in ihrer Treue, in ihrer inneren Ausdauer und Kraft zu finden, der sie ermöglicht, jede Nacht zum Studium der Lehre aufzustehen. Dann wirkt Gott in ihnen. Gott, seine Gnade ist die Quelle ihre inneren Kraft und Ausdauer.

Die Antwort des Knabes führt vom transzendenten zum immanenten Gottesbild! Anders ausgedrückt: „Christus hat keine Hände außer unsere Hände, das Gute zu tun!" Aber seine Gnade wirkt in uns.

Dann können wir auch in der Analyse von Schaik/Michel den Faden der Gnade entdecken: Sie beschreiben die Irrungen, Wirrungen, Neuanfänge und krummen Suchlinien der biblischen Autoren und würdigen sie als erstaunliche Leistung! Wir können als Gläubige weiter gehen: Gott schreibt auch auf krummen Linien gerade. Der Faden der Gnade zeigt sich in den irrenden Suchbewegungen der Menschen in der Bibel und der biblischen Autoren!

Diese immanente Deutung ging sogar in die Theologie des II. Vatikanums ein: Wie Spinoza das Verhältnis von Körper und Geist parallel ansieht, so versteht Karl Rahner in seinem Entwurf für die Offenbarungskonstitution die Bibel als Gottes Wort UND als menschliches Wort: „Daraus wird ersichtlich, daß das Wort Gottes sich uns in der Heiligen Schrift nicht entblößt in seiner unmittelbaren Klarheit darbietet, sondern gleichsam in ein fleischliches Gewand gehüllt, mag auch beides unvermischt und ungeteilt immer als eines bestehen bleiben."[120]

Der biblische Autor ist für Rahner und für das Konzil nicht Instrument des Heiligen Geistes, genauso wenig wie der Körper für Spinoza Instrument des Geistes ist. Das Konzil formuliert: „Zur Abfassung der Heiligen Bücher hat Gott Menschen erwählt, die ihm durch den Gebrauch ihrer eigenen Fähigkeiten und Kräfte dazu dienen sollten, all das und nur das, was er - in ihnen und durch sie wirksam - geschrieben haben wollte, als echte Verfasser schriftlich zu überliefern."[121]

Gott ist also nicht jenseitig. Gott ist in allem. Alles ist in Gott. Gott ist immanent! (Ich beginne nicht, darüber zu streiten, ob ein christlicher Theologe nur einen Pan-en-theismus akzeptieren kann und deswegen eigentlich Spinoza ablehnen muss, oder ob eine christliche Theologie pantheistisch möglich ist. Das sind akademische Streitigkeiten. Ich möchte andere Aspekte beleuchten.)

Aber wie kann man nun Gott erkennen, wenn man ihn nicht bei seinen speziellen Eingriffen erfahren kann? Spinozas Antwort: allein durch die Vernunft. Die geometrische Methode soll aufzeigen, dass Spinoza nicht nur eine sehr gute Philosoph präsentieren will, sondern die wahre Philosophie! (Ja so überzeugt ist Spinoza von seiner Philosophie!) So ergibt sich nach Spinoza durch die Vernunft:

Defintion 6: Unter Gott verstehe ich das absolute unendliche Sein, das heißt die Substanz, die aus unendlich vielen Attributen besteht, deren jedes ewige und unendliche Wesen ausdrückt.

Lehrsatz 11: Gott oder die Substanz, die aus unendlichen Attributen besteht, von denen jedes ein ewiges und unendliches Wesen ausdrückt, existiert notwendig.

Lehrsatz 15: Alles, was ist, ist in Gott, und nichts kann ohne Gott sein noch begriffen werden.

Diese drei Sätze fassen prägnant Spinozas Gotteslehre zusammen!

Spinozas Gotteslehre

Ich möchte nun Spinozas Gotteslehre darstellen, wobe ich mich stark an Deleuze´s Interpretation halte. Dieser Abschnitt kann der Leser auch überspringen, dem die diffizilen philosophischen Gedankengänge zu mühsam sind.

Deleuze stellt in seiner Spinoza-Deutung besonders den Begriff Ausdruck in den Mittelpunkt: Der Ausdruck ist ein Begriff, der eine immerwährende Dynamik in Gang bringt. Das kann er durch seine triadische Struktur: Das Ausdrückende, das Ausgedrückte, der Ausdruck selbst. Dabei gilt die Grundregel, dass der Ausdruck falsch verstanden wird, wenn versucht wird, eines der drei Glieder aus einem der anderen zwei oder aus beiden anderen abzuleiten. Dann verfehlt man die dynamische Spannung, die in der triadischen Struktur enthalten ist. Deleuze betont, dass dieser „innere Motor", um den die ganze Philosophie von Spinoza kreist, von vielen Kommentatoren übersehen wurde, weil der Ausdruck in der Ethik nicht explizit als Begriff eingeführt wird. An keiner Stelle der Ethik bekommt der Ausdruck eine eigene Definition. Er versteckt sich gleichsam im Zwischen der zentralen ausgeführten Begriffe, wie Substanz, Attribute, Wesen, Modi usw.[122] Man kann dies gleich am Anfang der Ethik deutlich an den Definitionen erkennen. Bevor wir uns diesen zuwenden, müssen wir aber noch eine wichtige Unterscheidung einführen:

Nominale und reale Definition Eine nominale Definition beschreibt zwar korrekt Eigenschaften des „Gegenstandes", der zu definieren ist. Aber die reale Definition beschreibt die Ursache des Dings, sie ist eine genetische Definition. Wenn ich die Genese bzw. die Ursache eines Gegenstandes weiß, dann habe ich das Wesen des Gegenstandes erfasst und kann daraus notwendigerweise alle Eigenschaften ableiten. Wir haben diesen Unterschied schon an der genetischen Kreisdefinition erläutert.

Eine solche reale und nicht nur nominale Definition möchte Spinoza auch für Gott angeben. Es ist die Definition 6! *Unter Gott verstehe ich das absolute unendliche Sein, das heißt die Substanz, die aus unendlich vielen Attributen besteht, deren jedes ewige und unendliche Wesen ausdrückt.*

146

Schon in dieser Unterscheidung zwischen nominaler und realer Definition stoßen wir auf den Begriff Ausdruck. Die Realdefinition drückt die bewirkende Ursache aus. (Die nominale Definition von Gott, die Spinoza in seinem Brief erwähnt, ist eine klassische Definition.)

Daraus lässt sich die erste Ausdruckstriade formulieren:

Die Substanz drückt sich aus (ist Ausdrückendes), die Attribute sind Ausdrücke, das Wesen ist ausgedrückt (das Ausgedrückte).

Wenn wir die obige Regelung auf diese Triade anwenden, dann bedeutet dies z. B.: Attribut und Wesen darf man nicht gleichsetzen. Sie unterscheiden sich, weil das Wesen zwar durch das Attribut ausgedrückt wird, aber als Wesen der Substanz.[123]

Spinoza versuchte, das Unendliche zu denken. Und die erste Ausdruckstriade entfaltet sich auch in der Unendlichkeit: Nur wenn die Substanz absolut unendlich ist, wenn die Attribute unendlich viele sind und wenn jedes Wesen in einem Attribut unendlich ist, nur dann besteht die Ausdrucksdynamik zwischen Substanz, Attribute und Wesen der Substanz. Dies versuchte Spinoza durch seine Lehrsätze im ersten Kapitel aufzuzeigen.[124]

Wir müssen außerdem noch einen wichtigen Unterschied zwischen der Realdefinition des Kreises im obigen Beispiel und der 6. Definition herausarbeiten. Wenn ich die Ursache eines Kreises als eine Linie beschreibe, deren einer Punkt fest und deren anderer beweglich ist, dann ist diese Ursache fiktiv oder imaginär. Diese fiktiven Ursachen sind also Kunstgriffe, die man aus den Wirkungen (den Eigenschaften des Kreises) heraus erstellen kann. Weil die Substanz in ihrer Ausdrucksdynamik Ursache von sich selbst ist, ist mit der 6. Definition aber die reale Ursache und keine fiktive bezeichnet.

Wir können außerdem an einigen der acht Definitionen schon den Parallelismus zwischen Sein und Denken in der Philosophie von Spinoza erkennen. Zum Beispiel in der Definition 3, „Unter Substanz verstehe ich dasjenige, was in sich ist und durch sich gedacht wird.", ist das In-sich-Sein und das Durch-sich-Selbst-gedacht-Werden parallel gesetzt. Sein und Denken erscheinen wie zwei Seiten einer Medaille.

Ausdrücken: entfalten und einschließen Die Dynamik des Ausdrucks hat zwei Aspekte: *entfalten und einschließen*. Das Verb „exprimere" wurde schon immer durch die zwei Verben *„explicare" und „involvere"* präzisiert. In Spinozas Philosophie zeigen sich diese beiden Aspekte ebenso: einerseits explizieren, entfalten die Attribute das Wesen der Substanz und andererseits schließen sie es ein. Ebenso schließen die Modi den Begriff Gottes ein, indem sie ihn zugleich ausdrücken. Spinoza hat natürlich nicht als erster den Begriff des Ausdrucks und seine Dynamik von Implikation und Explikation in die Philosophie eingeführt.

„Das traditionelle Begriffspaar explicatio - complicatio steht historisch für einen Vitalismus, der dem Pantheismus immer nahe war. Statt den Ausdruck von der Explikation her zu verstehen, scheint uns vielmehr umgekehrt die Explikation, bei Spinoza und seinen Vorgängern, eine bestimmte Idee des Ausdrucks vorauszusetzen. Wenn die Attribute wesentlich auf einen Verstand verweisen, der sie wahrnimmt oder sie versteht, dann zunächst deshalb, weil sie das Wesen der Substanz ausdrücken, und weil das unendliche Wesen nicht ausgedrückt wird, ohne sich „objektiv" im göttlichen Verstand darzustellen."[125]

Die zwei ontologischen Ebenen des Ausdrucks und seine erkenntnistheoretische Verdopplung in den Ideen Wir haben bis jetzt die erste und grundlegende Ausdruckstriade und die zwei Aspekte des Ausdrucks kennengelernt. Aber es gehört nach Spinoza zur Dynamik des Ausdrucks, dass er sich auf zwei ontologischen Ebenen ausbreitet und sich gewissermaßen in der Idee Gottes selbst erkenntnistheoretisch reflektiert.

Die erste ontologische Ebene ist die Genealogie des Wesens der Substanz selbst. Auf der zweiten Ebene bringt die Substanz unendlich viele Dinge hervor. Und somit drücken auch alle Gegenstände dieser Welt - Dinge, Tiere, Menschen, eben die endlichen Modi - auf eine gewisse und bestimmte Weise die Natur Gottes aus. Es gibt aber eine ontologische Reihenfolge: „Gott drückt sich durch sich selbst aus, noch „bevor" er sich in seinen Werken ausdrückt".[126]

Da aber die Ideen Modi des Attributs Denken sind, ist auch die Erkenntnis selbst in die Ausdrucksdynamik einbegriffen. Wenn eine

Idee die Natur eines Dinges so ausdrückt, wie es in sich selbst ist, dann ist sie adäquat. Die Ursache einer Idee ist aber die Idee Gottes selbst. Deswegen verweist eine adäquate Idee auf die Idee Gottes als ihre eigene Ursache. „Die Idee Gottes drückt sich in allen unseren Ideen als deren Ursprung und deren Ursache aus, und das so sehr, dass die Gesamtheit der Ideen die Ordnung der gesamten Natur genauestens wiedergibt."[127]

Wenn Spinoza sein Hauptwerk, die Ethik, als „in geometrischer Weise dargestellt" bezeichnet, dann will er damit deutlich machen, dass er für die zentralen Begriffe seines Werkes die erzeugende Ursache angeben möchte. Spinoza verwendet aber diese Methode für alles, sogar für Gott, der ja nicht durch eine äußere Ursache hervorgebracht wurde. Folglich muss Gott Ursache seiner selbst sein: Causa sui! Und weil Gott Ursache seiner selbst ist wie er Ursache aller Dinge ist, so ist er „kein schöpferischer Gott, der den Dingen transzendent wäre und die Möglichkeit hätte, noch mehr und anderes zu erschaffen, als er tatsächlich er vorgebracht hat.. Seine Potentia ist nicht Potenzialität, sondern erfüllte Wirklichkeit."[128]

Wenn Sein und Begreifbareit zusammenfallen, dann brauchen wir nur die adäquate genetische Definition von Gott, um aus ihr alles andere zu folgern. Die geometrische Methode ist also für Spinoza keine äußerliche Darstellungsform, sondern sie drückt in ihrer Art und Weise einen wesentlichen Gedanken der Philosophie Spinozas selbst aus.

Die Attribute unterscheiden sich real, nicht numerisch In den ersten 14 Lehrsätzen vom ersten Buch verfolgt Spinoza zwei Ziele: in den ersten acht Lehrsätzen möchte er zeigen, dass es nicht mehrere Substanzen desselben Attributs geben kann. In den nächsten sechs Lehrsätzen zeigt er auf, dass es nur eine Substanz für alle Attribute gibt. Man muss sich das als ein wahrlich ungewöhnliches Ergebnis vor Augen führen. Denn hier werden die Begriffe Substanz, Attribut und Modus nicht so angeordnet, wie wir es von Descartes oder Aristoteles gewohnt sind.

Normalerweise sind wir alle im Denken mehr oder weniger Kartesianer. Denn Substanzen sind nach Descartes (oder nach Aristoteles) z. B. Dinge wie ein Tisch, ein Tier, ein Mensch usw. Das sind aber nach Spinoza Modi. Jede Substanz hat nach Descartes ein Attribut, das es wesentlich beschreibt und qualifiziert. Ähnlich bei Aristoteles: die Menge aller Menschen, die Gattung Mensch, die aus den einzelnen Substanzen „Menschen" besteht, charakterisiert sich durch die Eigenschaft, Tiere mit Verstand zu sein. Die Modi dagegen sind Eigenschaften, die sich verändern können und den einzelnen Menschen charakterisieren.

Für Spinoza gibt es aber nur eine Substanz und diese ist Gott. Die Substanz ist das Sein, das sich entfaltet in der Ausdrucksbewegung. Und diese Substanz hat gleich unendlich viele Attribute! Wie kommt Spinoza dazu, die Begriffe Substanz, Attribute und Modus auf völlig andere „Dinge" anzuwenden als Descartes oder Aristoteles? Und was hat das mit unserer Ausdrucksdynamik zu tun? Eine erste Antwort: Damit eine Ausdrucksbewegung zwischen Substanz, Attribute und Wesen postuliert werden kann, braucht es einen bestimmten Typ von Unterscheidung: die reale Unterscheidung, die nicht numerisch ist.[129] Das ist der erste Bruch Spinozas mit Descartes. Dass die reale Unterscheidung bei Spinoza nicht numerisch sein kann, das soll nun gezeigt werden.

Zuerst sei nochmals auf die Definitionen von Substanz, Attribute und Modus hingewiesen (Definition 3, 4, 5): Die Substanz ist in sich stehend, der Modus ist „abhängig", er steht in etwas anderem. Das Attribut ist die wesentliche Eigenschaft der Substanz. In diesen Begriffsbestimmungen unterscheidet sich Spinoza von Descartes nicht! Nun wollen wir die drei Unterscheidungstypen vorstellen: Nach Descartes gibt es zwischen zwei Substanzen eine reale Unterscheidung, zwischen Substanz und Modus eine modale Unterscheidung und zwischen Substanz und Attribut eine rationale Unterscheidung.[130]

Spinozas Kritik an Descartes zeigt sich in seinen ersten 14 Lehrsätzen: lieber Descartes, du hast zwar die Begriffe sehr schön definiert, wendest sie aber falsch an und hältst dich damit nicht an deine eigenen Definitionen!

Es gibt nicht mehrere Substanzen desselben Attributs Einleuchtend zeigt dies Spinoza in seiner Anmerkung zum Lehrsatz 8: „Wenn beispielsweise in der Natur der Dinge 20 Menschen vorhanden wären (von denen ich der größeren Deutlichkeit wegen annehmen will, dass sie zugleich existieren und vorher in der Natur keine anderen existiert haben), so wird es - um den Grund anzugeben, warum 20 Menschen da sind - nicht genügen, die Ursache der menschlichen Natur im Allgemeinen aufzuweisen, sondern man wird außerdem genötigt sein, darzulegen, warum nicht mehr und nicht weniger als 20 existieren, da es für jeden einzelnen eine Ursache geben muss, weshalb er existiert. Allein diese Ursache kann nicht in der Natur des Menschen selbst liegen, da ja die wahre Begriffsbestimmung des Menschen die Zahl 20 nicht mit einschließt; so muss die Ursache, weshalb diese 20 Menschen existieren und folglich weshalb jeder einzelne von ihnen vorhanden ist, außerhalb eines jeden gelegen sein; und darum ist unbedingt zu schließen, dass alles, von dessen Art mehrere Individuen existieren können, für deren Dasein einer äußeren Ursache bedarf."

Übersetzen wir dieses Beispiel in eine deutliche Kritik an Descartes: Du, Descartes, sagst, dass jeder einzelne Mensch eine Substanz sei. Du definierst Substanz als in sich seiend. Und ein Attribut charakterisiert das Wesen dieser Substanz. Nehmen wir an, es gibt 20 Menschen. Nun müsstest du aus dem Attribut „Mensch" folgend zeigen können, warum jeder diese 20 Menschen existiert. Das kannst du aber nicht. Denn im Attribut „Mensch" ist nicht die Ursache für jeden einzelnen der 20 Menschen enthalten. Ebenso ist nicht enthalten die Begründung, warum es gerade 20 Menschen sind. Die Ursache für einen dieser 20 Menschen kann also nicht in diesem Menschen selbst liegen, kann nicht durch das Attribut „Mensch" ausgedrückt werden, sondern: die Ursache für das Dasein eines Menschen muss eine äußere sein. Dann aber ist der Mensch ein Modus.

Nun können wir diese Kritik auch mit den Begriffen reale und numerische Unterscheidung formulieren: Zwischen dem Mensch X und dem Mensch Y (besonders wenn es Zwillinge sind) besteht nur eine numerische Unterscheidung (der eine ist der erste, der andere der zweite). Daraus folgert Spinoza: „Es gibt nicht mehrere Substanzen desselben Attributs." Das ist der 5. Lehrsatz!

In den ersten acht Lehrsätzen erreicht Spinoza durch klare Beweisführung das Ergebnis, dass es nicht mehrere Substanzen desselben Attributes gibt und dass die Existenz zur Natur der Substanz gehört und die Substanz notwendigerweise unendlich ist.

Es gibt nur eine Substanz für alle Attribute Ab dem 9. Lehrsatz verfolgt Spinoza ein neues Ziel: Es gibt eine Substanz für alle Attribute. Anders formuliert: Gott drückt sich in allen Attributen aus. Wir Menschen kennen nur zwei Attribute: Ausdehnung und Denken. Die Anzahl der Attribute ist unendlich. Mit diesen Lehrsätzen zeigt Spinoza kategorisch: Die Substanz enthält mit Notwendigkeit alle Attribute.

Jedes Attribut drückt die ganze Substanz aus, aber aus einem bestimmten Blickwinkel. Wir können die Unterscheidung von Bezeichnetem und Bedeutung in der Sprachphilosophie als Erläuterung heranziehen. Abendstern und Morgenstern bezeichnen denselben Stern. Die Bedeutung ist aber unterschiedlich, weil der Blickwinkel unterschiedlich ist: den Abendstern sehe ich am Abend und den Morgenstern am Morgen; auch wenn es derselbe Stern ist. So bezeichnen alle Attribute immer die eine Substanz. Die Bedeutung, das Ausgedrückte der Attribute unterscheidet sich. Auch meint ein Attribut nicht nur einen Teil der Substanz sondern immer die ganze, hat aber „seinen spezifischen Gesichtspunkt". Die Attribute unterscheiden sich real. Weil die Attribute die Substanz nicht in Einzelteile aufteilen, besteht keine numerische Unterscheidung zwischen den Attributen.

Demjenigen, der sich zum ersten Mal mit der Philosophie von Spinoza beschäftigt, mutet es eventuell seltsam an, dass wir Menschen einerseits nur zwei Attribute kennen aber andererseits unendlich viel Attribute existieren sollen. Ist Spinoza ein Science-Fiction Autor, der von parallelen Welten redet? Woher will er das alles wissen? Für Spinoza ist die Aussage, dass es unendlich viele Attribute gibt, ein zwingender philosophischer Schluss. Spinoza muß unendlich viele Attribute postulieren, sonst würde er die numerische Unterscheidung in das Absolute wieder einführen, in dem nur die reale Unterscheidung sein soll.

„Wenn man Spinoza fragt, wie er zur Idee einer einzigen Substanz für alle Attribute gelangt, verweist er auf zwei von ihm vorgeschlagene Argumente: je mehr Realität ein Sein hat, umso mehr Attribute muss man ihm zu erkennen; je mehr Attribute man einem Sein zu erkennt, umso mehr Existenz muss man ihm zubilligen. [vgl. Lehrsatz 9 und Anmerkung zu Lehrsatz 11] Keines dieser Argumente wäre allerdings hinreichend, wenn es nicht abgesichert wäre durch die Analyse der realen Unterscheidung. Tatsächlich zeigt allein diese Analyse, dass es möglich ist, alle Attribute einem Sein zuzubilligen, und also von der Unendlichkeit jedes Attributs zu Absolutheit eines Seins, dass sie alle besitzt, überzugehen. Und dieser mögliche, jedenfalls nicht widersprüchliche Übergang erweist sich mit Rücksicht auf den Beweis der Existenz Gottes als notwendig."[131]

Numerische Unterscheidung gibt es nur bei den Modi desselben Attributs, verursacht von außen. Die modale Unterscheidung bezieht sich nicht mehr auf Akzidentien, auf zufällige Bestimmungen wie bei Descartes. Nicht mehr geht ein Ding in Existenz durch Zufall über, springt von der Möglichkeit plötzlich in die Existenz. Bei Spinoza geschieht alles notwendig, entweder durch sein Wesen (Ebene der Substanz), oder durch eine Ursache (Ebene der Modi).[132]

Die zweite Ausdruckstriade: absolut, vollkommen, unendlich

Die zweite Ausdruckstriade zeigt den zureichenden Grund, d. h. die innere Natur der ersten Triade:

1. Alle Formen des Seins, die Attribute, sind gleich vollkommen;
2. Jedes Attribut drückt ein unendliches Wesen aus;
3. Alle Attribute werden von einer absoluten Substanz bejaht.[133]

D. h. Diese Substanz ist auf absolute Weise zu existieren notwendig. Wie kommt Spinoza dazu, die Attribute als gleich vollkommen, das Wesen als unendlich und die Substanz als absolut zu bezeichnen? Und warum ist diese Triade der zureichende Grund für die erste?

Wenn alle Substanz unbeschränkt ist, dann muss jede in ihrer Art und in ihrer Form unendlich vollkommen sein. So müssen alle Attribute gleich sein, unendlich vollkommen und es darf keine Unter- oder Überordnung zwischen ihnen geben. [134]

Wenn aber alle Formen/Attribute gleich sind, kann Gott nicht die eine besitzen, ohne die andere auch zu besitzen - das würde eine Hierarchie in den Attributen einführen. Die reale bzw. formale Unterscheidung zwischen den Attributen führt uns zuerst zur Gleichheit der Formen. Diese Gleichheit lässt uns aber vom unendlich Vollkommenen zum absolut Unendlichen übergehen. Das unendlich Vollkommene reicht aber nicht aus, um die Natur Gottes zu beschreiben. Denn es ist die Eigenschaft des einzelnen Attributs. „Die Natur Gottes besteht jedoch in unendlich vielen Attributen, d.h. im absolut Unendlichen."[135]

Die Gottesbeweise des 11. Lehrsatzes und die Bedeutung der ersten zehn Lehrsätze Aber wo finden wir in der Ethik einen Gottesbeweis, der den zureichenden Grund für Gott darlegt und Gott als das absolut unendliche Sein aufweist? Der 11. Lehrsatz behauptet notwendig die Existenz Gottes und beschreibt ihn auch als die Substanz, die aus unendlich vielen Attributen besteht, deren jedes ein ewiges unendliches Wesen ausdrückt - also die erste Ausdruckstriade. Wenn wir uns aber die folgenden zwei Beweise anschauen, entdecken wir keine Beweise über den zureichenden Grund für Gott als das absolute unendliche Sein. Beide Beweise werden über das unendlich Vollkommene geführt. „Der Leser jedoch fordert mit Recht einen noch tiefer gehenden und früher ansetzenden Beweis. Es muss bewiesen werden, dass es zur Natur einer notwendigerweise existierenden Substanz gehört, aus unendlich vielen Attributen zu bestehen, oder, was auf dasselbe hinausläuft, dass das unendlich Vollkommenen das absolut Unendliche zum Grund hat. Was der Leser mit Recht verlangt, hat Spinoza bereits erfüllt."[136] Spinoza hat es erfüllt in den ersten 10 Lehrsätzen. Diese 10 Lehrsätze bilden zusammengenommen den zureichenden Grund und zeigen die einzige Substanz als das absolut Unendliche auf, die aus unendlich vielen Attributen besteht.

Der Spiegel und der Keim Wir haben schon einmal ausgeführt, dass die Dynamik des Ausdrucks zwei Aspekte - entfalten und einschließen - beinhaltet. Die Ausdrucksphilosophie hat diese zwei Aspekte in zwei Metaphern verdeutlicht, die sich gewissermaßen auch den zwei Ausdruckstriaden zuordnen lassen:

1. Der Spiegel: Die Attribute sind Spiegel, die je auf ihre Weise das Wesen der Substanz ausdrücken. Diese Metapher verdeutlicht eher die erste Ausdruckstriade.

2. Der Keim: Das Ausgedrückte ist eingeschlossen im Ausdruck, wie der Baum im Keim. Das Wesen der Substanz wird konstituiert durch die Attribute, die es ausdrücken. Die Attribute sind dynamische oder

genetische Elemente. Die zweite Metapher erläutert eher die zweite Ausdruckstriade, die den zureichenden Grund aufzeigt: *Das Absolute, die Substanz, trägt alle univoken Formen bzw. gleichberechtigte Attribute, die alle gleich vollkommen sind und ein unendliches Wesen der Substanz ausdrücken.*[137]

Der Ausdruck ist immer beides: Konstitution und Darstellung. „Gott drückt sich in den Grundlagen der Welt aus, die sein Wesen bilden, bevor er sich in der Welt ausdrückt."[138]

Die Attribute und die Namen Gottes. Kritik an der analogen Theologie

Es gibt eine traditionelle Frage: Drücken die göttlichen Namen (Barmherzigkeit, Allwissenheit, Schöpfer, Wille, Verstand, Güte, Weisheit usw.) die Natur Gottes aus oder nur sein Schöpferhandeln oder sogar nur äußerliche Qualitäten Gottes im Bezug auf die Geschöpfe?

Spinoza ist in seinen Antwort auf diese Frage radikal. Nur die Attribute drücken das Wesen Gottes aus. Wir kennen davon nur zwei: Ausdehnung und Denken. Alle andere Namen Gottes sind Propria und sagen nichts Substantielles über Gott aus. (Ein Proprium gehört einer Sache an, ohne zu erklären, was es ist.)

Für Spinoza sind die Attribute dynamische, aktive Formen, sie sind Attributeure. Attribute sind nach Spinoza Verben, die ein unendliches Wesen, eine unbeschränkte Qualität, der einen einzigen Substanz, mit notwendiger Existenz, zuerkennen. Das Ausgedrückte, das Wesen existiert nicht außerhalb seines Ausdrucks, dem Attribut, auch wenn es das Wesen der Substanz ist. Es gibt zwei Wege, ein Attribut zu erkennen: 1) a priori: Man fragt sich unabhängig von Erfahrung, welche Qualitäten man als unbeschränkt begreift. 2) a posteriori: Man geht vom Beschränkten aus und findet Qualitäten, die ins Unendliche hineinreichen, die die Schranken des Endlichen, in denen sie eingeschlossen sind, überschreiten. Spinoza kommt beim zweiten Weg ohne Analogie und Abstraktion aus, weil die Attribute die gemeinsamen Seinsformen für Geschöpfe und Gott, für die Substanz und ihre Modi sind, und damit sind sie direkt erreichbar.[139]

Die Analogielehre der klassischen Theologie Die klassische Gotteslehre kannte zwei denkerische Bewegungen zu Gott hin, die

beide mit den drei gleichen Elementen arbeiten, aber diese verschieden gewichten. Die drei Elemente sind via positiva, via negativa und via eminentiae.

Z. B. Gott ist Vater (positiv). Er ist aber nicht wie ein menschlicher Vater (negativ). Er ist der ganz andere Vater (eminent).

Die zwei Bewegungen sind die negative Theologie und die positive Theologie (wie die eines Thomas von Aquin). Wir haben oben gesagt: Die Attribute sind die gemeinsamen Seinsformen für Geschöpfe und Gott. Das ist bei der Analogie nicht so. Nun gibt es zwei Möglichkeiten für die klassische Gotteslehre:

Entweder besitzt Gott formal eine Vollkommenheit, die seinen Geschöpfen äußerlich bleibt (positive Theologie), oder Gott kommt in eminenter Form die Vollkommenheit zu, die den Geschöpfen formal zukommt (negative Theologie). Bei der negativen Theologie ist es eine schemenhafte Eminenz am Schluß, bei der positiven Theologie wird die Qualität Gott formaliter eminent, also äquivok zugesprochen. Damit bleibt eine Seite immer defizitär. Man hebt das Wirklichsein einer Seite immer auf.[140]

Univozität Die klassische Gotteslehre arbeitet mit den Begriffen Eminenz, Analogie und Äquivokation. Dagegen setzt Spinoza seine Philosophie der Univozität: Das Sein wird im selben Sinn von allem ausgesagt, was ist, ob endlich oder unendlich. „Eine Stimme", gemeinsame Formen des Seins (die Attribute), verbindet das Unendliche und das Endliche.

Die Substanz enthält die Attribute formal, d. h. eben nicht in eminenter oder analoger Weise. Die Attribute werden von der Substanz formal bejaht, sie sind wirklich, univok und ausdrückend. Duns Scotus ist dafür der Vorläufer: Das Sein wird im selben Sinn von allem ausgesagt, was ist, ob endlich oder unendlich. (Univozität meint auch bei ihm nicht die Gleichsetzung der Wesen.)

Duns Scotus mußte als Theologe das univoke Sein neutralisiert und indifferent gegenüber Geschaffenen und Schöpfer darstellen; „man erkennt den Feind, dem zu entkommen er sich - gemäß den Forderungen des Christentums - abmüht: den Pantheismus".[141]

Spinoza bejaht dagegen die Immanenz: Gott wird Ursache von allen Dingen genannt, in eben dem Sinn, indem er Ursache von sich genannt wird. Wer aber nun „Pantheismus" ruft, darf nicht vergessen, dass Spinoza eine Unterscheidung im Wesen zwischen Gott und Geschöpf hat und seine Kritik an der analogen Gotteslehre schwer von der Hand zu weisen ist.

Spinozas Kritik an der Analogielehre Spinoza würdigt beide Seiten, Schöpfer und Geschöpf, durch eine Ungleichheit der Wesen und einer Gleichheit der Form. Damit hat er eine echte Alternative zur Analogiebewegung in der Gotteslehre aufgestellt. Der Unterschied des Wesens und der Existenz ergibt sich aus der Tatsache, dass Gott Ursache seiner selbst ist, die Geschöpfe aber Gott zur Ursache haben. Die Kritik Spinozas im einzelnen:

1) Die Analogie entkommt nicht dem Anthropomorphismusverdacht: „Selbstverständlich würde ein Dreieck, könnte es sprechen, Gott eminent dreieckig nennen."[142]

2) Qualitäten und Namen wie Wille, Verstand, Güte, Weisheit werden in der Analogie immer entweder äquivok oder eminent Gott zugeschrieben. Sie sagen nichts Substantielles über Gott.

Für Spinoza sind Unendlichkeit und Allwissenheit Propria. Unendlichkeit kommt allen Attributen zu. Allwissend ist ein Proprium des Attributs Denken. Propria sind nicht Ausdrücke wie die Attribute, sie sind nur eingedrückte Begriffe. Die Propria Gottes sind nur Gott eigen, nicht aber den Modi.

Eine zweite Kategorie von Propria betrifft Gott als Ursache, insofern er tätig ist und hervorbringt: Gott ist Ursache aller Dinge und kann alles vorhersehen.

Die dritte Kategorie von Propria zeigen die Art und Weise an, in der die Geschöpfe sich Gott einbilden: Gott als Barmherziger, Gerechter. Mose, Abraham usw. kannten nach Spinoza die Attribute nicht und ebensowenig meisten Propria der 1. und 2. Kategorie.[143] Die Bibel sagt somit nach Spinoza nichts über das innere Wesen Gottes aus.

3) Die Bibel hat nicht das Ziel, die Natur Gottes auszudrücken, sondern uns Lebensformen zu unterwerfen und gehorsam zu machen. Die Propria Gottes in der Bibel stehen im Dienst dieser Aufgabe.

Spinozas Kritik an den Zeichen Spinoza trennt scharf den Ausdruck vom Zeichen. Das Zeichen ist immer mit einem Proprium verknüpft und meint z. B. in der Bibel ein Gebot. Es fordert unseren Gehorsam.

Das befehlende Wort Gottes spricht die Einbildungskraft an. Der Ausdruck betrifft immer ein Attribut. Spinoza will die Genese einer Illusion beschreiben: Natürlich ist die gesamte Ordnung der Natur ausdrückend. Aber immer wenn ein Naturgesetz nicht verstanden wurde, folgte man der Regel gleich einem Befehl, gleich einem moralischen Gesetz. Adam z. B. versteht nicht, dass das Apfelessen schreckliche Folgen für ihn hat, und versteht das Gesetz als Verbot.

Was die Tradition vor Spinoza ständig vermischte, trennte Spinoza aufs Schärfste: Ausdruck und Zeichen. Die Ausdruckserkenntnis ist adäquat, Zeichenerkenntnis ist inadäquat. Für Spinoza gibt es drei Zeichentypen.

1. Anzeigende Zeichen: Sie sind Zeichen am Zustand unseres Körpers und lassen z. B. auf Zusammentreffen mit anderen Körpern schließen.

2. Befehlende Zeichen: Ein Naturgesetz erscheint als moralisches Gebot.

3. Zeichen der Offenbarung wie z. B. Gehorsam und Propria Gottes.[144]

Spinoza bekämpft das traditionelle Gottesbild, weil es Gott ohnmächtig macht. Spinozas Religionskritik: „Gott einen freien Willen verleihen, bedeutet, ihm zu verweigern, nach der universalen Notwendigkeit zu leben; ihn also grundlos, d.h. machtlos darzustellen."[145]

Der Gegensatz zu den christlichen, klassischen Thesen besteht aus folgenden Punkten:

1. Gott erschafft nicht, sondern produziert notwendig;

2. In gewisser Hinsicht ist er mit dem, was er produziert, identisch.

Beide Thesen hängen zusammen: diese Identität oder vielmehr diese Präsenz Gottes in den Dingen stellt sicher, dass sie nicht auf seinen Beschluss hin aufgehoben werden.

Spinozas Vorstellung, dass der Mensch Gott nach seinem eigenem Bild entwirft und nicht umgekehrt, ist für das 17. Jahrhundert relativ neu. Spinoza steht insofern Feuerbach nahe, weil beide die Notwendigkeit des religiösen Vorurteils aufzeigen wollen. Beide gehen davon aus, dass der Mensch oft sein Bild, seine Vorstellungen auf Gott projiziert. Aber es gibt einen wichtigen Unterschied zwischen Spinoza und Feuerbach: der Diskurs über Gott enthüllt nach

Feuerbach dem Menschen, wie seine menschliche Natur ist: so zeigt die göttliche Dreifaltigkeit, dass der Mensch eine Einheit von Vernunft, Liebe und Wille ist. „Wenn dagegen für Spinoza der religiöse Diskurs irgendetwas enthüllt, so nicht das, was der Mensch in Wirklichkeit ist, sondern das, was er von sich selbst glaubt - und das ist ganz etwas anderes. Der theologische Irrtum verweist nicht auf das menschliche Wesen, sondern auf den humanistischen Irrtum.“[146] Der größte Irrtum ist, dass der Mensch glaubt, sein Wille sei absolut frei und sein Geist herrsche über den Körper, siehe letztes Kapitel.

Die Illusionen über die wahre Natur des Menschen führt zum Aberglaube: man unterstellt Gott Stimmungen, Wünsche und Rachegefühle. Die verschiedenen religiösen Rituale versuchen, diesen Gott zufrieden zu stellen und zu beschwichtigen.[147]

Es gibt natürlich Menschen, die ein Interesse an den Vorurteilen haben: Theologen und Tyrannen. Wer die wahren Ursachen von Wundern sucht, wird leicht als Ketzer und gottloser Mensch bezeichnet.[148]

Die Religionskritik von Spinoza hat also zwei Aspekte, die sich gegenseitig stützen und ergänzen: einerseits wird das Vorurteil aus der Natur des Menschen erklärt; andererseits wird gezeigt, dass gesellschaftliche Kräfte und Autoritäten den Aberglauben benutzen, um ihre Macht zu befestigen und andere unterdrücken zu können.[149]

Die dritte Triade: Vermögen der Substanz und Hervorbringen der Dinge In den Lehrsätzen 15 bis 36 geht es darum, dass die Substanz das Vermögen hat, Dinge hervorzubringen. Gott ist Ursache aller Dinge im selben Sinn wie Ursache von sich. Daraus ergibt sich die Natur der hervorgebrachten Dinge, der Modi.

In der Anmerkung zum 11.LS im ersten Buch der Ethik formuliert Spinoza einen Beweis Gottes, der uns zur dritten Ausdruckstriade führen wird. Die Grundlage für diesen Beweis ist der bei Spinoza sehr zentrale Begriff Vermögen, lateinisch: potentia. (In manchen Übersetzungen wird das lateinischen Wort potentia auch mit Macht übersetzt.) Mit dem Begriff Vermögen will Spinoza jegliche Gotteslehre ablehnen, die Gott Macht zuspricht, „die der eines Tyrannen oder sogar eines aufgeklärten Fürsten analog wäre“.[150] In der Erläuterung zu Lehrsatz 17 hat dies Spinoza ausführlich dargelegt.

Ein Fürst oder Tyrann hat (angeblich) einen freien Willen und kann damit aus den Wahlmöglichkeiten frei auswählen. Gott entscheidet bei Spinoza aber nicht aus freiem Willen, welche Dinge er aus dem großen Fundus von Möglichkeiten verwirklicht bzw. erschafft. Gott bringt mit derselben Notwendigkeit alle Dinge hervor, mit der er selbst existiert. Genau das soll die dritte Ausdruckstriade darstellen. Vermögen ist erstens mit dem Wesen selbst identisch ist. Wenn etwas also existieren kann, dann ist dieses Existieren-können sein Vermögen. Aber zweitens ist Vermögen Tätigkeit. Die Tätigkeit aber ist Ursache, sie bringt Dinge hervor. Diese hervorgebrachten Dinge sind gleichzeitig Affektionen, die die Ursache selbst affizieren. Damit ist Vermögen drittens ein Affiziertsein-können, das durch Affektionen ausgefüllt wird. Gottes Vermögen ist somit:

- Ein absolutes Existieren-können.
- Eine unendliche Tätigkeit, die unendlich viele Dinge/Modi hervorbringt. (Diese Dinge werden immer in den Formen, die Gott und den Dingen gemeinsam sind, hervorgebracht: den Attributen.)
- All diese Modi erfüllen das Affiziertsein-können Gottes. Sie sind alle zusammen seine Affektionen.[151]

Durch diese Ausdruckstriade legt Spinoza dar, warum Gott Dinge hervorbringt. Der Grund liegt in der Notwendigkeit seiner Natur. Die Univozität wird hier in zweierlei Hinsicht sichtbar: 1. „Univozität der Ursache: Gott ist Ursache aller Dinge im selben Sinn wie er Ursache von sich ist." 2. „Univozität der Attribute: Gott bringt durch und in denselben Attributen hervor, die sein Wesen konstituieren."[152]

Immanenz und Ausdruck in der Philosophiegeschichte Ein Blick in die Philosophiegeschichte zeigt, dass sich die Ausdruckslogik aus der Emanationslehre und aus der Schöpfungslehre entwickelte, aber gleichzeitig die treibende Kraft war, beide Lehren hin zu einer Immanenzlehre zu übersteigen. Endpunkt dieser Entwicklung ist Spinoza.

Platons Partizipationslogik Die erste Station dieser Entwicklung ist Platon und seine Ideenlehre. Sie folgt einer Partizipationslogik. Der gute Mensch z. B. partizipiert an der Idee des Guten. Partizipieren heißt entweder a) teilhaben, b) nachahmen oder c) von einem Dämon empfangen. Aber immer betrachtet Platon die Partizipation von unten, von der Seite des Partizipierenden aus; nicht von der Seite der Ideen aus.[153]

Die Denker nach Platon drehen die Perspektive um und betrachten die Partizipation von oben: Ein Prinzip wird aufgestellt, das die Partizipation ermöglicht, das aber im Partizipierten selbst verankert ist. Das Partizipierte geht nicht in das Partizipierende ein, sondern bleibt in sich. Es bringt hervor, indem es gibt. Diese Wandlung gebiert die Emanationslehre: Das Partizipierte ist aktiv; es gibt, und ist damit Ursache.

Plotin und die Emanationslehre Plotin ist der Höhepunkt dieser Entwicklung. Alles emaniert (= heraus-fließen) aus dem Einen. Die Emanationstriade des Einen lautet somit: Geber ist das Eine, es gibt etwas und etwas empfängt diese Gabe. Aus dieser Dynamik entsteht nach Plotin die Welt. Die Existenz des Empfangenden vervollkommnet sich nur, wenn er sich zum Geber zurückwendet. Der Geber ist seinen Gaben und seinen Hervorbringungen übergeordnet.[154]

Es es gibt ein Schema, das mehr oder weniger in allen Lehren der Emanation zu finden ist:

Es gibt einen einheitlichen Ursprung: das Eine, Gott...

Ein Teil des Einen fließt aus sich heraus, wodurch andere Seiende erzeugt werden, gleichsam als Schattenbild und Echo.

Diese Seienden hängen vollständig vom Einen ab, sind ihm aber ontologisch nicht gleich.

Je weiter das Seiende vom Ursprung entfernt ist, desto ärmer ist es.

Mit Emanation ist somit Verfall und Hierarchien verbunden.

Die Realität der endlichen Dinge wird tendenziell bestritten. Die Individuen werden negiert.

Das Ziel ist die Auflösung der Individuen in dem Einen.[155]

Es gibt wichtige Unterschiede zwischen der emanativen Ursache bei Plotin und Spinozas immanenten Ursache:

1) Die emanative Ursache ist immer jenseits dessen, was sie gibt. Damit entsteht eine Seinshierarchie. Das Eine steht immer an oberster Stelle. Bei Spinoza bleibt die Wirkung aber in der immanenten Ursache, auch wenn als in etwas Anderem. Der Wesensunterschied

zwischen Ursache und Wirkung wird nicht als Abstufung interpretiert.

2) Das Eine hat nichts gemein mit den nachkommenden Dingen. Damit kann über das Eine nur negativ, analog oder eminent gesprochen werden. Es entsteht ein hierarchisiertes Universum: jede Stufe ist wie das Bild der vorhergehenden, jede Stufe hat eine bestimmte Entfernung zum Einen, die es auch davon trennt. Bei Spinoza sind die Wirkungen überall gleich nahe der einen Ursache. (Vgl. Erläuterung zu LS 28.) Alles hängt direkt von Gott ab, indem es an der Gleichheit des Seins partizipiert und unmittelbar das empfängt, was es je nach Eignung seines Wesens empfangen kann.[156]

Bei Spinoza ist Gott in allen Modi präsent. Die endlichen Modi sind ebenfalls real; sie gehen nicht in der göttlichen Unendlichkeit auf. Das Modell der Ethik ist das der Mathematik und der Verkettung ihrer Lehrsätze, nicht mehr das Modell „Licht", das vom Einen ausstrahlt. Wie es eine notwendige Produktion von Konsequenzen aus Axiomen gibt, so ergibt sich die notwendige Produktion der Substanz. Und so kann die Substanz produzieren, gleichzeitig in sich selbst ruhen. Nirgendwo besteht Verfall, Entfernung oder Emanation.[157]

Mittelalterliche Philosophen zwischen Ausdruckslogik und Vorgabe eines Schöpfergottes Im Mittelalter und in der Renaissance werden complicare und explicare zu Schlüsselwörtern. Die Seinshierarchie der Emanationslehre wird mit diesen Begriffen beseitigt zugunsten einer Gleichheit des Seins, die in zwei korrelativen Bewegungen besteht: Alle Dinge sind in Gott anwesend, der sie kompliziert. Gott ist in allen Dingen anwesend, die ihn explizieren und implizieren. Nikolaus von Kues ist ein Denker, der in „De docta ignorantia" mit diesen beiden Begriffen eine Ausdrucksdynamik entwickelt:

Gott drückt sich selbst aus. Die Welt ist der Ausdruck Gottes. Es besteht keine Identität im Wesen aber eine Gleichheit des Seins. Gott ist identisch mit der komplizierten Natur, die Natur identisch mit dem explikativen Gott. Es besteht eine Gleichheit in der Unterscheidung.[158]

Aber die Gleichheit des Seins darf sich nicht ganz durchsetzen. Das Christentum fordert einen transzendenten Gott, der aus dem Nichts die Welt erschuf. Pantheismus gilt als Gefahr. So begehen die mittelalterlichen Denken oft eine Gratwanderung zwischen Ausdrucksimmanenz und Analogie bzw. Transzendenz des Schöpfergottes.

Das Fazit dieses historischen Rückblicks ist eindeutig: Die Tradition der Emanation und der Nachahmung treffen sich am neuralgischen Punkt: dem Ausdruck. Die Emanation führt uns zu einem Explikations-Ausdruck. Die Schöpfung führt uns zu einem Gleichartigkeits-Ausdruck. Man findet sie in den zwei Aspekte des Ausdrucks wieder: Keim und Spiegel. Aber die Metaphern gehen niemals auf. Schöpfung und Emanation kommen nicht ohne ein Minimum an Transzendenz bzw. Analogie aus.

Spinoza: Immanenz ohne jegliche Transzendenz Spinoza vermeidet als erster jegliche Transzendenz: Der Ausdruck hört sowohl auf zu emanieren, als auch ähnlich zu machen. Er bringt die Dinge in den Formen hervor, die sein eigenes Wesen konstituieren. Die Dinge sind keine Nachahmungen der Ideen. Ebenso ahmen die Ideen auch nicht die Dinge nach, weil sie aus dem Attribut Denken folgen. Auch die Idee Gottes hat nichts Exemplarisches, weil sie in ihrem formalen Sein selbst hervorgebracht ist und damit zur natura naturata gehört. Allein das univoke Sein, allein die univoke Erkenntnis ist ausdrückend.

Die Attribute sind keine Emanationen. Anstatt aus einer eminenten Einheit zu emanieren ist die Einheit der Substanz und die Unterscheidung der Attribute Korrelative, die den Ausdruck insgesamt konstituieren. Noch vor jeder Hervorbringung gibt es eine Unterscheidung. Die Substanz kompliziert die Attribute, jedes Attribut expliziert das Wesen der Substanz, die Substanz expliziert sich durch alle Attribute. Die Hervorbringung der Modi geschieht nur durch eine quantitative Differenzierung. Spinoza läßt die Modi teilhaben, ein gewisser Grad, eine gewisse Quantität einer Qualität (eines Attributes) zu sein.[159] Darum hat der Mensch bei Spinoza auch keinen qualitativen Vorrang.

Fazit zu Spinozas Gotteslehre: Einsichten und Fragen

Drei wichtige Einsichten haben wir durch unsere Beschäftigung mit der Gotteslehre Spinozas:

Spinoza hat sicherlich deutlicher als frühere Philosophen und Theologen betont, dass Gott oft zu menschlich vorgestellt wurde. Gerade auch in der Bibel. Besonders er betont, dass diese falschen Gottesbilder auch aus falschen und inadäquaten Vorstellungen über sich selbst folgen bzw. mit ihnen zusammenhängen.

Die Immanenzphilosophie Spinozas überwindet die Sackgasse eines jenseitigen Gott, vorgestellt wie ein Fürst, der einen immer wieder zur Frage drängt: Warum greift Gott nicht ein?

Deleuze hat außerdem aufgezeigt, dass die Entwicklung der Philosophie und der Theologie immer mehr in Richtung Immanenzdenken tendierte.

Folgende Fragen kommen mir nun in den Sinn:

Wie kann ich Gott erkennen? Nur durch die Vernunft, indem ich erkenne, dass Ausdehnung und Denken Attribute Gottes sind? Oder kann ich Gottes Wirken noch irgendwie anders erahnen?

Wie wirkt Gott in der Welt? Allein durch die Ausdrucksdynamik, dass sich die Substanz in Attribute ausdrückt und diese in ihren Modi? Und das alles in „mathematischer" Notwendigkeit?

Wenn die Ausdrucksdynamik auch Entfaltung bedeutet, dann kann es doch auch eine Entfaltung in der Zeit geben? Wirkt Gott entfaltend auch in der Zeit? Wie erkenne ich den Faden der Gnade in der Geschichte? Der Faden der Gnade muss im Prozeß, in der Geschichte zu erkennen sein!

Beide Fragen führen uns erst einmal zu Bergson, dann zu Whitehead. *Was mir besonders wichtig ist: Beide Philosophen entwickeln Spinoza weiter, ohne sein Immanenzdenken zu verlassen.*

Bergson meinte: „Jeder Philosoph hat zwei Philosophien: Seine eigene und die Spinozas."[160]

Und Whitehead sagte über sein Philosophie: „Die organistische Philosophie [Whiteheads Prozessphilosophie] steht Spinozas Denkschema sehr nahe."[161]

Bergsons Elan vital

In den ersten zwei Werken, „Zeit und Freiheit", „Materie und Gedächtnis", hat sich Bergson mit dem Menschen und seine Zeiterfahrung beschäftigt:. In den folgenden zwei großen Werken „Schöpferische Entwicklung" und „Die zwei Quellen der Moral und der Religion" weitet Bergson gewissermaßen sein Forschungsgebiet aus. Die Dauer, ein zentraler Begriff bei Bergson, ist nicht nur eine innere Erfahrung des Menschen. Alles Lebendige dauert, alles Lebendige ist erfüllt vom Elan vital. Wenn aber alles Lebendige dauert und erfüllt ist vom Elan vital, hat dann auch alles Lebendige Bewusstsein und ein gewisses Vermögen von Freiheit? Dieser Frage stellt sich Bergson in dem Vortrag „Bewusstsein und Leben" und beantwortet sie positiv.

Die Grundthese von „Schöpferische Entwicklung" Bergson geht davon aus, dass sich die Evolution nicht durch rein mechanistische Modelle erklären lässt. An verschiedenen Beispielen verdeutlicht er, warum eine rein mechanistische Erklärung der Evolution, wie sie z. B. Darwin vorlegte, nicht ausreichen kann. Andererseits glaubt er nicht, dass die Evolution nach einem vorgefertigten Plan (eines Gottes) ablaufen würde. (Er würde also auch Konzepte wie „intelligent design" ablehnen.) Seine Erklärung liegt dazwischen: in der Evolution wirkt eine schöpferische Lebensschwungkraft. Der Elan vital ist nicht ein fertiger Plan sondern etwas Dynamisches, er wirkt mit „Schwung". Er hat die „Kraft", „schöpferisch" zu sein, er bringt „Leben" hervor. Er sucht sich kreativ einen Weg der Entfaltung.

Konkretisierung und Verzweigung des Elan vital Es gehört zum Elan vital, dass er sich aktualisiert, dass er in konkreten Lebewesen konkret wird. Am Anfang gibt es Einzeller, dann Mehrzeller usw. Bei diesem Prozess kann er sich in verschiedene Entwicklungsrichtungen, z. B. die Pflanzen und die Tiere, verzweigen. Die Pflanzen können aus Licht energiereiche Stoffe herstellen, aber sie können sich nicht bewegen. Die Tiere können sich bewegen, aber sie sind nicht fähig, aus Licht energiereiche Stoffe herzustellen. Dafür müssen sie Pflanzen oder andere Tiere zur Ernährung fressen. Hier hat sich der Elan vital verzweigt. Die Entwicklung bei den Pflanzen bleibt in gewisser Hinsicht auf einer Ebene stehen, die Entwicklung der Tiere geht weiter.

Die Tiere trennen sich wieder in zwei Gruppen auf: Tiere mit Instinkt und Tiere mit Intelligenz, die Menschen. Der Höhepunkt der Entwicklung bei den Tieren mit Instinkt ist bei den Bienen und Ameisen erreicht: sie bilden hochkomplexe Gesellschaftsformen. Die verschiedenen Aufgaben und Funktionen der einzelnen Tiere in einer solchen Gesellschaft werden durch den Instinkt koordiniert. Aber wie der Elan vital bei den Pflanzen nicht weiter gehen konnte, so ist er auch bei den Völkern der Bienen und Ameisen stehen geblieben. Aber wie kann eine Gesellschaft aus Tieren mit Intelligenz funktionieren? Und die zweite wichtige Frage: Gab es hier eine Weiterentwicklung, ist hier der Elan vital weitergekommen?

Grundthesen von „Die beiden Quellen der Moral und der Religion" Die Intelligenz führt dazu, dass ein Mensch seinen persönlichen Nutzen erkennen kann und diesen verfolgen will. Aber persönlicher Nutzen kann sehr häufig mit dem Allgemeinwohl im Widerspruch stehen. Damit der Mensch überhaupt gesellschaftsfähig sein kann, muss die Natur ein Gegengewicht gegenüber der Intelligenz schaffen.

In gewisser Weise wirkt in jeder menschlichen Gesellschaft so etwas Ähnliches wie der Instinkt bei den Ameisen und Bienen. Es ist die soziale Verpflichtung. Schüler gehen in die Schule, auch wenn sie keine Lust dazu haben. Denn es ist Pflicht! Wir leben in einem System der Gewohnheiten; und häufig merken wir gar nicht, dass wir selbstverständlich sozialen Verpflichtungen folgen. (Das ist teilweise sogar eine Erleichterung: Stellen Sie sich vor, wie anstrengend es wäre, ständig bewusst eine Wahl zu treffen, bei jeder Handlung!) Die soziale Verpflichtung ist das Gegengewicht gegenüber der egoistischen Tendenz der Intelligenz.

Pflicht und Begeisterung Moral und Religion entstehen aus zwei Quellen. Die eine Quelle der Moral ist die soziale Verpflichtung. Die Pflicht wirkt unpersönlich, sie äußert sich in allgemeinen Gesetzen. Durch Druck und Ermahnung schafft sie Ordnung in der jeweiligen sozialen Gruppe. Aber daneben gibt es eine andere Quelle der Moral (und der Religion): ein Mensch ist von einem anderen ganz begeistert und möchte ihn nachahmen. So wollte zum Beispiel der Heilige Franziskus die Armut von Jesus nachahmen, oder der Heilige Ignatius wollte so radikal leben wie Franziskus. Diese andere Quelle der Moral braucht keinen Druck, sie äußert sich nicht in den allgemeinen, unpersönlichen Gesetzen; sondern sie wirkt durch Appell, Begeisterung und Aufschwung. Meistens erleben wir beide Quellen in der Realität vermischt. Trotzdem kann man sie prinzipiell unterscheiden.

Es gehört zum Wesen der sozialen Verpflichtung, dass sie sich auf eine abgeschlossene soziale Gruppe bezieht: die Familie, die Gemeinde oder die Nation. (Die soziale Verpflichtung fördert deswegen die Familienehre, Lokalpatriotismus und Nationalstolz.) Die soziale Verpflichtung kann sich nach Bergson nicht auf die ganze Menschheit ausdehnen, weil Familie, Gemeinde oder Nation eine geschlossene Gesellschaft bilden, vergleichbar der instinktiven Gesellschaften von Bienen und Ameisen. Die ganze Menschheit ist ein offenes Ganzes. Die Menschheitsliebe gehört deswegen zur Moral der Begeisterung und Nachahmung. Jesus lehrte dies in der Nächstenliebe und Feindesliebe.

Wie kann eine Moral der Begeisterung und Nachahmung entstehen? Sie kann nicht durch die Intelligenz entstehen, ebenso nicht durch den Quasi-instinkt der sozialen Verpflichtung; sie kann allein durch eine ursprüngliche Emotion entstehen: dieses Gefühl führt den jeweiligen Menschen zu einer Empfindung des Elan vital selbst. Wenn wir etwas vom Elan vital selbst erspüren, dann nennt dies Bergson Intuition.

Es ist schon erstaunlich. Bergson war ein Jude, und trotzdem haben seine philosophischen Überlegungen ihn dazu geführt, die christlichen Heiligen und Mystiker als den Höhepunkt der Religionen anzusehen. Sie haben erstens in einer Gotteserfahrung Gott selbst erfahren. In der Sprache der Philosophie von Bergson: sie haben eine Intuition vom Elan vital selbst erspürt. Das führt uns dazu, den Elan vital auch als die Wirkmacht Gottes in seiner Schöpfung zu bezeichnen. In der christlichen Theologie würden wir sagen: Im Elan vital erspüren wir die Schöpferkraft und Wirkkraft des Heiligen Geistes in der Welt.

Und sie haben zweitens diese Erfahrung und Begeisterung in eine tätige Nächstenliebe umgesetzt, die sich auf die ganze Menschheit, die ganze Natur bezog. Damit drückten sie in ihrem Leben den Elan vital selbst aus. Kontemplation und Aktion in gesundem und fruchtbarem Zusammenspiel für die Menschheit ist letztlich bei Bergson das große Ideal, das viele christliche Heilige verwirklicht haben.

Einsichten durch Bergson:

Elan vital erspüren Gottes Sein und Wirken kann ich nicht nur durch die Vernunft, die logisch nachdenkt, erkennen. Ich kann Gottes Wirken auch erspüren als eine innere Begeisterung. Ich kann in mir den Elan vital erspüren: Das geschieht durch Intuition. So einen Zugang zu Gott finden wir bei Spinoza nicht.

Tiefe Gotteserfahrungen, mystische Erlebnisse sind keine Vernunftschlüsse sondern intuitives Spüren des göttlichen Wirkens, des Elan vitals!

Rosenberg erlebte dies besonders in der Begegnung mit Menschen, wenn er sich empathisch immer mehr mit ihnen verbinden konnte:

„Alles, was wir dafür tun müssen, ist, beide Seiten dazu zu bringen, sich mit den Bedürfnissen der Personen der anderen Seite zu verbinden. Für mich sind die Bedürfnisse der schnellste und naheliegendste Weg, um in Verbindung zu dieser „göttlichen Energie" zu kommen. Alle Menschen haben die gleichen Bedürfnisse – weil wir lebendige Wesen sind."[162]

Mit Spinozas Philosophie könnten wir Rosenbergs Aussage nicht wirklich tiefer verstehen. Aber mit Bergsons Philosophie wird klar, dass das Spüren der „göttlichen Energie" nichts mit Vernunfterkenntnis zu tun. Es ist das intuitive Spüren des Elan vital, der auch zwischen den Menschen wirkt.

Graves Stufenmodell und Bergson Wir können nun auch mit Graves Spiral Dynamics Bergsons Philosophie betrachten. Man könnte nun schnell folgende Zuordnung treffen: Die soziale Verpflichtung ist die blaue Stufe. Aber was ist dann die Moral der Begeisterung? Eine andere Stufe? Ich schlage eine andere Verbindung vor: Die Moral der Begeisterung hat Zugang zum Elan vital. Er bewirkt, dass wir uns weiter entwickeln, dass wir eine Ebene, ein Denklevel, das an seine

Grenzen kommt, überschreiten. Die Moral der Begeisterung führt uns dazu, ein neues Level zu erreichen. Die Moral der sozialen Verpflichtung dagegen wirkt innerhalb eines Levels: Denn jedes Level schafft seine sozialen Verpflichtungen. Jedes Level kann mit dieser sozialen Verpflichtung auch Ordnung, Verbreiterung, Struktur, Klarheit usw. ermöglichen. (Denken wir nur an den Straßenverkehr, der nur funktioniert, wenn wirklich (fast) alle sich an die Regeln halten.) Natürlich kann der Elan vital auch innerhalb eines Levels Kreativität fördern. Die soziale Verpflichtung kann aber keine Levelüberschreitung anstoßen.

Gott wirkt mit dem Elan vital in der Geschichte Bergson beschreibt in seinen beiden Büchern „Schöpferische Entwicklung" und „Die zwei Quellen der Moral und der Religion" einen Faden der Gnade. Wo Schaik/Michel als Agnostiker „nur" das geniale Wirken der biblischen Autoren sehen, die auf Katastrophen bewundernswert reagieren, können wir mit Bergson in diesen Suchbewegungen der biblischen Autoren das Wirken des Elan vitals und eine Moral der Begeisterung für Gott entdecken.

Wie müssen wir Gott denken, wenn er durch seinen Elan vital in der Welt wirkt? Das führt uns zu Whiteheads Gotteslehre:

Whiteheads Poet der Welt

Die Prozessphilosophie von Wihitehead ist eine moderne Weise über Gott zu reden. Spinoza hat mit seiner Immanenzphilosophie einen neuen philosophischen Rahmen geschaffen, in dem Bergson und Whitehead weiter denken. Denn die Forschungen und Entdeckungen der modernen Naturwissenschaften, ob Biologie oder Physik, fordern das philosophische Denken heraus. Wie kann man Evolution, Quantenphysik, Urknalltheorie usw. philosophisch denken? Whitehead kann alle diese Herausforderungen in seiner Prozessphilosophie aufgreifen und integrieren.

Grundzüge der Prozeßphilosophie:

Der zentrale Satz seiner Prozeßphilosophie lautet:

„Die vielen werden eins und werden um eins vermehrt.“[163] Dies geschieht durch Kreativität. Und das immer wieder neu.

Aber was bedeutet hier „viele“ und „eins“? Whitehead geht davon aus, dass alles, was existiert, was es gibt, letztlich aus **wirklichen Einzelwesen = aus wirklichen Ereignissen = letzte Realitäten** besteht. Diese wirklichen Einzelwesen, im englischen actual entities, sind nicht mit den Atomen gleichzusetzen.

Viele sind viele actual entities. Eins ist ein neues actual entity.

Die Skizze zeigt Whiteheads Philosophie im Minimodell: Aus den drei wirklichen Einzelwesen A, B, C wird ein neues wirkliches Einzelwesen D

A

B 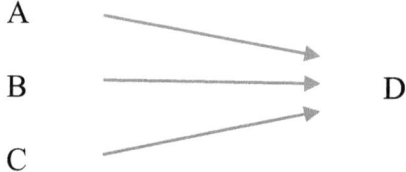 D

C

Aus diesem einen zentralen Satz, verdeutlicht in der Skizze, ergeben sich nun die Grundzüge der Philosophie von Whitehead:

1. Alles ist Erfahrung. oder: Alles, was es gibt, steht in Beziehungen. D entsteht dadurch, dass es A, B und C erfährt, eine Beziehung zu ihnen hat.

2. Alles besteht aus wirklichen Einzelwesen.
Die letzten Tatsachen sind ausnahmslos wirkliche Einzelwesen; und diese wirklichen Einzelwesen sind komplexe und ineinandergreifende Erfahrungströpfchen.

3. „Die vielen werden eins und werden um eins vermehrt." In diesem Satz steckt gewissermaßen die ganze Whitehead'sche Philosophie: Jedes wirkliche Einzelwesen erfährt die anderen und gerade durch diese Erfahrungen entsteht es, wird es. **Das Werden liegt dem Sein voraus:** „Dass *wie* ein wirkliches Einzelwesen wird, begründet, *was* dieses wirkliche Einzelwesen ist."[164]

Whitehead nennt sein Hauptwerk: "Prozess und Realität". Ein Prozess ist das Werden eines wirklichen Einzelwesens. Realität besteht aus Prozessen. Realität ist ein gewordenes wirkliches Einzelwesen bzw. was viele gewordene Einzelwesen ergeben.

Ein Beispiel: Ein Mensch erfährt andere Menschen; seine Persönlichkeit „entsteht", indem er durch andere Menschen beeinflusst wird: seine Eltern, seine Geschwister, seine Mitschülerinnen und Mitschüler, seine Lehrer, Partner, Kollegen usw.

4. Der Prozess hat drei Phasen: reaktive Phase, ergänzende Phase, Erfüllung.
Zuerst erfasst das wirkliche Einzelwesen alle anderen wirkliche Einzelwesen als fremd und unverbundene Vielheiten. Dann sucht es nach der Einheit diese Vielheit, die dann in der Erfüllung gipfelt. Durch solche Prozesse entsteht Neues.

5. Erfahrungen werden für den eigenen Werdegang bewertet. D. h. jedes wirkliche Einzelwesen nimmt einige Erfahrungen positiv auf, andere lehnt sie ab und werden negativ bewertet oder als unwichtig vergessen.

A (g, h, i)

B (j, k, l)   D (+g, -k, + l)

C (m, n)

Beispiele: Mit gewissen Menschen habe ich gute Erfahrungen, mit manchen schlechte, andere Erfahrungen habe ich vergessen etc. Aber das Modell kann man nach Whitehead auf alle Bereiche der Wirklichkeit anwenden. Z.B. Chemie: Gewisse Substanzen verbinden sich (Wasserstoff und Sauerstoff ergeben mit Hitze Wasser). Manche Substanzen können andere zerstören (Schwefelsäure zersetzt organische Stoffe wie zum Beispiel Zucker). Manche Substanzen regieren nicht miteinander (Schwefelsäure reagiert nicht mit Glas).

Noch ein Beispiel: Anton schießt in einem Fußballspiel ein Tor. Das Tor schießen von Anton ist ein wirkliches Einzelwesen, ein wirkliches Ereignis. Andere Ereignisse fließen in diesen Prozess mit ein. Das Spielverhalten der Mitspieler (der Pass von einem Stürmer seiner Mannschaft, der misslungene Angriff der Abwehrspieler der gegnerischen Mannschaft usw.) sind die anderen wirklichen Einzelwesen. Anton verhält sich zu dem Spielverhalten seiner Mitspieler - und schießt ein Tor. All das war nicht vorauszusehen oder berechenbar. All dies geschieht in einem Prozess, in einem kreativen Prozess, in dem sich die verschiedenen wirklichen Einzelwesen in ständig gegenseitig beeinflussen. Die eigene Vergangenheit fließt dabei natürlich immer neu in die neuen Prozessen hinein. Anton hätte wahrscheinlich kein Tor geschossen, wenn er nicht schon Jahre trainiert hätte. Ziel dieses Prozesses ist natürlich in diesem Fall ein erfolgreiches Spiel, über das sich Anton freuen kann.

6. Es gibt Werte im Kosmos. Wenn ein wirkliches Einzelwesen viele Erfahrungen positiv verarbeiten und zu einem neuen Ganzen transformieren kann, dann ist ein neuer Wert entstanden. Whitehead nennt das Zusammenführen verschiedener Erfahrungen auch **Kontrast**. Ebenso können Werte zerstört werden, wenn wirkliche Einzelwesen Erfahrungen ablehnen und aussondern.

Beispiel: Wenn eine Person z. B. zu zwei verfeindeten Gruppen Beziehungen aufbaut und durch sein Handeln und Reden Schranken abbaut, dann ist er wertvoll, weil er neue Beziehungen ermöglicht. Romeo und Julia ist somit eine Geschichte von Wertentstehung und Wertzerstörung. Mit ihrer Liebe ergab sich die Chance, dass zwei verfeindete Familien ihre Streitigkeiten niederlegen und sich versöhnen. Die Feindschaft der zwei Familien war für diese beiden Personen jedenfalls ansatzweise überwunden. Aber der Hass war größer als die Liebe: Romeo und Julia sterben. Die Versöhnung beider

Familie durch die Liebe von Romeo und Julia wäre ein hoher Wert gewesen. Die Versöhnung zweier verfeindeten Familie durch die Liebe zweier Kinder zueinander gelingt dagegen in „Ronja Räubertochter" von Astrid Lindgren.

7. Anstoßende Zielgebung von Gott. Aber wie soll ein wirkliches Einzelwesen die verschiedensten Erfahrungen in Kontraste zusammenbringen? Eine Weise der Verarbeitung, ein Potential an Kontrastmöglichkeiten muss ihm gegeben werden. Dies kommt nach Whitehead von Gott. Jedes wirkliches Einzelwesen bekommt eine **anstoßende Zielgebung von Gott.** (Beim Menschen nennt man diese anstoßende Zielgebung, wenn sie sich auf das ganze Leben bezieht, Berufung.)

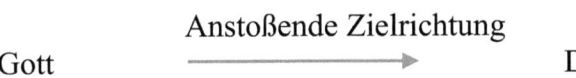

Gott   Anstoßende Zielrichtung   D

Das neue Gottesbild von Whitehead:
1. Gott ist bei Whitehead ein wirkliches Einzelwesen.
2. Gott besitzt eine Urnatur und eine Folgenatur.
3. In seiner Urnatur versammelt Gott die ewigen Gegenstände. Sie sind reine Möglichkeiten, die sich fließend realisieren. Sie ergeben auch die Potentialmöglichkeiten an Kontrasten.
4. Gottes Folgenatur: Gott erfährt die ganze Welt. Gott ist nicht das unwandelbare und leidenschaftslose Absolute, wie Aristoteles oder Thomas von Aquin Gott verstanden. Sie dachten: Gott ist der unbewegte Beweger. Gott liebt ohne Leidenschaft…
5. Alles, was in der Welt passiert, nimmt er in seiner Folgenatur in sich selbst auf. Es gibt zwei Unterschiede zwischen Gott und den anderen Einzelwesen. Erstens ist bei Gott die Urnatur vorrangig. Zweitens lehnt Gott keine Erfahrungen ab.
Whitehead ist auch fähig, seine nüchternen Modelle in poetische Sprache zu übersetzen. Beim folgenden Text sieht man, wie Whitehead mit den alten Gottesbildern abrechnet:
„Es gibt jedoch in galileischen Ursprung des Christentums noch eine andere Anregung, die zu keinem der drei Hauptstränge des Denkens so richtig passt. Sie legt das Schwergewicht weder auf den

173

herrschenden Kaiser, noch auf den erbarmungslosen Moralisten oder den unbewegten Beweger. Sie hält fest an den zarten Elementen der Welt, die langsam und in aller Stille durch Liebe wirken; und sie findet ihren Zweck in der gegenwärtigen Unmittelbarkeit eines Reichs, das nicht von dieser Welt ist. Liebe herrscht weder, noch ist sie unbewegt; auch ist sie ein wenig nachlässig gegenüber der Moral. Sie blickt nicht in die Zukunft: denn sie findet ihre unmittelbare Belohnung in der Gegenwart. "[165]

Gott möchte nicht mit Gewalt das Böse vertreiben wie ein Kaiser, er möchte das Gute nicht aufzwingen wie ein Moralist, sondern: Gott geht eine Beziehung mit der Welt ein, die ein Wagnis ist: *„Er/Gott ist der Poet der Welt, leitet sie mit zärtlicher Geduld durch seine Vision von der Wahrheit, Schönheit und Güte. "*[166]

Gott erfährt jedes wirkliche Einzelwesen und jedes wirkliche Einzelwesen erfährt Gott und bekommt dadurch eine anstoßende Zielgebung. Weil Gott mit seiner Folgenatur die ganze Welt wirklich erfährt, kann er für jedes wirkliche Einzelwesen die beste Zielrichtung mitgeben, sowohl für das jeweilige Einzelwesen als auch für den ganzen Kosmos.

Damit kann man mehrere Aussagen treffen:

Gott ist wirklich in der Welt gegenwärtig. Er ist mit allem verbunden.

Gott ist erfahrbar. Jedes wirkliche EInzelwesen erfährt ihn und bekommt eine anstoßende Zielgebung.

Gott „leidet mit", indem er alles erfährt und alles aufnimmt.

Gott führt diese Welt. Durch die anstoßende Zielgebungen.

Gott führt diese Welt mit sanfter Hand, er zwingt keinen zum Guten.

All diese bekannten Glaubensaussagen bekommen eine philosophische Grundlegung, die unserer Zeit gemäß ist.

Eine Kritik, die Deleuze an Spinoza (trotz seiner Bewunderung für ihn) äußerte, setzt meines Erachtens Whitehead um: „Trotzdem bleibt noch eine Differenz zwischen der Substanz und den Modi bestehen: die spinozitische Substanz erscheint als unabhängig von den Modi, und die Modi hängen von der Substanz ab, allerdings als von etwas anderem. Die Substanz müsste sich selbst von den Modi, und nur von den Modi aussagen. Eine derartige Bedingung kann nur um den Preis einer allgemeineren kategorischen Umkehrung erfüllt werden, demzufolge sich das Sein vom Werden, die Identität vom Differenten, das Eine vom Vielen usw., aussagt."[167]

Genau das verwirklicht Whitehead mit seiner Philosophie: „Die vielen werden eins und werden um eins vermehrt."

- Jedes wirkliche Einzelwesen ist, was es wird. Das Werden begründet das Sein.
- Jedes wirkliche Einzelwesen wird, indem es die vielen erfährt. Das Viele begründet das Eine.
- Gott wird, ist im ständigen Werden, weil er alles erfährt.

Gott erfährt wirklich die ganze Welt. Was in der Welt passiert, ist ihm nicht äußerlich. Gerade weil er es erfährt, kann er die Welt leiten und mit anstoßenden Zielrichtungen kreativ voranbringen und neue Werte anstoßen.

Gott gewährt den Menschen in Whiteheads Prozessphilosophie Freiheit. Gibt er dann nicht die Allmacht auf? Vergleichen wir dazu einen Puppenspieler mit einem Dirigenten.

Dirigent, nicht Puppenspieler Ein Puppenspieler erscheint uns allmächtig gegenüber seinen Puppen. Die Puppen machen das, was die Fäden „befehlen". Der Puppenspieler hat alle Fäden in der Hand. Ein Dirigent dagegen hat es mit Menschen zu tun, die frei sind, sich weigern können, lustlos sein können usw. Wer ist mehr zu bewundern: ein Puppenspieler, der durch seine Fäden armselig allmächtig seine leblosen Puppen in der Hand hat, oder ein Dirigent, der durch Überzeugung und Ausstrahlung die Musiker motivieren und das Orchester leiten muss? Ich bewundere den Dirigenten mehr: Er ist mächtiger als der Puppenspieler, der alle Fäden in der Hand hat, weil er sogar Einfluss nimmt auf freie Menschen. Gott ist eher ein Dirigent als ein Puppenspieler, und diese Vorstellung erhöht auch unser Bild von der Macht Gottes!

Noch etwas verdeutlicht das Gleichnis „Gott – der Dirigent der Welt". Ein Dirigent macht selbst keine Töne. Die Zuhörer werden auf der CD keinen einzelnen Ton vom Dirigenten hören. Und trotzdem: der Dirigent vermittelt seine Energie, seinen Elan, seine Interpretation den Musikern. Und so erkennen Musikexperten, ob eine Aufnahme zum Beispiel von Bernstein oder von Celibidache dirigiert wurde. Ist das nicht ein schönes Gleichnis für Gottes Wirken in der Welt? Physiker, Chemiker, Biologen usw. können nur die einzelnen Töne analysieren. Mit ihrem Blickwinkel hören sie nur die Musiker. Aber der Gläubige, der Theologe erkennt im Gesamten das Wirken Gottes, wie der Musikexperte bei einer Aufnahme den Stil eines Dirigenten erkennen kann. Gott ist Poet und Dirigent der Welt, und nicht Puppenspieler oder Uhrmcher der Welt!

Fazit: Zwei Fragen möchte ich fürs Fazit stellen:

Was erreicht Whitehead, das Spinoza nicht erreicht hat?

Was hat Whitehead von Spinoza übernommen, wie stark entfernt sich Whitehead von Spinoza?

Jedes wirkliche Einzelwesen hat einen physischen und einen mentalen Pol. Die zwei Attribute bei Spinoza, Ausdehnung und Denken, bleiben bei Whitehead erhalten.

Beide Philosophen sind überzeugt von einer Einheit der Natur. Der Geist springt nicht aus der Ordnung der Natur heraus. Aber die Natur ist sowohl für Spinoza als auch für Whitehead kein reiner Materialismus. Beide Philosophien beinhalten somit einen Panpsychismus.

Whiteheads Philosophie ist das Ergebnis der Frage: Wenn in Spinozas Philosophie ernsthaft die Einsichten Bergsons über die Zeit einbezogen wird, welche Philosophie entsteht dann?

Wenn Whitehead in seiner Philosophie den Satz von Deleuze umsetzt „Die Substanz müsste sich selbst von den Modi, und nur von dem Modi aussagen.", dann überwinden wir mit dem Ernstnehmen der Zeit die spinozistische Notwendigkeit!

Whitehead setzt anstelle der spinozistischen Notwendigkeit die „Kreativität". Es ist das Prinzip des Neuen. Es ist nicht ein weiteres Element neben „Eins", „Vielen, „Gott", „Welt". Es ist die „Universalie der Universalien"[168]. Kreativität ist vielmehr die ständige Dynamik zwischen diesen „Elementen".

Zeit und Prozess macht die Welt zu einem Abenteuer, nicht berechenbar wie ein Uhrwerk oder so notwendig wie ein geometrisches Axiomensystem. Gott wird Poet der Welt bzw. Dirigent des ganzen Prozesses!

Am Ende seines Werkes stellt Whitehead verschiedene Antithesen vor. Eine von ihnen fasst zusammen, wie seine Philosophie Deleuzes Kritik an Spinoza umsetzt:

„Es ist genauso wahr zu sagen, dass die Welt Gott immanent ist, wie zu behaupten, dass Gott der Welt immanent ist."[169]

I Gott ist mit jedem wirklichen Einzelwesen verbunden, weil jedes wirkliches Einzelwesen Gott erfährt. Gott ist der Welt immanent.

II Gott erfährt alle wirkliche Einzelwesen. Alle diese Erfahrungen sind in ihm. Die Welt ist Gott immanent.

(Die Bedeutung hat sich im Wechsel von I zu II oder von II zu I verschoben.)

Ebenso schreibt Whitehead:

„Es ist genauso wahr zu sagen, dass die Welt die Gott transzendiert, wie zu behaupten, dass die Welt Gott transzendiert."[170]

I Gott transzendiert durch seine ewigen Gegenstände, durch seine volle Annahme aller wirklichen Einzelwesen und seine anstoßenden Zielgebung die Welt.

II Die Welt transzendiert Gott durch ihre Vielfalt, durch die Kontingenz der Prozesse. Die Welt ist das Abenteuer Gottes!

Ist damit die Immanenz Spinozas bei Wihtehead abgeschafft? Ich würde eher sagen. Die Immanenz wurde neu gedacht, indem Whitehead Zeit und Kreativität ernst nahm!

Aber Gott bei Whitehead und bei Bergson ist natürlich anders gedacht als bei Spinoza. Auch wenn Whitehead und Bergson von Spinoza beeinflusst sind und auf ihre Weise das Immanenzdenken weiter führen. Ihr Gott ist nicht mehr der Gott Spinozas. Weil auch die Welt von Bergson und von Whitehead eine andere ist: Bei Bergson und Whitehead gibt es echte Kontingenz, echten Wandel, ein zielgerichtetes Streben. Für Spinoza ist der Verlauf der Welt absolut notwendig: Gott ist die Ursache von allem und die frühren Dinge und Ereignisse verursachen die späteren. Das ist für mich der große Fortschritt von Bergson und Whitehead gegenüber Spinoza: Im Immanenzdenken muss nicht alles notwendig verursacht sein. Es kann auch Zeit, Wandel, Kontingenz, Streben geben!

Nur ein bester Versuch? Freiheit und Bedürfniserfüllung

Immer wieder in Seminaren und Vorträgen verkündete Rosenberg einen Grundsatz: „Jeder Mensch macht in jedem Augenblick seines Lebens das Beste, was er für sein Leben tun kann."[171]
Oder wir können auch sagen: „Alles, was ein Mensch tut, ist zu dem Zeitpunkt sein bester Weg, seine Bedürfnisse zu erfüllen."
Rosenberg sagte auch: „Gehe nie in ein Gespräch, bevor du nicht sicher bist, dass der andere das Beste tun wird, was er tun kann."
Ich möchte diesen Satz, diese Behauptung Rosenbergs kritisch untersuchen:

- Welche Funktion hat er im GfK-System?
- Welche Auswirkungen hat er philosophisch?
- Wie kann man ihn kritisieren?

Funktion im GfK-System Für Rosenberg hatte dieser Satz in seinem Denksystem offensichtlich eine entlastende Funktion: Wenn alles, was ein Mensch tut, zu dem Zeitpunkt sein bester Weg ist, seine Bedürfnisse zu erfüllen, dann kann Rosenberg folgern: „Wir machen nie etwas falsch!" Dann können wir ohne eine trennende ethische Differenz und ohne Vorwurf dem anderen gegenüber treten.
Indem Rosenberg die GfK weiter gibt, ermächtigt er Menschen, dass sie neue, bessere Wege finden, um ihre Bedürfnisse zu erzielen. Rosenberg: „Wir tun Dinge, die wir nicht getan hätten, wenn wir gewusst hätten, was wir jetzt gerade lernen."[172]
Rosenberg will auf gar keinen Fall wie die Moralphilosophen handeln, die Spinoza kritisiert: Sie behaupten einerseits, dass der Mensch absolut frei ist und sein Geist aus der natürlichen Ordnung heraussticht: „Die meisten, welche über die Affekte und die Lebensweise der Menschen geschrieben haben, scheinen nicht von natürlichen Dingen zu handeln, die den allgemeinen Naturgesetzen folgen, sondern von solchen, die außerhalb der Natur stehen. Ja sie scheinen den Menschen wie einen Staat im Staate aufzufassen. Denn sie glauben, dass der Mensch die Ordnung der Natur mehr störe, als ihr folge, und dass er über seine Handlungen eine absolute Macht habe

und von nirgend sonst her als von sich selbst bestimmt werde." Vorwort III

Deswegen erdreistet sich der Moralphilosoph, Zwecke und Ziele den Menschen von außen zuzuschreiben: du sollst so und so sein. Für den Moralphilosophen sind Ratschläge, Appelle und Abwarten die Instrumente zur Verbesserung der Menschen. Nach Moreau ist dies eine Philosophie des Todes: „denn hier wird das, was ist, durch das verurteilt, was nicht ist."[173] Es ist von den Moralphilosophen gemein und unfair, etwas zu fordern, ohne einen Weg zu zeigen, wie man die Ziele erreichen kann.

Wenn der Mensch einen absolut freien Willen hat – gemäß der Vorstellung der Moralphilosophen, die Spinoza kritisiert –, dann müsste er es ja eigentlich aus eigenem Willen schaffen. Da dies aber oft nicht gelingt, beginnen die Moralphilosophen – so Spinoza im Vorwort zum III. Buch der Ethik – die Menschen zu beweinen, zu verlachen, zu verachten oder zu verwünschen. Das will Rosenberg auf jeden Fall vermeiden. Verständlich und löblich!

Wenn ich von dem obigen Satz ausgehe, dann werde ich den anderen nicht beweinen, verlachen, verachten oder verwünschen. Ich nehme ja mit diesem Satz an bzw. ich „weiß" mit diesem Satz, dass er sein Vemögen voll ausgeschöpft hat, dass er den besten Weg, den er damals sehen konnte bzw. gehen konnte, gewählt hat.

Der Satz ermöglicht Rosenberg, mit Respekt und ohne Vorwurf z. B. einem Straftäter gegenüber zu treten. Genau dieser Respekt wird zur Basis, dass er dem Straftäter mit GfK in seiner persönlichen Entwicklung weiter bringen kann: „Wir tun Dinge, die wir nicht getan hätten, wenn wir gewusst hätten, was wir jetzt gerade lernen."[174] Die GfK will wie die Ethik Spinozas Erkenntnis vermitteln und damit das Vermögen der Menschen vergrößern.

Was kann ich also nach der Tat tun, wenn ich mit neuer Perspektive und neuem größerem Vermögen erkenne, dass ich eine ungünstige, andere Bedürfnisse missachtende Strategie gewählt habe? Rosenberg: Ich kann trauern! Rosenberg betont eindringlich, dass Trauern tiefer geht, existenzieller berührt und deswegen stärker verwandelt als Schuldgefühle:

„Schuld? Wissen Sie, Schuldgefühle führen dazu, dass die Menschen denken, sie seien nicht in Ordnung so, wie sie sind – und das hilft niemandem. Aber ich wünschte, sie könnten Traurigkeit spüren, Traurigkeit und Trauer über das, was sie, bzw. ihre Vorfahren, getan haben. [...] Ja, und wo hätten die Menschen es denn lernen sollen? Die Kirche bringt einem schließlich bei, dass Sünden bestraft werden – mit ewigen Höllenqualen oder einem schlechten Gewissen. Jahrhunderte lang haben sie dafür gesorgt, dass die Menschen sich sündig und schuldig fühlen. Wie soll man denn da trauern? Schuld und Sühne sind meilenweit entfernt von Trauer. Um zu trauern, bedarf es einer echten Liebe zum Leben. Man empfindet tiefe Traurigkeit darüber, dass man mit dem, was man getan hat, nicht zum Leben beigetragen hat. Wenn du mit dieser göttlichen lebensbejahenden Energie verbunden bist, aber nicht in Ihrem Sinne handelt, dann ruft dein Handeln Schmerz hervor. Dafür wirst du dich aber nicht hassen, sondern du wirst trauern: „wie traurig! Ich bin so traurig! Ich hätte so gern anders gehandelt", nicht: „ich hätte anders handeln sollen." Trauer und Schuld unterscheiden sich voneinander wie Tag und Nacht."[175]

Im GfK-System ermöglicht der Satz: „Jeder Mensch macht in jedem Augenblick seines Lebens das Beste, was er für sein Leben tun kann.", dass Schuldgefühle, schlechtes Gewissen mit dem Glaubenssatz „Ich hätte anders handeln sollen" ausgeschlossen bzw. verhindert wird.

Ich bin ja ganz bei Rosenberg, dass Trauern wirklich tiefer geht, zu den eigentlichen Bedürfnissen führt, mit dem Elan vital verbindet, Neuanfänge ermöglicht, und dass schlechtes Gewissen den inneren Kritiker stärkt, das innere Familiensystem in Unordnung bringt, oder mit Spinoza gesprochen traurige Affekte fördert und unser Tätigkeitsvermögen vermindert statt vergrößert. Trauern zeigt aber auch an, dass ich einsehe, dass ich nicht die günstigste Strategie gewählt habe. Rosenberg sagt selber: „Trauern ist in der gewaltfreien Kommunikation ein Prozess der intensiven Verbindung mit den unerfüllten Bedürfnissen und Gefühlen, die dann entstehen, wenn wir weniger als vollkommen gewesen sind."[176]

Die Frage, die ich stelle: Braucht man das GfK-System unbedingt den Satz: „Alles, was ein Mensch tut, ist zu dem Zeitpunkt sein bester Weg, seine Bedürfnisse zu erfüllen." Ist der Satz notwendig?

Philosophische Bedeutung und Konsequenzen Denn ich halte ihn philosophisch für äußerst problematisch: Er stellt letztlich die Freiheit des Menschen in Frage. Natürlich will ich hier nicht eine absolute Willensfreiheit verteidigen, die Spinoza zu Recht bezweifelt.

Aber es muss denkbar sein, dass Menschen im Fluss der Zeit zaudern, zögern: Sie haben mehrere Varianten zur Auswahl. Dann wählen sie vielleicht einen Weg, der auch zu diesem Zeitpunkt mit ihrem Horizont und Reflexionsvermögen nicht der beste Weg ist, um die eigenen Bedürfnisse zu erfüllen.

Bei der Betrachtung von Entscheidungen muss man zwei Perspektiven unterscheiden: Die Rückblick-Perspektive und die In-der-Situation-Perspektive.

Im Rückblick kann man immer irgendwie Ursachen rekonstruieren und zusammenstellen, die zu dem Ereignis bzw. Entscheidung geführt hat. Und man kann im Rückblick auch immer die Deutung so gestalten, dass der Wählende seinen besten Weg damals gewählt hat, seine Bedürfnisse zu erfüllen.

Aber im Fluss der Zeit selber gibt es eine Unbestimmtheit: Die Akteure zaudern, überblicken nicht alles, ihr Inneres schwankt, verschiedene innere Tendenzen wechseln sich ab, neue Aspekte kommen vom Außen immer wieder dazu. Ein Akteur entscheidet also in einem ständig sich veränderndem Unbestimmtheitsfluss.

Aus dieser Perspektive, die die Rückblicks-Perspektive nicht erfasst, erkennt man, dass man immer in einen Nebel der Zukunft hinein schreitet. Und gerade diese Unbestimmtheit im Fluss der Zeit ermöglicht auch einen gewissen Grad von Freiheit.

Wir haben oft mehrere Möglichkeiten. Und wir wählen auch immer wieder mal Wege, denen andere Wege gegenüberstehen, die besser unsere Bedürfnisse erfüllen würden und die auch uns in dieser Situation auch zur Wahl zur Verfügung stehen!

Bergson hat in seinem Buch „Zeit und Freiheit" dagegen gekämpft, dass man innere Zustände, Emotionen usw. zu statisch sieht und dabei das Wandelbare in der Zeit übersieht. Dann kann man nur die Freiheit übersehen und deterministisch denken:

„Der Determinist aber, selbst wenn er sich enthält, die großen Emotonen und tiefen Zustände des Gemüts zu Kräften zu machen, unterscheidet sie trotzdem vonenander und gelangt auf diese Weise zu einer mechanistischen Auffassung vom Ich. Er wird uns zeigen, wie dieses Ich zwischen zwei entgegengesetzten Gefühlen schwankt, von einem zum anderen geht und sich schließlich für eines von ihnen entscheidet. Das Ich und die Gefühle, die es bewegen, werden also völlig wohldefinierten Dingen gleichgestellt, die während des ganzen Verlaufs des Hergangs mit sich selbst identisch bleiben. Wenn es aber stets das nämliche Ich ist, das erwägt, und wenn die beiden entgegengesetzten Gefühle, die es erregen, sich ebenfalls nicht ändern, wie sollte dann, eben jenem vom Determinismus angerufenen Kausalitätsprinzip zufolge, das Ich sich jemals entschließen können? Die Wahrheit ist vielmehr, dass das Ich allein dadurch, dass es das erste Gefühl erlebte, schon eine gewisse Veränderung erlitten hat, bis das zweite dazu kam; in allen Zeitpunkten der Erwägung modifiziert sich das Ich und modifiziert es folglich auch die beiden Gefühle, die es bewegen. So bildet sich eine dynamische Reihe von Zuständen, die sich durchdringen, einander verstärken und durch eine natürliche Entwicklung in eine freie Handlung ausmünden. Der Determinismus hingegen folgt einem unklaren Bedürfnisse symbolischen Vorstellens und bezeichnet mit Worten, wie das Ich selbst, so auch die entgegengesetzten Gefühle, die sich ins Ich teilen. Indem er sie in Gestalt von wohldefinierten Worten kristallisiert, entzieht er von vornherein erst der Person und dann den Gefühlen, die sie bewegen, jegliche lebendige Aktivität. So wird er denn einerseits ein mit sich selbst immer identisch bleibendes Ich und andererseits ebenso unveränderliche entgegengesetzte Gefühle erblicken, die sich um das Ich streiten; und der Sieg verbleibt notwendig dem stärkeren. Dieser Mechanismus aber dem man sich von vornherein auslieferte, hat keinen anderen Wert als den einer symbolischen Vorstellung, er kann sich gegenüber dem Zeugnis eines aufmerksamen Bewusstseins, das uns den inneren Dynamismus als eine Tatsache vor Augen stellt, nicht halten."[177]

Nur der Rückblick-Perspektive erscheinen die widerstreitenden Aspekte als fest, wobei sich dann das stärkere durchsetzt.

Wenn ich aber selber im Fluss der Zeit bin, erlebe ich alles unbestimmter und wandelbarer – und genau darin erlebe ich auch meine Freiheit! Keine absolute Freiheit, aber doch eine gewisse Freiheit, indem ich mal mehr da gewichte und dort sich ein Aspekt verändert usw.

Freiheit erlebt man im Zeit-Denken, in der ablaufenden Zeit, Freiheit erfasst man nicht im Raum-Denken, in der abgelaufenen Zeit: Wer versucht, die Freiheit zu erklären, steigt aus dem Fluss der Zeit aus, schaut von oben auf ihn herab und hat damit in das Raum-Denken gewechselt. Er wird sich abquälen mit seiner Erklärung und andere werden ihm sagen: schau doch - alles vorherbestimmt! Keine Freiheit zu sehen! (Sie argumentieren auch im Raum-Denken.) „In summa: jedes die Freiheit betreffende Verlangen nach Erklärung kommt, ohne dass man es bemerkte, auf die folgende Frage hinaus: „Lässt sich die Zeit adäquat durch den Raum vorstellen?" - worauf wir entgegnen: ja, wenn es sich um die abgelaufene Zeit handelt, nein, wenn man von der ablaufenden Zeit spricht. Nun vollzieht sich aber die freie Handlung in der ablaufenden Zeit und nicht in der abgelaufenen. Die Freiheit ist somit eine Tatsache, und es gibt unter den Tatsachen, die man konstatiert keine, die klarer wäre. Alle Schwierigkeiten des Problems und das Problem selbst entspringen daraus, dass man bei der Dauer dieselben Attribute wie bei der Ausdehnung finden, eine Sukzession [Zeit-Denken] durch eine Simultaneität [Raum-Denken] interpretieren und die Vorstellung der Freiheit in einer Sprache wiedergeben will, in die sie sich offenbar nicht übertragen lässt."[178]

Fazit: Für mich ist der Satz „Jeder Mensch macht in jedem Augenblick seines Lebens das Beste, was er für sein Leben tun kann." ein unbewiesenes Dogma von Rosenberg. Wir sollten es nicht rezipieren.

Erstaunlicherweise argumentieren alle GfK-Lehrer für die Freiheit, wenn sie sich in der ablaufenden Zeit befinden. Sie betonen alle: Schaue, welches Bedürfnis Du hast und verwechsle es nicht mit der konkreten Strategie, die Du gerade im Kopf hast. Wenn Du diese Unterscheidung vollziehst und Dir Dein Bedürfnis positiv klar machst, dann fallen Dir immer mehrere Strategien ein, Dein Bedürfnis umzusetzen! Dann erkennst Du die Fülle an guten Möglichkeiten!

Aber im Rückblick verfällt Rosenberg zur Perspektive der abgelaufenen Zeit: „Alles, was ein Mensch tut, ist zu dem Zeitpunkt sein bester Weg, seine Bedürfnisse zu erfüllen."

Die GfK ohne dieses „Dogma" Der Satz ist im System der GfK nicht unbedingt nötig. Wer die GfK als spinozistische Ethik versteht, braucht diesen Satz nicht, um auf Augenhöhe fair und respektvoll anderen Menschen gegenüber zu treten und seien sie sogar Schwerverbrecher.

Das Trauern wird auch ehrlicher und sinnvoller, wenn man schon davon ausgeht, dass der Handelnde im Fluss seines Lebens, auch um die Tatzeit herum, ein gewisses Vermögen an Freiheit und Unbestimmtheit hatte. Auch Rosenberg warnt: „Wir sind gefährlich, wenn wir uns nicht unserer Verantwortung für unser Verhalten, Denken und Fühlen bewusst sind."[179]

Interessanterweise beinhaltet der erste Grundsatz der GfK eigentlich eine als ob – Formulierung: 1. Es ist leichter, Kontakt zwischen Menschen herzustellen, wenn wir davon ausgehen, dass Menschen alles, was sie tun, aus der Absicht heraus machen, ihre Bedürfnisse zu erfüllen.

Der Teilsatz „wenn wir davon ausgehen" ist quasi ein „als ob"!

Wie sollen wir dieses „als ob" verstehen? Jedenfalls ist es schwächer als: „Alles, was ein Mensch tut, ist zu dem Zeitpunkt sein bester Weg, seine Bedürfnisse zu erfüllen."

Es empfiehlt eine Sichtweise, weil sie kontaktfördernd ist. Der Satz behauptet nicht, dass durchgehend hier das Wesen des Menschen für alle Menschen beschrieben ist!

Ich halte diese vorsichtige Formulierung für sehr sinnvoll!

Wenn ich Kontakt zu anderen Menschen herstellen will, dann ist es empfehlenswert den anderen so zu betrachten, als ob sie/er alles, was sie/er tut, aus der Absicht heraus macht, sich Bedürfnisse zu erfüllen. In dieser Formulierung ist auch kein Maximum angeben wie in dem Dogma, das ich hier kritisiere: Er/sie wählt den besten Weg, der ihm/ihr zum Zeitpunkt X zur Verfügung stand.

Das „als ob" bedeutet nicht, dass es eigentlich ganz anders ist. Menschen erfüllen sich natürlich mit ihrem Reden und Handeln Bedürfnisse.

Aber können wir wirklich jede Kurzschlusshandlung, Austicker, Mitlaufhandlung in großen Mengen usw. als eine Bedürfniserfüllung adäquat beschreiben?

Wenn ich davon ausgehe, dass ich mehrere innere Anteile habe, die sich systemisch auch sehr verhaken können, wobei die verschiedenen inneren Anteile auch unterschiedliche Bedürfnisse betonen, dann kann ich auch zeitweise in meinen Handlungen recht „verworren" und „unklar" erscheinen...

Wenn mich dann ein Mensch empathisch begleitet, der davon ausgeht, dass ich mir Bedürfnisse erfülle, kann das auch für mich klärend sein, meine innere Anteile sortieren sich..., weil mein Gesprächspartner davon ausging, dass ich mir Bedürfnisse erfüllen will.

Deswegen halte ich die „als ob" Formulierung für sehr passend, adäquat und zielführend!

Wir können diese Haltung auch in Spinozas Sprache ausdrücken – wobei ich bitte, die folgenden Sätze in Bergsonschen Freiheitsverständnis zu lesen: Jeder Mensch folgt seinem Conatus in dem Tätigkeitsvermögen, das ihm im Moment zur Verfügung steht. Wenn ich mit diesem Wissen einem anderen gegenüber trete, unterstelle ich ihm nicht Boshaftigkeit, Unfähigkeit, obwohl er es besser können müsste usw.

Aber aus dieser Begrenztheit, jeder Mensch folgt seinem Conatus in dem Tätigkeitsvermögen, das ihm im Moment zur Verfügung steht, folgt asu Bergsonscher Sicht nicht zwangsläufig, dass er in jedem Moment nur jeweils eine Strategie wählen kann und dass er immer die beste Strategie wählt, die er gerade vor Augen hat. Dann hat man seine Entscheidung in der abgelaufenen Zeit, in der Rückblick-Perspektive betrachtet, nicht in der ablaufenden Zeit. Kein Wunder, dass man dann seine Freiheitsmöglichkeiten in seinem Fluss der Zeit übersieht.

Wir dürfen nicht die Menschen aus ihrer Verantwortung ihrer Handlungen entlassen, allein weil man ihnen ohne Überheblichkeit gegenübertreten will!

Spinozas Nezesitarismus Wie verstand Spinoza eigentlich die menschliche Freiheit? Das führt uns zu einem sehr heiklen Thema der Philosophie Spinozas. Sein Nezesitarismus: Alles geschieht mit Notwendigkeit, nichts geschieht zufällig. „In der Natur gibt es nichts Zufälliges (contingens), sondern alles ist aus der Notwendigkeit der göttlichen Natur bestimmt, in einer bestimmten Weise zu existieren und etwas zu bewirken." LS 29 I

„Die Dinge haben auf keine andere Weise und in keiner anderen Ordnung von Gott hervorgebracht werden können, als sie hervorgebracht worden sind." LS 33 I

Schon seine ersten Leser hat dies massiv irritiert:

„Ich will Ihnen sagen, was eigentlich den Lesern in erster Linie anstößig gewesen ist. Es scheint, daß Sie an einer Schicksalsnotwendigkeit aller Dinge und Handlungen festhalten; nun aber meint man, sobald das zugegeben und angenommen wäre, würde der Nerv aller Gesetze, aller Tugend und Religion durchschnitten und alle Belohnungen und Strafen wären gegenstandslos."[180]

Wenn wir an die aufgezeigte Entwicklung des Gottesverständnisses von Spinoza über Bergson bis zu Whitehead zurückdenken, wird einsichtig, dass Spinoza einen radikal immanenten Gott in seiner Zeit nur notwendig wirkend vorstellen konnte. Er lebte in einer Zeit, in der die Newtonsche Mechanik das Denken prägte, in der die Vernunft der einzige Garant von Sicherheit und Wahrheit war, wenn man die alten Autoritäten angriff. Wenn er nun den Sprung wagte, dass Gott absolut immanent ist, dann wirkt dieser Gott auch absolut notwendig – so notwendig wie die Summe der Innenwinkel eines Dreiecks 180° beträgt. Mit der gleichen Notwendigkeit legt die kausale Vorgeschichte fest, dass ein Baum im Frühjahr blüht.

Die Freiheit des Menschen für Spinoza kann deswegen nie darin bestehen, dass irgendein Geist einen neuen Anfang setzt, dass ein „Wille" aus dem Nichts heraus etwas entscheidet. Auch mein Handeln ist immer kausal notwendig mit Vorherigem verknüpft.

„Aus Vernunft handeln ist nichts anderes [...] als aktiv hervorzubringen, was aus der Notwendigkeit unserer Natur, in sich allein betrachtet, folgt." Beweis LS 59 IV.

Dominik Perler kommentiert dies folgendermaßen: „Entscheidend ist, daß eine Person, die aus Vernunft handelt, nicht von spontanen Affekten oder Begierden getrieben wird und auch nicht von jemandem gezwungen wird, etwas zu tun. Sie erkennt vielmehr die Gründe dafür, daß etwas so gekommen ist, wie es kommen mußte, und macht diese Gründe zu ihrem Handlungsmaßstab. Gründe zu erkennen heißt freilich nichts anderes, als über Ideen (Modi des Denkens) zu verfügen, die sich parallel zu physikalischen Sachverhalten (Modi der Ausdehnung) verhalten. Veranschaulichen wir dies anhand eines Beispiels: Angenommen, ich verspüre einen heftigen Schmerz in einem Zahn, habe aber Angst, zum Zahnarzt zu gehen. Aus Vernunft handle ich, wenn ich diese Angst überwinde und erkenne, daß der Schmerz ein Symptom für eine Nervenreizung ist, die durch vorangeschrittene Karies oder sonst einen Defekt ausgelöst wurde. Ich erfasse also bewußt eine Kette von Ideen, die sich parallel zu einer Kette von physikalischen Sachverhalten verhält, und richte mein Verhalten danach aus. Doch bin ich dann frei? Wäre ich nicht ohnehin früher oder später zum Zahnarzt gegangen oder von einem Freund dahin geschleift worden, ganz einfach weil ich den Schmerz nicht mehr ausgehalten hätte? In der Tat hätte ich dies getan. Aber meine Freiheit zeigt sich gerade darin, daß ich nicht von jemandem dazu gezwungen oder von einem Schmerzerlebnis überwältigt wurde, sondern aufgrund meiner Einsicht in einen bestimmten kausalen Zusammenhang selber zum Zahnarzt gegangen bin. Kurzum: Ich bin aus eigener Einsicht aktiv geworden und bin nicht einfach zu einer Handlung gezwungen worden."[181]

Spinoza macht daraus sogar einen lebensweisheitlichen Rat: Indem Du die Gründe und Zusammenhänge verstehst, kannst Du Deine Affekte besser ertragen. Wer versteht, warum Zahnschmerzen entstehen, kann sie leichter tragen. „Insofern der Geist einsieht, daß alle Dinge notwendig sind, hat er eine größere Macht über die Affekte, anders formuliert, erleidet er weniger von ihnen" LS 6 V.

Teilweise kann ich Spinoza Recht geben. Rosenberg empfiehlt ganz konkret: Wandle Muss-Sätze in Bedürfnissprache um. Dann kannst Du bewusst und mit positiven Affekten zustimmen. „Ich muss zur Arbeit!" oder „Ich muss nach Hause, um für die Familie das Abendessen zu machen!" Jedes Mal, wenn ich zu mir sage, dass ich etwas tun müsse, weiß ich nicht mehr bewusst, warum ich etwas tue. Ich entferne mich von den Bedürfnissen, die ich unbewusst zu erfüllen versuche, und vermindere so die Freude und Energie in meinem Leben. Aber ich muss doch zur Arbeit gehen! – werden Sie nun sagen. Jedoch: Die Übersetzung von: „Ich muss zur Arbeit" in: „Ich gehe arbeiten, weil mir das Einkommen für meine Familie wichtig ist" gibt mehr Kraft. Oder mit der Übersetzung „Ich gehe nach Hause und mache meinen Kindern ein schönes Abendessen, weil ich wirklich möchte, dass sie sich gesund ernähren" kann ich die Aufgaben mit mehr Freude erfüllen. Oder ich finde auch leichter alternative Strategien, wenn ich weiß, welche Bedürfnisse mir wichtig sind.

Aber bei folgendem Beispiel merken wir, dass dieses Freiheitsverständnis von Spinoza nicht alles sein kann: „Wir sehen nämlich, daß die Trauer, irgendein Gut verloren zu haben, gemildert wird, sobald der Mensch, der es verloren hat, sich klar macht, daß dieses Gut auf keine Weise erhalten werden konnte" Anm 6 V. „Man könnte diesen Erklärungsansatz „therapeutischen Rationalismus" nennen: Die Erkenntnis einer notwendigen Ordnung, in der die Sachverhalte so eintreten, wie sie eintreten müssen, führt zu einer Überwindung von Enttäuschungen, falschen Erwartungen und leeren Hoffnungen und damit zu einem glücklicheren Leben."[182] Einen Trauerprozess bewältigt man nicht allein damit, dass man sich klar macht, dass es keine andere Chancen gegeben hat. Wenn ein Mensch um einen lieben Menschen trauert, hilft es ihm wenig, wenn er sich sagt: Er war schwer krank. Er musste sterben. Solche Gedanken lindern die Trauer. Aber sie verarbeiten nicht die Trauer. Da braucht es noch andere heilende Prozesse wie innere Empathie mit all dem Wertvollen, das man mit dem Verstorbenen verbindet, wie Würdigung des Vergangenen oder auch der Glaube, dass der Verstorbene bei Gott in Ewigkeit ist.

Intuitiv verstehen wir unter Freiheit mehr als nur Einsicht und vernünftiges Einschwingen in notwendige Zusammenhänge. Wir wollen auch gewisse Gestaltungsräume haben. So wie die GfK z. B. empfiehlt: Wenn Du weißt, welches Bedürfnis Du hast, kannst Du viele Strategien entdecken und erwägen, mit welcher Strategie Du Dir das Bedürfnis erfüllen willst!

Und wir ahnen, dass die Vernunft, die uns Einsicht in die notwendigen Zusammenhänge gewährt, nicht allein motivierend sein kann:

„Der therapeutische Rationalismus geht stillschweigend davon aus, daß die Einsicht in eine notwendige Ordnung auch eine therapeutische Wirkung hat, ja haben muß. Dies ist nur plausibel, wenn dem Verstand eine motivierende Kraft zugestanden wird - eine Kraft, die uns dazu bringt, genau das zu akzeptieren oder gar aktiv zu wollen, was wir eingesehen haben. Doch den Beweis dafür, daß der Verstand tatsächlich über diese motivierende Kraft verfügt, bleibt Spinoza uns schuldig."[183]

Spinoza und die PSI-Theorie von Julius Kuhl

Auf den ersten Blick erwarten wir wie Spinoza, dass die Himmelskörper sich mit Notwendigkeit gemäß der Newtonschen Mechanik bewegen. Aber schon Johannes Kepler und Nikolaus Kopernikus entdeckten eines der schwierigsten mathematischen Probleme: Das Drei-Körper-Problem. Man kann nicht genau berechnen und vorhersagen, wie drei Körper in Bewegung sich gegenseitig beeinflussen. Sie können in ihren Bewegungen chaotisch verlaufen, weil sich ihre wechselseitigen Beeinflussungen quasi verhaken, so dass das Drei-Körper-System beginnt, verrückt zu spielen. Man kann bis heute die Bewegungen dreier sich beeinflussender Körper nur näherungsweise berechnen. Und wenn es mehrere Körper sind, wird es nicht leichter.

Der Psychologe Julius Kuhl entwickelte in jahrelanger Forschung seine Theorie der Persönlichkeits-System-Interaktionen. Seine PSI-Theorie geht von vier „Vermögen", vier kognitiven Makrosystemen aus. Er hat sie aus vielen Forschungsergebnissen der verschiedenen psychologischen Schulen und Forschungsbereiche erarbeitet. Seine Theorie hat er ebenfalls durch verschiedene Versuche bestätigen können. PSI heißt somit in Kurzform: *Persönlichkeit* wird gestaltet durch *vier psychische Systeme*, die in bestimmter Weise in *Interaktion* treten.

Nun hier meine Assoziation: Wenn die Mathematik unfähig ist, die Interaktionen von drei Körper genau zu berechnen, so möchte ich vermuten, ist die Interaktion von vier psychischen Systemen noch weniger notwendig bestimmt. Oder anders ausgedrückt: die Interaktion von vier psychischen Systemen kann Grund genug sein, dass Menschen auch teilweise frei ihr Leben gestalten, oder sich in caotischen Spiralen verheddern, oder auch durch Lernprozesse freier und flexibler werden. Wieviel psychische Systeme kennt Spinoza? Die Affekte und die Venunft? Die Interaktionen von zwei Körper lassen sich berechnen. Vielleicht ist ebenso das ein Grund, dass bei Spinoza auch innerpsychisch alles notwendig abläuft, dass er uns die menschliche Freiheit nur als vernünftige Zustimmungsfreiheit präsentieren kann?

So wollen wir nun neugierig die Interaktionen der vier psychischen Systeme kennenlernen.

Die vier psychischen Systeme
- Die Objekterkennung (OES) „Fehler-Zoom", „Controller"
- Die intuitive Verhaltenssteuerung (IVS) „Macher"
- Das Intentionsgedächtnis (IG) „Planer"
- Das Extensionsgedächtnis (EG) „Innere Ratgeber"

Zwei sind analytisch: OES, IG; zwei sind holistisch: IVS, EG (Analytisch ist linke Gehirnhälfte, holistisch ist rechte Gehirnhälfte) Zwei sind elementar: OES, IVS; zwei sind komplex: IG, EG (elementare Systeme sind im Parietallappen oder Scheitellappen; komplexe Systeme sind im Frontallappen bzw. präfrontaler Cortex) Durch Veranlagung und Lebenserfahrung entwickeln Menschen einen Schwerpunkt in einem (oder zwei) der vier psychischen Systeme. Damit erklärt sich sogleich die Heilungsstrategie der PSI-Theorie: Menschen sollen lernen, auch die anderen Systeme mehr kennenzulernen, wertzuschätzen und im Alltag bewusst und passend einzusetzen und zu integrieren. Damit wird die Einseitigkeit überwunden. Die PSI-Theorie zeigt, wie das Zusammenspiel scheitern kann und wie ich dieses Zusammenspiel durch Übung wieder gelingend gestalten kann. Selbstkongruenz in der Bildung der eigenen Absichten und Selbststeuerungseffizienz („Willensstärke") im Umsetzen von Absichten ist nur möglich, wenn die vier psychischen Systemen gut zusammenspielen.

Die vier Systeme lernen wir leichter kennen, wenn wir uns die dazugehörigen „Menschentypen" anschauen, die das jeweilige System betont benutzen:

Objekterkennungssystem, Fehler-Zoom, Warnsystem:
Der Detailfinder, der Fehlersucher: Er erkennt besonders Details, Risiken und Schwierigkeiten. Seine Stimmungslage ist ernst und konzentriert. Der Detailfinder wägt erst einmal ab und fragt sich, wie man etwas angehen soll. Er ist bei seiner Arbeit eher vorsichtig und agiert sorgfältig. Er sieht vor allem sich selbst als Verursacher von Fehlern und ist übersensibel für die eigenen Fehler.
Seine Entwicklungsaufgabe ist Selbstberuhigung.

Intuitive Verhaltenssteuerung: Routinierte Verhaltensprogramme
Der Handler. Er packt die Aufgaben an und setzt sie positiv und freudig um. Er ist gut im Smalltalk und im Kundenkontakt und lässt sich manchmal auch zu schnell begeistern. Er kann nach Fehlern nur ganz kleine Anpassungen vornehmen und hat Schwierigkeiten mit komplexen Herausforderungen. Er handelt gewissermaßen aus dem Bauch heraus.
Seine Entwicklungsaufgabe ist Selbstbremsung.
Extensionsgedächtnis, emotionales Erfahrungsgedächtnis, Selbst, Fühlen, Nachspüren:
Der Entwickler. Er kann Visionen und Ideen entwickeln, Werte und Bedürfnisse wahrnehmen und beachten. Er ist in seiner Stimmungslage gelassen und entspannt. Er hat gern den Überblick über das ganze Geschehen. Er ist der Fels in der Brandung In ihm wirkt eine innere Wachsamkeit, ein innerer Schutzengel. Die Wissenschaft nennt das Vigilanz. Aber seine Gelassenheit kann auch zu Dickhäutigkeit tendieren: manchmal hat er kein Sensorium dafür, wo etwas schief laufen könnte bzw. schon schief läuft. Er ist auch tendenziell unsensibel für eigene Fehler.
Seine Entwicklungsaufgabe ist Selbstkonfrontation.
Intentionsgedächtnis mit dem Arbeitsgedächtnis, Verstand, hohe Frustrationstoleranz:
Der Planer. Er kann gut analysieren, planen und strukturieren. Seine Stimmungslage ist nüchtern und sachlich. Mit zielfokusierter Aufmerksamkeit kann er konkrete Abläufe und Schritte planen und Ziele zu einem Zeitpunkt umsetzen. Er kennt seine Fehler gut und weiß auch, was andere machen müssten. Er macht jedoch einen Fehler immer wieder neu, wenn die Situation etwas anders ist. Er lernt aus den Fehlern nur, wenn sie in der gewohnten Form auftauchen.[184]
Seine Entwicklungsaufgabe ist Selbstmotivation lernen.
Ich will nun die vier psychischen Systeme an sich vorstellen:

Objekterkennung (OES)

„Das Objekterkennungssystem ermöglicht das bewusste Registrieren einzelner Sinneseindrücke. Es rückt also isolierte Aspekte der Innen- oder Außenwelt in den bewusst wahrnehmbaren Vordergrund und lenkt die Aufmerksamkeit besonders auf Neuartiges, Unerwartetes oder auf Fehler. [...] Das Herauslösen eines Objekts (d. h. einer Einzelheit) aus dem Gesamtzusammenhang ist aber wichtig, wenn man gefährliche Dinge bemerken und auch später in ganz anderen Zusammenhängen wieder erkennen will. [...] Das Objekterkennungssystem ist also ein wichtiger „Lieferant" von immer neuen Lernerfahrungen für das System, das im Verlauf der Lebenserfahrung immer umfassendere Zusammenhänge erkennt (das Extensionsgedächtnis)."[185]

Intuitive Verhaltenssteuerung (IVS)

„Die intuitive Verhaltenssteuerung ist aktiv bei der Ausführung automatisierter Handlungsabläufe und vorprogrammierter Verhaltensroutinen. Sie ist weitgehend unabhängig von der bewussten Planung: Das Absichtsgedächtnis [IG] wird z. B. während einfacher zwischenmenschlicher Dialoge („small talk") relativ wenig gebraucht, sonst würde der Gesprächspartner vielleicht auch das ungute Gefühl bekommen: „der führt was im Schilde" oder „sie ist irgendwie nicht spontan und echt". Intuitive Verhaltensprogramme kommen häufig im so genanntem „Small Talk" zum Einsatz. [...] Untersucht man den Prozess der intuitiven Verhaltenssteuerung genauer, dann wird deutlich, dass dieses System über ein eigenes Wahrnehmungssystem verfügt, das wir aus der Alltagserfahrung nicht kennen, weil es unbewusst operiert."[186]

Intentionsgedächtnis (IG)

„Im Intentionsgedächtnis werden Pläne und Absichten gespeichert, es ist zuständig für die Aufrechterhaltung von Absichten. Es arbeitet analytisch, logisch und Schritt für Schritt (sequenziell). So ist es optimal darauf eingerichtet, geplante Handlungsschritte vorzubereiten. Das ist besonders dann wichtig, wenn Absichten nicht sofort umgesetzt werden können, weil eine passende Gelegenheit fehlt oder ein Problem gelöst werden muss. Die Konfrontation mit Schwierigkeiten, Hindernissen oder Zielkonflikten führt zu einer

Aktivierung des Intentionsgedächtnisses, weil das Ziel so lange aufrechterhalten werden muss, bis eine Lösung oder eine passende Gelegenheit gefunden worden ist."[187]

Extensionsgedächtnis (EG)

„Im Extensionsgedächtnis sind eigene Erfahrungen, Bedürfnisse und Werte gespeichert, allerdings nicht in einer analytischen Form, sondern in einem ganzheitlichen Netzwerk impliziten Erfahrungswissens. Durch seine parallele Verarbeitungsform wird die simultane Integration vieler Einzelaspekte und Randbedingungen ermöglicht. Das EG ist also ein Erfahrungssystem, das den Überblick über alle Lebenserfahrungen liefert, die momentan relevant sein könnten. Der wichtigste Bestandteil des Extensionsgedächtnisses ist das Selbst: Das Selbst ist der Anteil des EG, der sich auf die eigene Person bezieht, mit ihren Bedürfnissen, Ängsten, Vorlieben, Werten und bisherigen Erfahrungen. […]

Das Extensionsgedächtnis basiert auf einem ausgedehnten Netzwerk von Handlungsoptionen, eigenen Gefühlen und selbst erlebten Episoden. Seine parallele und ganzheitliche Verarbeitungsform arbeitet auf der höchsten erreichbaren, also der „intelligentesten" Integrationsebene und ermöglicht deshalb die gleichzeitige Berücksichtigung vieler Einzelaspekte, die für komplexe Entscheidungen und für das gegenseitige Verstehen von Menschen relevant sein können (was jedoch weitgehend unbewusst abläuft).

Wenn man einen Menschen wirklich verstehen will, reicht es nicht, sich nur auf ein Detail zu konzentrieren, z. B. auf das, was die Person im Augenblick inhaltlich sagt. Ein ganzheitlicher Blick auf die Komplexität und Geschichte dieser Person mit allen positiven und negativen Seiten ermöglicht erst wirkliches Verstehen ohne eine Reduktion der Person auf einen bestimmten Aspekt. Echte persönliche Begegnungen, die durch ein umfassendes gegenseitiges Verstehen geprägt sind, aktivieren das Extensionsgedächtnis und das Selbst.

Das EG ist das einzige Erkenntnissystem, das Gefühle integrieren kann. Das ist der Grund, warum der Zugang des EG zur Selbstwahrnehmung so wichtig ist für die Regulation von Gefühlen.

Mit negativen Erfahrungen werden Menschen erst dann nachhaltig fertig, wenn sie sie buchstäblich an „sich" heran lassen, d. h., mit dem Selbstsystem konfrontieren. Das ist allerdings nicht allein durch Reden und Analysieren erreichbar: Probleme analysieren hilft selbst dann oft nicht, wenn man wirklich tröstliche und sinnstiftende Argumente gefunden hat."[188]

(Focusing von Gendlin ist ein wunderbarer Weg, sich der Weisheit des Extensionsgedächtnisses bewusst zu öffnen.)

Warum stelle ich die PSI-Theorie in einem Buch über Spinoza (und Rosenberg) so ausführlich da? Weil wir mit ihr Gedanken und Ratschläge von Spinoza besser verstehen können. Ja ich möchte sogar sagen: Besser verstehen als Spinoza selbst, weil er von diesen vier psychischen Systemen noch nichts wusste. Er kannte salopp gesagt ja nur die Vernunft und die Affekte.

Julius Kuhl verfolgt ein ähnliches Ziel wie Spinoza: Affekte, menschliches Handeln, innere Vorgänge, Blockaden usw. besser verstehen, ja adäquat verstehen, damit man wirklich Möglichkeiten der Reifung und Heilung angeben kann.

Julius Kuhl kritisiert moderne Ratgeberliteratur in ähnlicherweise wie Spinoza die Moralphilosophen seiner Zeit. Nach Kuhl reicht es oft nicht, die Aktivierung positiver Gedanken zu empfehlen. Wenn man die zugrundeliegenden systemischen Zusammenhänge nicht versteht, können solche Empfehlungen genauso ins Leere laufen wie die Empfehlungen der Moralphilosophen, die raten, dass der Geist gegen die Affekte kämpfen und gewinnen muss.

Spinoza erforschte das „Seelenleben" des Menschen mit der scharfen Logik, quasi nach der geometrischen Methode, weil für ihn alles gleichermaßen Natur ist. Für Spinoza ist klar: Nur wer adäquate Erkenntnis von sich und seinen Affekten hat, kann freier und zufriedener mit sich und seinen Affekten umgehen. Dieses Ziel will Julius Kuhl mit seiner PSI-Theorie auch erreichen. Er verwendete die ganze Bandbreite heutiger Forschung: Psychologische Experimente, Gehirnforschungsergebenisse, systemische Betrachtungsweisen usw. Seine heutige PSI-Theorie kann deswegen viel klarer Gründe für unsere Affekte, Blockaden, Wandlungen angeben als Spinoza zu seiner Zeit. Wer sich besser versteht, kann sich auch bewusster gestalten. So liefert die PSI-Theorie neben einer „adäquaten" Theorie auch eine „Heilmittellehre" wie Spinoza in seinem V. Buch, nur um einiges ausführlicher. Auch einige Pauschalurteile Spinozas, die sicherlich immer wieder LeserInnen irritieren, kann man mit der PSI-Theorie differenzierter betrachten. Ein Beispiel zu meinen Thesen:

Beispiel: Selbstberuhigung - Erweitere Deinen Blickwinkel!

LS 9 V: „Ein Affekt, der sich auf mehrere und verschiedene Ursachen bezieht, welche der Geist mit dem Affekte zu gleich betrachtet, ist minder schädlich, und wir leiden weniger durch ihn und werden gegenüber jeder einzelnen seiner Ursachen minder erregt, als dies bei einem anderen gleichstarken Affekt der Fall ist, der sich bloß auf eine einzige oder auf wenige Ursachen bezieht."

An diesen Lehrsatz musste ich denken, als ich bei Julius Kuhl las, dass ich Selbstberuhigung durch einen Systemwechsel vom Objekterkennungssystem zum Extensionsgedächtnis erreichen kann: „Wird man mit schmerzhaften Erfahrungen oder Bedrohungen konfrontiert, so entsteht ein negativer Affekt (z. B. Angst). Aufgrund der bei negativem Affekt aktivierten Objekterkennung, verengt sich die Aufmerksamkeit in diesem Fall und man sieht nur noch die Gefahrenquelle, d. h. irgendein Objekt, von dem die Gefahr ausgehen könnte (z. B. einen knurrenden Hund oder einen schweigsamen Menschen). Wenn in der Umgebung kein Objekt zu sehen ist, stellt man sich eines vor oder es werden Gedanken zu „Objekten", d. h. sie werden aus dem Gesamtkontext herausgelöst und man grübelt immer über dieselben Dinge (z. B. was für ein Angsthase ich doch bin), man kann an nichts anderes mehr denken.

Der durch die Objekterkennung verursachte Verlust größerer Zusammenhänge („Dekontextualisierung") führt dazu, dass man z. B. gar nicht mehr daran denkt, wie oft man eigentlich mit ähnlichen Gefahren fertig geworden ist und wie viele schöne Dinge man vielleicht sogar mit dem Objekt der momentanen Angst erlebt hat (z. B. mit Hunden oder mit schweigsamen Menschen), weil die Angst den Zugang zum Extensionsgedächtnis blockiert, das ja das riesige Netzwerk von relevanten Erfahrungen bereit hält. In einer solchen Situation ist es gut, sich selbst zu beruhigen, nicht nur um die Angst loszuwerden, sondern auch weil die Herabregulierung von negativem Affekt gemäß der 2. Modulationsannahme der PSI-Theorie den Zugang zum Extensionsgedächtnis bahnt. Erst dann können einem wieder Handlungsmöglichkeiten einfallen. Diese Selbstberuhigung wird durch den Zugang zum Extensionsgedächtnis intensiviert, weil er all die guten Erfahrungen in Erinnerung ruft, die man im Umgang mit ähnlichen Gefahren bzw. leidvollen Erlebnissen gemacht hat."[189] Wenn ich im Fehler-Zoom verhaftet bin, sehe ich z. B. nur meine Angst und die eine Ursache, ohne Kontext. Wenn ich in das Extensionsgedächtnis wechsle, erinnere ich mich an ähnliche Situationen, in denen ich ähnliche Angst hatte aber Heil aus der Situation heraus kam usw. Oder ich erinnere mich z. B. an positive Erfahrungen mit Hunden.

In LS 9 V beschreibt Spinoza letztlich Selbstberuhigung durch den Wechsel von OES zu EG! Die Überwindung eines negativen Affekts und die Möglichkeit, freier z. B. mit Hunden umzugehen, vor denen man Angst hatte, gelingt durch einen Wechsel des psychischen Systems! Dieser tiefere Grund für Selbstberuhigung kannte jedoch Spinoza noch nicht.

Nun wollen wir die Interaktionen zwischen den vier Systemen genauer darstellen, um daraus weitere Schlussfolgerungen ziehen zu können:

Das PSI-Modell in Kompaktform:
Selbstverwirklichung geschieht, wenn ich einerseits selbst gewollte Absichten umsetzen kann und andererseits neue Erfahrungen in mein Wissenssystem integrieren kann. Kuhl nennt diese beiden zentralen Komponenten: Willenseffizienz (ich kann meine Absichten umsetzen) und Selbstentwicklung (ich kann neue Erfahrungen integrieren).[190]

Für beides, *für die Willenseffizienz und für die Selbstentwicklung brauche ich alle vie Makrosysteme.* Nun könnte man sich verstellen, dass das Ideal erreicht ist, wenn alle vier Makrosysteme immer gleich intensiv miteinander arbeiten.[191]

Antagonisten Nun spielen aber jeweils zwei Makrosysteme wie Antagonisten miteinander. Das ist vergleichbar mit Muskelgruppen: Wenn der Beuger aktiv ist, wird der Strecker passiv und umgekehrt. Wenn ich etwas halte, sind beide mittelstark aktiv. Sie arbeiten also antagonistisch bzw. indirekt proportional miteinander. Das ist kein Dilemma, auch kein Konflikt. Das gegenläufige Zusammenspiel wird nur zum Problem, wenn einer der Muskeln z. B. immer aktiv ist oder einer der Muskeln gar nicht mehr oder nur ganz wenig aktiviert werden kann. Dann kann ich den Arm nicht mehr flexibel bewegen. Drei gegenläufige Paare sind in der PSI-Theorie wichtig:

Extensionsgedächtnis (EG) gegenläufig zu Objekterkennung (OES) „Je stärker man die Welt durch den Filter der eigenen Stimmung und Interessenlage sieht (selbstreferentieller Teil des Extensionsgedächtnisses), um so schwieriger wird es, unerwartete oder unerwünschte Empfindungen zu berücksichtigen;"[192]

Intentionsgedächtnis (IG) gegenläufig zu intuitive Verhaltenssteuerung (IVS): „Je stärker man das Absichtsgedächtnis aktiviert, um noch nicht realisierbare Absichten aufrechtzuerhalten und nach Problemlösungen zu suchen, desto schwieriger kann es werden, Handlungen spontan und impulsiv auszuführen (d.h. die zur Aufrechterhaltung der Absichten erforderliche Ausführungshemmung wieder aufzuheben)."[193]

Intentionsgedächtnis (IG) gegenläufig zu Extensionsgedächtnis (EG): „Bei einseitige Fixierung auf zu erreichende Ziele fällt es immer schwerer, sich einen Überblick über die Gesamtheit eigener Bedürfnisse, Werte und andere als Selbstaspekte zu verschaffen und entsprechend selbstkongruent zu handeln: wer (unrealistische) Ziele nicht aufgeben kann, hat nicht selten Schwierigkeiten, „sich selbst wahrzunehmen". Die Umkehrung dieser Relation ist auch plausibel: wer einen inneren Überblick über seine momentanen Gefühle und Bedürfnisse hat, wird sich nicht so stark auf ein konkretes Ziel fixieren, dass er bei dessen chronischem Nichterreichen gar nicht mehr von ihm loskäme."[194] Das EG arbeitet vernetzt. Deswegen kann es durch Bilder, Metaphern angesprochen werden. Es arbeitet oft intensiv im Unbewussten. Z. B. kommen kreative Ideen eines

Künstlers plötzlich aus dem Unbewussten. Das IG arbeitet dagegen konkret und bewusst. Es kann Schritt-für-Schritt-Pläne entwerfen.

Die intuitive Verhaltenssteuerung (IVS) und die Objekterkennung (OES) arbeiten automatisch zusammen: Blitzschnell nimmt OES eine Gefahr wahr und IVS kann sofort darauf reagieren. Wenn wir ein gefährliches Tier in der Ferne sehen, laufen wir davon oder verstecken uns.

Selbstverwirklichung braucht emotionale Dialektik: Wenn ich nicht ständig alle Systeme auf ein Mittelmaß halten kann und will und sollte, weil das Leben dynamisch ist, weil in bestimmten Situationen gewisse Systeme in aktivster Form parat sein müssen, dann muss ich ja das gegenläufige Zusammenspiel dieser vier Systeme gestalten. Wie kann ich aber ein System aktiver oder schwächer machen? Wie kann ich ein System in den Hintergrund schieben und ein anderes in den Vordergrund? Im Beispiel Selbstberuhigung haben wir gesehen, dass ich durch neue Gedanken und neue Gefühle das Extensionsgedächtnis aktiviert habe. Ich brauche also ein Auf und Ab von positiven und negativen Affekten, um das Zusammenspiel der Systeme regulieren zu können. Und umgekehrt kann ich durch Wechsel der Systeme auch meine Gefühle beeinflussen. Die Selbstverwirklichung braucht also eine emotionale Dialektik.

„Was die meisten Menschen nicht wissen: Im Gehirn werden positive Affekte einerseits und negative Affekte andererseits durch unterschiedliche Quellen erzeugt. Darum sollte man positive und negative Affekte immer getrennt voneinander betrachten. Bei negativen Affekten spielt die Amygdala (deutsch: Mandelkern) eine große Rolle, bei positiven Affekten hat der Nucleus accumbens, ein Teil des Belohnungssystems, eine wichtige Aufgabe."[195]

Über Gefühle-regulieren kann ich verändern, welches System wie stark ist.

- Ein positiver Affekt fördert die intuitive Verhaltenssteuerung (IVS), den „Macher", und umgekehrt: Wenn die IVS aktiver wird, steigern sich auch die positiven Affekte.

In Kurzform: A + (ein positiver Affekt)

- Ein gehemmter, nach unten regulierter positiver Affekt fördert das Intentionsgedächtnis (IG), den „Planer", und umgekehrt.

In Kurzform: A (+), die Klammer steht für Hemmung, das Plus für einen positiven Affekt

- Ein negativer Affekt fördert die Objekterkennung (OES), den „Fehler-Zoom", und umgekehrt.

In Kurzform: A –

- Ein gehemmter, nach unten regulierter negativer Affekt fördert das Extensionsgedächtnis (EG), den „inneren Ratgeber", und umgekehrt.

In Kurzform: A (-)

Daraus ergibt sich folgende Zusammenfassung:

„Positiver Affekt aktiviert die intuitive Verhaltenssteuerung, indirekt auch das Extensionsgedächtnis (besonders wenn durch den positiven Affekt negativer Affekt herabreguliert wird), während negativer Affekt die diskrepanzsensitive Objekterkennung bahnt, indirekt auch das Intentionsgedächtnis (besonders wenn der negative Affekt positiven Affekt hemmt)."[196]

Ich kann einen Affekt hemmen oder eine Hemmung auflösen. Ich kann auch einem Affekt Futter geben: Indem ich grübele, „heize" ich meine Angst an. Indem ich mich aktiv zu einem Fest begebe und damit meine intuitive Verhaltenssteuerung aktiviere, steigere ich meine Freude.

Das Zusammenspiel gegenläufiger psychischer Systeme und den Informationsaustausch zwischen diesen gegenläufigen Systeme kann ich nur erreichen, wenn ich immer wieder durch Gefühlsveränderung mal das eine, mal das andere System betone und stärke: „Persönlichkeitsentwicklung funktioniert umso besser, je besser gerade diejenigen psychischen Systeme zusammenarbeiten, die sich auf den ersten Blick zu bekämpfen scheinen. Und die Zusammenarbeit zwischen zwei solchen Systemen funktioniert am effektivsten, wenn ich zwischen gegensätzlichen Gefühlen hin- und herwechseln kann."[197]

Aus all dem ergeben sich dann die Modulationsannahmen: Ich moduliere einen Affekt und verändere damit das Zusammenspiel der vier psychischen Systeme.

Gesamtskizze Die folgende Skizze verdeutlicht diese emotionale Dialektik.

Vier Systeme und ihre Beziehungen:

gegenläufig
IG – bewusst vs. unbewusst – EG
konkret vs. allgemein, vernetzt

IG	**EG**
Denken/Planen	**Fühlen/Selbstwahrnehmung**
Zentrale planbasierte	*zentrale kontextorientierte*
Koordination von Zielen	*Verarbeitung von Perzepten*
und Operationen	*und Emotionen*

gegenläufig zu   gegenläufig zu
A(+) vs. A +   A(-) vs. A -

IVS	**OES**
Intuieren/Verhalten	**Objektwahrnehmung**
Automatische Steuerung	*Automatische Verarbeitung*
von Operationen	*diskrepanzverursachender*
Handlungen	*Objekte*

IVS -> Operation, Perzeption <- OES

Erläuterung:
In Arialschrift: Interaktionen zwischen zwei Systemen
In fetter Schrift: Die einzelnen Systeme

Übersicht über die grundlegenden Interaktionen und Modulationsannahmen:

Intentionsgedächtnis und intuitive Verhaltenssteuerung

Wenn ich Schwierigkeiten habe, wenn ich nicht gleich meine Ziele erreiche, muss ich erst einmal planen und überlegen und danach zum passenden Zeitpunkt handeln. Wenn ich plane, aktiviere ich mein Intentionsgedächtnis und mein positiver Affekt (in Bezug auf das Ziel) wird herabreguliert. Ich merke diese Dämpfung in mir, weil ich Anstrengung, Nüchternheit, Sachlichkeit spüre, wenn ich plane.

Wenn ich die Absicht umsetze, dann schalte ich meine intuitive Verhaltenssteuerung ein und die Hemmung des positiven Affekts wird aufgehoben.

Ich kann besser planen, wenn ich die Nüchternheit des Planens aushalte. Ich kann besser den Plan umsetzen, wenn ich mich zum richtigen Zeitpunkt durch einen positiven Affekt antreibe und anschiebe.[198]

Also erst ist IG aktiv mit A (+), dann IVS aktiv mit A +

Daraus ergeben sich mögliche Fehlentwicklungen, wie z. B. die chronische Ausführungshemmung: Der Student, der die Abgabe der Seminararbeit immer wieder hinausschiebt, ist irgendwo gehemmt. Sein Verstand ist zu aktiv, seine Stimmungslage ist in den mürrisch-enttäuschten Straßengraben abgerutscht und kommt nicht mehr hinaus. Das bedeutet: Die Zusammenarbeit von IG und IVS funktioniert nicht mehr. IG ist zu dominant und der Wechsel in IVS gelingt nicht.

Kurzzeitige Ausführungshemmung ist natürlich für uns alle ein wesentlicher gesunder Bestandteil unseres Lebens. Ich handle nicht gleich impulsiv, sondern ich überlege erst sorgfältig. Nur so kann ich beständig über längeren Zeitraum Ziele verfolgen und/oder den passenden Zeitpunkt für die Umsetzung abwarten. Wenn diese Ausführungshemmung fehlt, handle ich oft zu unkontrolliert und zu spontan. „Wenn ich lernen möchte, meine Euphorie zu dämpfen, um nicht vorschnell zu entscheiden, kann ich entweder einen lieben Kollegen bitten, mir immer warnend die Hand auf die Schulter zu legen, wenn ich wieder die roten Wangen der Begeisterung bekomme, oder ich lerne selbst, meine starke positive Affektlage in den Griff zu kriegen."[199] Dann muss ich Selbstbremsung erlernen.

In einer Skizze kann man die Selbstmotivierung folgendermaßen darstellen:

Der chronische Planer: Aufgeber, Zauderer, Unbestimmter

IG
Denken/Planen

Positiver Affekt gehemmt: A (+)

Geringe oder keine Umsetzung
von IG durch IVS

IVS
Intuieren/Verhalten

Selbsmotivierung

IG
Denken/Planen

Positive Affekt-Hemmung zum
passenden Zeitpunkt auflösen
Von A (+) zu A +

IVS
Intuieren/Verhalten

Entweder muss ein „Planer" [Schwerpunkt IG] jemanden zur Seite haben, der ihn aufmuntert, wenn er in die intuitive Verhaltenssteuerung wechseln möchte, oder er muss lernen, sich je nach den Erfordernissen der Situation selbst aufzumuntern.

OES / Fehler-Zoom und EG / integriertes Selbst

Wenn ich ägstlich oder sorgenvoll bin, dann ist mein Fehler-Zoom stark aktiv. Ich entdecke schnell Unstimmigkeiten und Fehler.

Jedoch dann kann ich weder Kontexte, größere Zusammenhänge noch meine wirklichen Bedürfnisse gut wahrnehmen. Mein integriertes Selbst, also mein Extensionsgedächtnis, ist zurückgestellt. Dann kann ich nur schwer kreative Einfälle oder sinnstiftende Einsichten haben.[200]

Mit Selbstberuhigung kann ich die negativen Affekte hemmen und die Aktivität des Extensionsgedächtnisses stärken

Wenn ich dazu lernen will, wenn ich reifen will, brauche ich einen Wechsel beider Seiten. Anders ausgedrückt: Ich muss zwei Straßengräben vermeiden. Wenn ich im Fehler-Zoom gefangen bleibe, werde ich immer ängstlicher, unsicherer und hektischer und verliere mich in fehlerhafte Details.

Wenn ich zu sehr im Gelassenheitsmodus meines Extensionsgedächtnisses verweile, dann verdränge ich alle neuen Erfahrungen und Herausforderungen, die nicht in meinen Horizont passen.

Nur wenn ich erst den Frust zulasse und die Schwierigkeiten aushalte, dann aber eine weitere Kontextperspektive einnehme, kann ich die neuen Herausforderungen integrieren und daran reifen!

Fehler-Zoom-Menschen sollten Selbstberuhigung üben. Menschen mit Schwerpunkt Extensionsgedächtnis sollten lernen, sich mit negativen Erfahrungen zu konfrontieren, um aus ihnen zu lernen. Ihre Aufgabe ist Selbstkonfrontation trainieren.

Extionsgedächtnis und Intentionsgedächtnis

Das EG und das IG arbeiten am besten zusammen, wenn man zwischen bewusstem Nachdenken und Beisetelegen hin und her pendelt. Wir müssen also nicht Affekte hemmen oder Affekthemmungen aulösen, sondern wir müssen zwischen einem aktiv denkenden Modus und einem „kontemplativen" Modus hin und her wechseln.

Ich habe das am deutlichsten in eigener Erfahrung erlebt beim Komponieren. Als Jugendlicher habe ich immer wieder Klavierstücke komponiert. Ich hatte eine Idee für den Anfang eines Stückes und begann, einige Takte aufzuschreiben. Durch Ausprobieren und Improvisieren konnte ich einige weitere Takte entwickeln. Dann aber lies ich einige Tage die angefangene Komposition liegen. Meistens dachte ich nicht über das Stück nach. Nur evtl. beim Spaziergang, beim Schulweg oder in ähnlichen Situationen probierte ich im Kopf improvisierend aus, wie es weiter gehen könnte. Nach paar Tagen merkte ich, dass es wieder Zeit war, weiter zu schreiben. Die neuen Ideen haben sich meist unbewusst verfestigt. Ich konnte diese Ideen nun aktiv konkretisieren, indem ich am Klavier weiter arbeitete und alles genau aufschrieb.

Wenn wir Ziele umsetzen wollen, dann hilft ebenso ein Pendeln zwischen aktiv denkendem IG und unbewusst, „kontemplativ" arbeitendem EG: „Am besten wirkt sich ein Pendeln aus: ab und zu denkt man ganz bewusst an ein Ziel und formuliert es sehr konkret, d.h. stellt sich genau vor, *was* man als ersten Schritt tun wird und *wann* und *wo* er ausgeführt werden soll. Und dann lässt man das Ziel wieder in den Hintergrund des Bewusstseins absinken, von wo aus es aus den erwähnten Gründen viel wachsamer und kreativer die Umsetzung steuern kann als aus der Enge des verbalen Bewusstseins"[201]

Nicht nur EG und IG werden durch dieses Pendeln zwischen bewusstes Nachdenken und „Gären lassen" miteinander verkoppelt. Das EG kann auch Einfluss nehmen, dass zum passenden Zeitpunkt mit positiver Motivation das IVS „anspringt": „Das Intentionsgedächtnis wird aktiviert, wenn wir über ein Ziel bewusst nachdenken und die Umsetzung konkret planen, während das Extensionsgedächtnis und das persönliche Selbst, aber auch die intuitive Verhaltensteuerung aktiviert werden, wenn wir uns wieder „entspannen" und das mit der Entspannung verbundene positive Gefühl erleben, das vielleicht noch durch ein Bild von der vorgestellten Zielerreichung intensiviert wird"[202].

Wenn ich nur aktiv an die Umsetzung meiner Ziele denke, entspanne ich mich nicht. Das IG ist dann chronisch aktiv: dadurch ist meine positive Affektlage dauerhaft gehemmt. Mein EG ist nicht aktiv genug, um unbewusst allen Systemen mitzuteilen, wann der passender Zeitpunkt ist und was für die jeweilige Situation eine passende Strategieveränderung wäre. Außerdem kann das IVS nicht anspringen. „Man kann sich durch zuviel Denken an Unerledigtes also regelrecht ausbremsen."[203]

Auch Erfolge und Misserfolge sollten wir ganzheitlich reflektieren, also durch ein Pendeln zwischen Nachspüren, Fühlen und Nachdenken EG und IG miteinander verknüpfen.

Diese Spannung zwischen IG und EG haben wir außerdem auch in der GfK: Wenn ich mir meine Bedürfnisse bewusst machen will, die wirklich gerade in mir lebendig sind, dann muss ich in mein Selbst hineinhorchen, also Fokus auf mein EG. Wenn ich mir konkrete Strategien oder konkret umsetzbare Bitten überlege, brauche ich meinen Verstand, also mein IG.

Freiheit gestalten mit der aktiven und kontemplativen Seite Als ich das alles in der Literatur zur PSI-Theorie las, dachte ich plötzlich erfreut: Hier wird die PSI-Theorie zur psychologischen Grundlegung meiner These, die ich in meiner Dissertation „Die aktive und kontemplative Seite der Freiheit" aufgestellt habe: Wir können unsere Freiheit nur gestalten in dem Spannungsfeld aktiv-kontemplativ. Wir können nicht nur aktiv Freiheit leben. Wir brauchen auch einen kontemplativen Pol in der Freiheitsgestaltung. Das zeigte sich mir, indem ich die zwei Philosophen Popper und Bergson miteinander verband. Außerdem entdeckte ich in den verschiedenen therapeutischen und spirituellen Wegen immer ein Umgehen mit der Spannung von Aktivität-Kontemplation.

Die PSI-Theorie kann nun für diese Einsichten eine psychologische Grundlegung bieten: Das Zusammenwirken zwischen IG und EG ist nur durch ein Pendeln zwischen Aktivität und Kontemplation möglich. Ich kann aber nur meine passenden Ziele finden und meine Ziele passend umsetzen, wenn das Selbst bzw. das EG zentral mitspielt. Das EG ist jedoch blockiert, wenn IG chronisch aktiv ist. Das führt uns gleich zum nächsten Punkt:

Wer dirigiert? Zentrale Stellung des Selbst

Wer dirigiert eigentlich den Prozess, den Wechsel der einzelnen psychischen Systeme und die Regulierung der Affekte?

Es ist das Selbst. Weil das Extensionsgedächtnis, zu dem das Selbst gehört, so hoch vernetzt ist, parallel arbeiten kann, vieles unbewusst aufnimmt, als einziges psychisches System Gefühle integrieren und regulieren kann und Körperempfinden und bewusstes Denken umfassen kann, hat es die Fähigkeit, die Prozesse und Interaktionen zwischen den psychischen Systemen zu dirigieren.

„Wenn Gefühle sich ganz von selbst verändern, dann ist oft das Selbst im Spiel, das System, das Gefühle am nachhaltigsten regulieren kann. Die Fähigkeit des Selbst, Gefühle zu regulieren, beruht darauf, dass es – wie wir es bereits beschrieben haben – über alles verfügt, was für die Veränderung einer Gefühlslage und für eine nachhaltige Bewältigung von negativen Gefühlen erforderlich ist: Es ist umfassend mit dem Teil des Gehirns vernetzt, in dem Gefühle, einschließlich ihrer körperlichen Begleiterscheinungen, entstehen – wie das flaue Gefühl im Bauch, das Höherschlagen des Herzens oder die Weitung der Pupillen."[204]

Die sieben besonderen Eigenschaften des Selbst:

- Die Körper- und Gefühlseinbindung: Hierunter verstehen wir die starke Vernetzung des Selbst mit den Gefühlen und mit dem autonomen Nervensystem. Das Selbst bindet die Körperwahrnehmung in seine Aktivität ein. So entsteht ein Signalsystem, das zum Auffinden bedeutsamer Erinnerungen und zum Auswerten von Rückmeldungen genutzt wird. Dieses Signalsystem besteht aus den «somatischen Markern».

- Die Parallelverarbeitung auf einer besonders hohen Integrationsebene: Das ist die Fähigkeit, sehr viele, auch widersprüchliche Informationen und Gefühle gleichzeitig zu berücksichtigen.

- Die selbstständige Affektregulation: die Fähigkeit, die eigene Gefühlswelt selbst zu regeln, ohne dass dazu eine andere Person benötigt würde. […]

- Die innere Sicherheit: die Fähigkeit des Selbst, auch bei schwierigen Erfahrungen immer wieder auf die eigenen positiven Kräfte zu vertrauen.
- Die unbewusste Steuerung: die Tatsache, dass sich das Selbst nicht ohne weiteres vom bewussten Verstand kontrollieren lässt.
- Die Feedbackverwertung: die Fähigkeit des Selbst, die Auswirkungen des eigenen Handelns auf der Basis von körperlich gespürten Rückmeldungen auszuwerten.
- Die Wachsamkeit (Vigilanz): eine im Hintergrund des Bewusstseins ständig wirkende, besondere Form der breiten Aufmerksamkeit.[205]

Ein Beispiel der Wirksamkeit des Selbst: Die **Selbstmotivierung**

Z. B. Die Umwandlung eines Muss-Satzes in einen Bedürfnissatz, wie die GfK empfiehlt, motiviert mich selbst. Dann aktiviere ich ein positives Gefühl, weil ich den tieferen Sinnzusammenhang meines Handelns wieder mir bewusst gemacht habe. Oder: Wenn ich mich frage, wann ich Ähnliches schon geschafft habe (Frage nach den Ausnahmen beim lösungsorientierten Arbeiten), dann aktiviere ich mein Extensionsgedächtnis. Die positiven Beispiele aktivieren positive Affekte, die mich wieder selbst motivieren. Oder: Wenn ich mir ein Vorbild wähle, das ich nachahmen will, dann aktiviere ich auch das Extensionsgedächtnis. „Wer eine positivere Haltung entwickeln möchte, sollte sich ganz gezielt mit positiven Menschen umgeben oder sich das Verhalten positiver Menschen oft in Erinnerung rufen. Alles andere geht dann wie von selbst, eben nicht über das Planen der linken Hemisphäre, sondern über die umfassenden, intuitiven Erfahrungen der rechten Hemisphäre (Nachahmen funktioniert ja mehr intuitiv als bewusst kontrolliert, weshalb es wohl auch schneller dazu führt, die positive Einstellung eines Menschen zu übernehmen als noch so gute Argumente).“[206] Hier können wir eine Brücke zu Bergson schlagen: Die Moral der Begeisterung wird auch oft durch Nachahmung von Vorbildern ausgelöst.

Auf die Zweitreaktion kommt es an:

Reifung geschieht, wenn ich auf meine erste spontane Reaktion eine zweite korrigierende bewusst folgen lasse.

Wenn der Planer merkt, dass er in Frust versinkt, setzt er bewusst Selbstmotivierung ein.

Wenn der Fehlersucher in Ängstlichkeitsstrudel gerät, setzt er bewusst Selbstberuhigung ein.

Wenn der Handler registriert, dass er impulsiv loslegt, versucht er sich selbst zu bremsen.

Wenn der Entwickler feststellt, dass er zu sehr alles an sich abprallen lässt, versucht er, sich direkt mit Kritik und Herausforderungen auseinanderzusetzen..

„Es wird immer wieder vergessen, dass Menschen nicht zwangsläufig ihrem vorherrschenden Persönlichkeitsstil ausgeliefert sind. Persönlichkeitsstile beschreiben die typische Erstreaktion einer Person: wie stark sie dazu neigt, in neuen Situation ängstlich, extravertiert, analytisch etc. zu reagieren. Menschen unterscheiden sich aber nicht nur in solchen Erstreaktionen, sondern auch darin, ob sie ihre Erstreaktion bei Bedarf regulieren können, z.B. ob ein ängstlicher Mensch seine Ängstlichkeit herunterregulieren kann, wenn er das für angemessen hält. Diese Zweitreaktion hängt also maßgeblich von Selbststeuerungskompetenzen ab, z. B. davon, wie gut man sich motivieren oder beruhigen kann, wann immer man das für angemessen und sinnvoll hält.“[207] Solche Zweitreaktionen muss man sich vornehmen und sie einüben.

Das wusste sogar Spinoza: „Durch dieses Vermögen, die Körperaffektionen richtig zu ordnen und zu verketten, können wir bewirken, daß wir nicht leicht von schlechten Affekten erregt werden; denn es erfordert (nach Lehrsatz 7 dieses Teils) größere Kraft, die nach der Ordnung im Verstande geordneten und verketteten Affekte einzuschränken als die unsicheren und schwankenden. Das Beste also, was wir bewirken können, solange wir keine vollkommene Erkenntnis unserer Affekte haben, ist, daß wir eine richtige Lebensweise oder bestimmte Lebensgrundsätze feststellen, sie ins Gedächtnis prägen und bei den oft vorkommenden Einzelfällen des Lebens beständig anwenden, damit so unsere Vorstellung durchweg davon erfüllt wird und sie uns immer zur Hand sind. Wir haben z. B. unter diese

Grundsätze für das Leben gestellt (siehe Lehrsatz 46, T. 4 und Anm.), Haß müsse durch Liebe oder Edelmut überwunden und nicht durch gegenseitigen Haß vergolten werden. Damit wir aber diese Vorschrift der Vernunft zur Anwendung stets bei der Hand haben, müssen wir die gewöhnlichen Beleidigungen der Menschen oft erwägen und überdenken, wie und auf welche Weise man sie durch Edelmut am besten abwehrt; [...]

Wenn wir auch noch die Rücksicht auf unseren wahren Nutzen vor Augen behalten, sowie auch auf das Gute, das aus gegenseitiger Freundschaft und der Gemeinschaft entspringt, und zudem, daß aus der richtigen Lebensweise die höchste Zufriedenheit der Seele entspringt (nach Lehrsatz 52, T. 4), und daß die Menschen, wie alles andere, nach Naturnotwendigkeit handeln, dann wird die Beleidigung oder der Haß, der aus ihr zu entspringen pflegt, den kleinsten Teil der Vorstellung einnehmen und leicht überwunden werden." Anm 10 V.

Der Marshmallowtest lädt zur Zweitreaktion ein:
Der Psychologe Walter Mischel wurde mit seinen Marshmallowtests sehr bekannt. Kinder wurden bei diesen Tests in eine Raum gesetzt. Auf dem Tisch ein Marshmallow. Der Versuchsleiter sagte ihnen: Ich komme bald wieder. Wenn Du bis dahin den Marshmallow nicht gegessen hast, bekommst Du zwei!

Mischel hat dann Langzeitstudien durchgeführt und Zusammenhänge erforscht: Tendenziell hatten die Kinder, die es nicht aushielten zu warten, in ihrem Erwachsenenleben schwerer und waren weniger erfolgreich usw.

Aber einen wichtigen Aspekt wurde von ihm in seinem ausführlichen Buch nicht betrachtet: Der Test ist selbst ein Lernfeld und Lernchance für die Kinder! Das erkennt man, wenn man Mischels Berichte liest, wie unterschiedlich die Strategien sind, die Kinder spontan in dieser Situation finden, anwenden, ausprobieren, um der intuitiven Verhaltenssteuerung, gleich die Süßigkeit zu essen, zu widerstehen.

Manche Kinder hielten sich die Hände vor die Augen, andere stützten den Kopf auf die Arme und starrten zur Seite, andere drehten sich nach hinten, um das Verlockende nicht mehr zu sehen. Andere Kinder dachten sich Lieder aus. Oder sie schnitten Grimassen, bohrten in der Nase. Andere erfanden Spiele mit Händen und Füßen. Wieder andere begannen fiktiv Klavier zu spielen. Oder sie begannen mit sich

Selbstgespräche: Ich warte auf die beiden Marshmallows. Sie ermahnten sich selbst usw.[208]

Fazit: In dem Marshmallowtest werde ich zu einer Kreation einer Zweitreaktion gedrängt. Ich muss erfinderisch werden, ansonsten esse ich den einen Marshmallow und habe am Schluss nicht den zweiten!

In der Zweitreaktion kommt die vernetzte Intelligenz des Selbst zum Einsatz, das Lernprozesse ermöglicht.

In der Zweitreaktion gestalte ich Freiheit. In so einer Situation wie dem Marshmallowtest habe ich die Chance, erfinderisch durch neu gefundene bzw. kreierte Zweitreaktionen mein Freiheitsvermögen zu vergrößern.

Wenn Kinder in solchen Tests schon kreativ werden können und neue Freiheitsräume entdecken und ihr Freiheitsvermögen erweitern, kann jede Herausforderung, Schwierigkeit oder sogar jede normale Begegbenheit usw. jedem Menschen eine Lernsituation werden! Menschen können also in ihrem Leben immer wieder neu lernen und entdecken, dass sie z. B. auch andere Strategien anwenden können. (Die Vielfalt der Strategien entdecken heißt ja für die GfK, neue Freiheitsräume zu entdecken.)

Freiheit entdecken und gestalten in der Zweitreaktion
Ein mathematischer Vergleich Eine Funktion hat zu einem x-Wert einen bestimmten y-Wert. Wie die Funktion aber „nach rechts weiter geht", das verrät mir die Ableitung. Sie gibt mir die Steigung an diesem Punkt an. Wenn wir über Freiheit sprechen, haben wir vielleicht immer das Modell im Kopf, dass wir einen Grad von Freiheit angeben müssten oder könnten. „A hat Freiheitsgrad 5 und B hat Freiheitsniveau 8." Aber dann frieren wir den Verlauf der Zeit auf einen Punkt zusammen. So als ob wir beim Videorecorder die Pausentaste drücken. Dann betrachten wir aber die abgelaufene Zeit. Wir betrachten die Zeit räumlich und nicht dynamisch. (Das ist Bergsons zentrale These in „Zeit und Freiheit", siehe vorheriges Kapitel.)

Die Marshmallowtests zeigen für mich, dass die Kinder *im Test selber* Lernprozesse vollziehen. Weil sie gezwungen sind, Zweitreaktionen auszuprobieren, lernen sie dazu. Ich weiß nicht, wie frei diese Kinder *sind*, aber ich merke, dass ihr Freiheitsvermögen durch ihre kreativen Versuche, sich abzulenken, also durch ihre Zweitreaktionen, die sie ausprobieren, *steigt*.

Mischel misst indirekt quantitativ die Freiheit, indem er die Zeitlänge feststellt, die Kinder aushalten, die Süßigkeit nicht zu essen. Er arbeitet implizit mit dem Denkrahmen, dass zum Zeitpunkt des Experiments das jeweilige Kind einen gewissen Freiheitsgrad *hat*. (Wie Bergson kritisiert: „Das Ich und die Gefühle, die es bewegen, werden also völlig wohldefinierten Dingen gleichgestellt, die während des ganzen Verlaufs des Hergangs mit sich selbst identisch bleiben."[209]) Seine Berichte, wie unterschiedlich die Kinder sich ablenken oder beruhigen, zeigen aber, dass die Kinder auch während des Experiments dauern, sich verändern, dazu lernen. Und die Unterschiedlichkeit der Reaktionen und Ideen der Kinder zeigt, dass Freiheit sich vielmehr qualitativ als quantitaiv unterscheidet. Freiheit gestalten, im Freiheitsvermögen wachsen ist immer qualitativ. Denn wenn das eine Kind auf die Idee kommt, ein Lied zu singen, und das andere anfängt, sich weg zu drehen und beim Nasebohren mit sich selbst zu reden, dann können wir nicht quantitative Unterschiede angeben. (Auch das betont Bergson in „Zeit und Freiheit": Freiheit ist wie die ablaufende Zeit qualitativ. Im Rückblick messen und betrachten wir sie dann quantitativ.)

Ein neues Verständnis von Freiheit könnte daraus erwachsen:

- Die vier psychischen Systeme sind mindestens so unberechenbar wie das Drei-Körper-Problem.
- In der Zweitreaktion reife ich und kann Lernprozesse machen.
- Ich kann nicht genau angeben, wie frei ich bin. Jedoch ich merke in der Zeit, wenn mein Freiheitsvermögen ansteigt.
- Das Freiheitsvermögen ist etwas Qualitatives, nicht etwas Quantitatives. Auch das „Ansteigen" ist immer ein qualitativer Anstieg: Entdecken, erfinden, neue Einsichten, Neuschöpfung, neu verknüpfen usw.

Spinoza weiter kritisch betrachtet. Beispiel Reue

Wenn ich hier mit der PSI-Theorie Spinoza kritisch betrachte, könnte man einwenden. Spinoza konnte ja zu seiner Zeit eine so ausgefeilte Theorie gar nicht erstellen. Ich würde mit dieser Herangehensweise Spinoza nicht fair behandeln. Mit Spinoza selbst möchte ich dem entgegnen: Uns sollte es um Wahrheitssuche gehen! Ich will nachsinnen, was sich heute als sinnvoll, differenziert und praktikabel genug erweist. Unter dieser Zielrichtung kann es sowohl hilfreich sein, einige der Ideen Spinozas aufzugreifen (wie z. B. die ethische Differenz gut vs. schlecht) als auch irritierende Aussagen von ihm zu kritisieren. Denn auch diese Kritik kann weiter führen. (Siehe unsere Kritik an seinem radikalen Nezetarismus.) Deswegen ein Blick auf das, was Spinoza zur Reue sagt:

„Die Reue ist keine Tugend oder entspringt nicht aus der Vernunft, sondern der, welcher eine Tat bereut, ist doppelt elend oder unvermögend. Beweis. [...] Denn man läßt sich zuerst durch verkehrte Begierde, dann durch Unlust besiegen." LS 54 IV

Wenn wir diesen Satz lesen, sind wir vielleicht hin und her gerissen. Einerseits möchten wir Spinoza recht geben: Ja wenn es nur bei der Reue bleibt, wenn die Reue den Menschen blockiert und mit traurigen Gedanken überflutet, dann ist die Reue wirklich keine Tugend. Andererseits: So manche Reue führt Menschen zur Besserung. Reue kann auch der entscheidende Impuls für Wandlung, Lernprozesse, Wachstum sein! Braucht es nicht manchmal Reue und traurige Affekte, um den Wandlungsimpuls auszulösen?

Natürlich gibt es einen Unterschied zwischen Reue, weil ich ein Gebot oder eine Konvention oder einer Vorstellung einer Autorität nicht erfüllt habe, und Reue, weil ich erkenne, dass ich nicht lebensdienlich gehandelt habe. Die erste Art von Reue kritisiert Spinoza und beschreibt treffend ihre Entstehung: „Hier müssen wir übrigens noch bemerken, daß es nicht zu verwundern ist, wenn überall allen Handlungen, die man gewöhnlich unrechte nennt, Unlust folgt, und denen, die man rechte nennt, Lust. Denn aus dem oben Gesagten erkennen wir leicht, daß dieses größtenteils von der Erziehung abhängt. Die Eltern haben nämlich dadurch, daß sie die ersteren tadelten und die Kinder oft wegen derselben verwiesen, diese dagegen

213

berieten und lobten, bewirkt, daß die Regungen der Unlust mit den ersteren, die der Lust aber sich mit den letzteren verbanden, was auch durch die Erfahrung selbst bewiesen wird." Anm Def 27 III.

Aber kennt Spinoza die tiefe Reue, in der ich erkenne, dass ich nicht lebensdienlich gehandelt habe? Im letzten Kapitel haben wir gesehen, dass Rosenberg zwischen Schuldgefühle und Trauern unterscheidet. Schuldgefühle sind Reue, ausgelöst durch Übertretungen von Geboten und moralischen Vorstellungen unserer Umwelt. Das hat Spinoza klar beschrieben. Aber Trauern, Bedauern ist eine tiefe Reue, in der ich jetzt erkenne, dass ich damals nicht lebensdienlich gehandelt habe. Wie kann ich aus diesem Trauern heraus dazu lernen und reifen? So dass ich nicht durch Unlust besiegt werde?

Mit der PSI-Theorie können wir verstehen, wie die Reue ein positiver Impuls werden kann:

Einerseits brauchen wir für den Lernprozess zeitweise auch einen negativen Affekt. Dann wird die OES aktiviert und ich erkenne, was falsch gelaufen ist! Wenn ich dann den negativen Affekt etwas herunter regulieren kann, kann ich mit dem EG auch die schwierige Erfahrung integrieren und daraus lernen.

Reue muss also nicht doppelt elend sein. Es ist nur doppelt elend, wenn ich im negativen Affekt hängenbleibe und mich immer mehr in den Fehler-Zoom hineinsteigere! Aber ohne OES, ohne eine gewisse Portion Fehler-Zoom lerne ich auch nicht dazu.

„Sobald Fehler oder schmerzliche Erfahrungen, die man am liebsten verdrängen würde, ins Selbst integriert sind, hat die Person aus misslichen Erfahrungen wirklich gelernt: Man macht denselben Fehler nicht so schnell noch einmal. Das hängt mit einem sehr nützlichen Funktionsmerkmal des Extensionsgedächtnisses zusammen: Dieses ausgedehnte Erfahrungsnetzwerk überwacht aus dem Hintergrund des Bewusstseins, also auch ohne bewusste Kontrolle, das eigene Handeln und macht die Person rechtzeitig auf Fehlerrisiken aufmerksam. In der Praxis heißt das: Wenn ich einer Person helfen möchte, aus ihren Erfahrungen wirksamere Lehren für die Zukunft zu ziehen, dann brauche ich nicht ihre Persönlichkeit (z.B. den ängstlichen Stil) zu ändern. Es ist viel sinnvoller, an der

Zweitreaktion [...] zu arbeiten, dann wird buchstäblich aus der Not eine Tugend."[210]

Fazit aus der Kritik zu Spinozas Reue-Verständnis: Spinoza übersieht die wichtige Funktion von negativen Affekten oder gehemmten positiven Affekten für Lernprozesse und Planungsprozessen. Spinoza kennt nur Affekte und Vernunft. Er kennt nicht das gegenläufige Zusammenspiel von psychischen Systemen und kann deswegen auch die Affekte nicht adäquat beschreiben und einordnen.

Spinoza kann die Möglichkeiten, Freiheitsvermögen zu entdecken und zu vergrößern, nicht in vollem Umfang sehen. Sein Philosophie hindert ihn daran: Sein Nezesitarismus und seine Fixierung allein auf die Vernunft.

Übungen der PSI-Theorie – einige Einblicke

Das Zusammenspiel der vier Systeme kann man mit verschiedenen Übungen verbessern. Es würde den Rahmen dieser essayistischen Überlegungen sprengen, wenn ich diese nun ausführlich vorstellen würde. Ich kann hier z. B. auf Maja Storch´s Buch „Die Kraft des Selbst" und auf Jens-Uwe Martens´ Buch „Praxis der Selbstmotivierung" verweisen. Darin findet man dann gewissermaßen moderne Weiterführungen der Heilmittellehre aus dem V. Buch der Ethik. Sie sind echte Fortschritte gegenüber den dürftigen Hinweisen, die Spinoza uns gibt. Einige Einblicke sollen hier aber doch aufgeführt werden.

Damit ich zwischen den Systemen wechseln kann und ihre Kommunikation untereinander fördern kann, muss ich meine Affektlage ändern können: Sich selbst motivieren (von A (+) zu A +), sich selbst bremsen (von A + zu A (+)), sich selbst konfrontieren (von A (-) zu A -) und sich selbst beruhigen (von A – zu A(-)). Außerdem sollte ich einüben, zwischen Aktivität und Kontemplation, zwischen Anspannen und Entspannen pendeln zu können.

Storch nennt drei elemtare Wege, um aus dem jetzigen Affekt auszusteigen:

Gewohnheiten: Wenn ich Routinearbeiten mache und meinen Gewohnheiten folge, kann ich meine Affekte wenigstens vorübergehend vergessen.

Energie: Wenn ich meinen Körper auf Trapp bringe, wenn ich jogge oder ähnliches, kann ich meine negativen Gefühle oder gedämpften positiven Gefühle aufhellen. Auch laute Musik bei der Arbeit kann stimulierend wirken. (Klausuren habe ich immer mit italienischer Opernmusik korrigiert, um mich zu motivieren.)

Aktiver Affektwechsel: Bei mieser Stimmung oder Misserfolg denke ich an ein schönes Essen oder die nächste Party, ich vertiefe mich in ein Computerspiel oder gönne mir ein Stück Torte oder ein Glas Rotwein. Wenn jedoch das Stück Torte oder das Glas Rotwein zur Gewohnheit wird, kann diese Strategie Probleme bereiten.

Man kann aber auch gezielter in einen positiven Affekt wechseln bzw. einsteigen. Das sind dann drei Wege, die die assoziative Netzwerke des Extensgedächtnisses nutzen:

Bilder und Sprachbilder: Ich überlege mir z. B., welche Assoziationen mir helfen könnten, aus einer wütenden Affektlage herauszukommen. Ich stelle mir ein Set von Assoziationen zusammen, um dann in der nächsten ärgerlichen Situation auf sie zugreifen zu können.

Innere Haltung durch Motto-Ziele aktivieren: Ich kann mir ein Motto-Ziel für das überlegen, was ich erreichen will. Indem ich dieses Motto-Ziel immer wieder wach rufe, ermuntere ich mich und bringe mich in eine neue Haltung hinein.

Das Selbst reguliert die Affekte: Wenn ich weiß, warum etwas für mich sinnvoll, wertvoll ist, warum es meine tiefsten Bedürfnisse und Sehnsüchte anspricht, habe ich eine Motivierung aus dem Selbst heraus. Damit aber das Selbst auf die Affektregulation wirken kann, muss entweder ich selbst oder ein anderer Menschen, mit dem ich rede, einen empathischen Zugang zu meinen eigenem Selbst haben. Dann entstehen neue Verbindungen zwischen dem EG und dem Affektsystem. Diese müssen natürlich wie alle anderen Verknüpfungen eingeübt werden.

Das Gespräch mit einem Vertrauten, der mich empathisch abholen kann und den Blick wenden kann, kann eine solche Neuverknüpfung zwischen EG und Affektsystem bewirken. Ich kann dies aber auch im Selbstgespräch, im Tagebuchschreiben und/oder auch durch Gebete erreichen. Hier komme ich in Kontakt mit meinem Selbst und kann mich neu ausrichten und damit neue Affektreyktionen anbahnen.[211]

Die Selbstempathie der GfK haben wir im Kapitel „… immer ein bisschen weniger dumm" ausführlich besprochen und gezeigt, dass sie Elemente enthält, die iwr auch bei Spinoza finden. Die Selbstempathie ist auch ein konkreter Weg, um meine Affekte zu regulieren und mein Selbst wirken zu lassen: Wenn ich in GfK-Weise mir selbst empathisch zuhöre und meine Wolfsshow in Bedürfnissprache übersetze, verbinde ich mich durch die Suche nach meinen wirklichen Bedürfnissen mit meinem Selbst. Dann merke ich einerseits, dass sich meine Affekte ändern und andererseits bekomme ich leichter mehrere Ideen, was ich als nächste Schritte unternehmen könnte. Ich kann dann leichter von der Mangellandperspektive in die Füllelandperspektive wechseln und mir motiviert vornehmen, nächste Schritte zu unternehmen.

Das GfK-Beispiel zeigt auch, dass ich mit der PSI-Theorie neu verstehen kann, warum Wege wie Naikan, The Work, IFS, Focusing, lösungsorientiertes Arbeiten, das 15-Schritte-Programm „Ich schaff's" usw. förderlich sein können: Sie können auf verschiedene Weisen das Zusammenspiel der vier Systeme verbessern und das Selbst stärken, damit es die Affektregulierung und die Motivation lenken kann.

Spinozas intuitive Erkenntnis Kennt Spinoza auch einen kontemplativen Pol? Immerhin kennt er eine intuitive Erkenntnis: „Aus diesen beiden Erkenntnisgattungen gibt es, wie ich im Folgenden zeigen werde, noch eine dritte, welche wir das anschauende/intuitive Wissen benennen wollen. Und diese Gattung des Erkennens schreitet fort von der adäquaten Idee des wirklichen Wesens gewisser Attribute Gottes zur adäquaten Erkenntnis des Wesens der Dinge." 2.Anm 40 II.

Hatte Spinoza selbst intuitive Erfahrungen? Kannte er Kontemplation als ruhiges gedankenfreies Verweilen in der Gegenwart? Hatte er vielleicht mystische Gotteserfahrungen?

Oder ergibt sich für ihn die intuitive dritte Erkenntnis allein aus seinem philosophischen System? Die Gemeinbegriffe führen uns zur Idee Gottes. In und durch diese Idee kommen wir zu einer neuen Perspektive: Einer Gesamtschau sub aeternitatis specie. „In Gott gibt es jedoch notwendig eine Idee, die das Wesen dieses oder jenes menschlichen Körpers unter dem Gesichtspunkt der Ewigkeit ausdrückt." 22 LS V.

Ich kann natürlich diese Fragen nicht beantworten. Möglicherweise hatte Spinoza intuitive Erfahrungen. Möglicherweise auch aufgrund dieser Erfahrungen ahnte er, dass rein aktive Verstandeserkenntnis nicht völlig ausreichend ist. Und er fand in seinem philosophischen Gebäude auch einen Platz, um diese intuitive Erkenntnis einzuordnen. Aber wer kann schon diesen Weg der Selbsterkenntnis gehen? Yoval beschreibt ihn zusammengefasst folgendermaßen:

„Selbsterkenntnis muss nach Spinoza durch Welterkenntnis erlangt werden. Ich verstehe mich selbst nicht, indem ich mir meiner unmittelbar bewusst werde, auch nicht, indem ich mich einfach auf meine eigene persönliche Geschichte besinne, unterstützt (wie bei Freud) von einem begrenztem Bestand allgemeiner hermeneutischer Codes. Der Weg zur Selbsterkenntnis ist viel länger und indirekt. Ich gehe nicht von mir selbst aus, sondern vom Universum als Ganzem, dass ich von Anfang an als eine einzige, mit Gott identische Totalität begreifen muss. Dann muss ich, ausgestattet mit der allgemeinen Kenntnis der Gesetze und der Muster für Ursache und Wirkung, die die Welt regieren, meinen eigenen speziellen Platz und meine Handlungsweise in dieser Totalität bestimmen. Das setzt die zweite Gattung der Erkenntnis voraus, in der ich mich mit verschiedenartigen wissenschaftlichen Studien befasse: Physik und Physiologie, Psychologie und Soziologie. Ich muss verstehen, was Einzeldinge sind, in welchem Verhältnis Körper und Geist zueinander stehen, wie Körper funktionieren und Affekte entstehen, welche Genese soziale Zusammenhänge haben und auf welche Weise mein eigener Körper, meine Affekte und sozialen Beziehungen ursächlich von der Umwelt bestimmt werden. So entziffere ich mein eigenes Wesen nach und nach von außen, das heißt gemäß den allgemeinen Mustern und Gesetzen, die die Welt regieren. Erst in der dritten Gattung der

Erkenntnis fügen sich alle diese von außen gewonnenen Informationen zusammen und vereinigen sich zu dem spezifischen „Wesen" oder der inneren Erklärung des singulären Entität, die ich bin. An diesem (sehr seltenen) Punkt, nachdem ich Schritt für Schritt von verschiedenen kausalen Standpunkten aus eine wissenschaftliche Erkenntnis über mich selbst erlangt habe, mache ich einen Sprung in die Intuition, die mir, wie Spinoza meint, eine synoptische Sicht meiner singulären Existenz erlaubt, wie sie Gott inhäriert und wie sie sich in ihm aus seinem ewigen Wesen ergibt. Die vermittelnden kausalen Verbindungen sind internalisiert und zu einem einzelnen Wesen synthetisiert, das sie konstituieren und mit dem sie gleichbedeutend sein sollen. Hier gibt es keine zusätzliche Information, nur ein neues Verständnis und eine neue Organisation derselben kognitiven Bestandteile."[212]

Wer ist diesen Weg der Erkenntnis so schon gegangen? Bei aller Faszination für Spinozas Philosophie: Sein gesamter Weg ist zu lang und zu umständlich und in entscheidenden Heilmittelratschlägen zu dürftig. Das ist ja ein zentrales Anliegen dieses Buches: Wir können Spinozas Weg verkürzen und für viele zugänglich machen. Dafür müssen wir nur erkennen: Die zentralen Gemeinbegriffe, die soziale Interaktionen gut ermöglichen können, sind die Bedürfnisse. Sie sind der Boden für eine universelle Ethik zwischen den Menschen und ermöglichen eine gewaltfreie Kommunikation. Dafür braucht man nicht Physik und Physiologie, Psychologie und Soziologie studieren. Außerdem liefert die GfK, die PSI-Theorie und viele andere moderne psychologische Theorien und therapeutische Wege neuere, konkretere, ausgefeitere Heilmittel für die Seele. (Wäre ja auch schlimm, wenn es in den Jahrhunderten nach Spinoza bis heute keine Fortschritte gegeben hätte!)

Und Spinozas intuitive Erkenntnis? Yovals Deutung enthält für uns vier wichtige Aspekte:

1. Für Spinoza ist vertikale und horizontale Kausalität zwei Seiten einer Medaille: Ein Ding wird einerseits auf der horizontalen Ebene durch andere Dinge verursacht. Andererseits ist ein Ding ein Modus, in dem sich die Substanz ausdrückt, das ist die vertikale Ebene.

2. Die dritte intuitive Erkenntnisart fasst die Erkenntnisse der zweiten Erkenntnisart zusammen. Damit erkenne ich mein Wesen in der Welt und mich als Ausdruck Gottes. Hier erkenne ich, wie die horizontale Ebene und die vertikale Ebene zusammenhängen: „Erst nachdem ich genau untersucht habe, wie mein besonderes Wesen vom Universum als ganzem bestimmt wird, kann ich diese Erkenntnis auch verinnerlichen und mir auf einmal bewusst werden, dass und wie ich gerade so im Gott existiere, wie Gott notwendig in mir existiert und sich ausdrückt. Das ist eine mächtige Einsicht die alles erlöst, befreit und überwältigt"[213]

3. Der Kreis schließt sich: Was Spinoza im 1. Buch der Ethik abstrakt und philosophisch hergeleitet dargestellt hat, soll im 5. Bucht mit der intuitiven Erkenntnis von innen her verstanden und „geschaut" werden. „Diese tiefere Einsicht in die Totalität (und den Ort des actu alen Einzeldinges in ihr) kann nicht im Stadium bloß diskursiver ratio erreicht werden. Aus diesem Grunde ist der erste Teil der Ethik erst dann ganz zu verstehen, wenn man sich ihm vom Standpunkt des fünften Teils aus nähert."[214]

4. Diese intuitive Erkenntnis hat in ihrer Beschreibung Ähnlichkeiten mit tiefen Gotteserfahrungen von Mystikern. Z. B. die synoptische Gesamtschau und Verständnis tiefer Zusammenhänge bei der intuitiven Erkenntnis – das hatte auf ganz umfassende Weise z. B. Ignatius von Loyola bei seiner tiefen Gotteserfahrung beim Cadoner Fluss bei Manresa. Aber für Spinoza sind diese Gotteserfahrungen verwirrte Erkenntnisse, fehlgeleitete Sehnsucht.

Ich behaupte eher, dass es umgekehrt ist: Ignatius von Loyola hatte wirklich eine intuitive Erkenntnis und synoptische Zusammenschau vieler Zusammenhänge. Spinozas Ausführungen zur intuitiven Erkenntnis sind dagegen so dürftig, dass es mir eher so erscheint, dass er intuitive Erkenntnisse logisch mit seinem Verstandesdenken rekonstruierte.

Die Forschungen von Julius Kuhl und anderen, die vielen Erfahrungen mit Focusing haben dagegen gezeigt: Das Selbst, das Extensionsgedächtnis kann schon viel früher wirken. Ja es soll auch viel früher wirken. Durch seine Fähigkeit der Vigilanz bringt es außerdem Aspekte ein, die jemand nur unbewusst wahrgenommen hat. Die Intuition wirkt schon viel früher. Die PSI-Theorie holt Spinozas intuitive Erkenntnis vom abstrakten Philosophengebäude herunter in eine erfahrbare Theorie, eine erfahrungsbasierte und durch Experimente fundierte Theorie. Focusing, Übungen der PSI-Theorie usw. ermöglichen uns, Zugänge zur Weisheit des EG zu bekommen. Spinozas intuitive Erkenntnis ist seltsam unkonkret. Er kann sie nur erahnen. Denn letztlich ist Spinoza noch stark im orangen Denken (Graves Ebene) verhaftet: Die Vernunft wird einseitig betont, Affekte werden einzeln wie Bausteine betrachtet. Bergson dagegen setzt in seinem philosophischen Nachdenken sein Extensionsgedächtnis ein und erlebt die Affekte viel „flüssiger" und „vernetzter". Spinoza erahnte wohl Intuition, hatte aber im Gegensatz zu Bergson oder die PSI-Theorie gar keine passende Begriffe dafür. Deswegen können Bergson und PSI-Theorie auch Freiheit „erfassen" und positiv bejahen. Denn Freiheit gestaltet sich immer in der Polarität von Aktivität und Kontemplation.

Aber vielleicht war Spinoza für viele ein Wegbereiter! Er erahnte die Intuition und wies damit über das reine Verstandesdenken der orangen Ebene hinaus... Andere mussten diesen zaghaften Schritt aufgreifen und weiter gehen. Aber sie konnten dann auch andere Erfahrungen aufgreifen: Bergson griff ja auch die Gotteserfahrungen der Heiligen auf, um zu zeigen, wie Menschen intuitiv den Elan vital spüren und ihm folgen. Von der PSI-Theorie her betrachtet ist ganz klar, dass ich diese intuitiven Einsichten, Gotteserfahrungen, Verbundenheit mit dem Elan vital besonders mit und durch das Selbst bzw. das EG erleben kann.

Spinozas Parallelismus Spinoza war außerdem ein Wegbereiter für ein neues Verständnis von Körper und Geist. Das möchte ich zum Schluss noch kurz würdigen: Heute kennen wir psychosomatische Krankheiten und sind um einiges sensibler für die engen Zusammenhänge zwischen Körper und Geist. Wir denken heutzutage sicherlich nicht spinozistisch, aber eben auch nicht mehr cartesianisch. Spinoza hat mit seinem Parallelismus sicherlich auch immer wieder einen fragenden Impuls gesetzt und war somit ein

Wegbereiter für die Überwindung eines cartesianischen Dualismus, der Geist und Körper als widerstreitend betrachtete.

Sein Parallelismuss kam ganz aus seiner Gesamtphilosophie: Wenn die Attribute nur verschiedene Seiten derselben Substanz sind, dann ist der Körper und die dazugehörige Idee letztlich auch Eines, nur von verschiedenen Seiten betrachtet. Daraus folgt: Wenn das Vermögen des Körpers steigt, so steigt auch das Vermögen des Denkens usw.

Wir können heute mit der PSI-Theorie oder auch mit Theorie und Erfahrungen von Focusing die Verschränkung von Körper und Geist viel konkreter und lebendiger beschreiben, als das Spinoza zu seiner Zeit konnte. Jedoch auch für diese Einsichten war er ein Wegbereiter.

Wenn ich heute Qigong mache, um in meinem Geist klarer zu werden...

Wenn icht heute mit Focusing auf meine feinen körperlichen Regungen achte und meinen felt sense zu einem Thema befrage...

Wenn ich heute an meiner inneren Haltung und meinen Gedankengänge arbeite, um mit einer Krankheit besser umgehen zu können...

... dann wende ich in gewisser Weise Spinozas Parallelismus ganz konkret an.

Urteile und Nichtwissen

Rosenberg hat in seinem Grundlagenwerk einen Text, der die Diskrepanz zwischen Beobachtung und Urteil thematisiert:

„Ich habe noch nie einen faulen Mann gesehen;
ich habe schon mal einen Mann gesehen,
der niemals rannte, während ich ihm zusah,
und ich habe schon mal einen Mann gesehen,
der zwischen Mittag- und Abendessen manchmal schlief,
und der vielleicht mal zu Hause blieb an einem Regentag,
aber er war kein fauler Mann.
Bevor du sagst, ich wär' verrückt,
denk' mal nach, war er ein fauler Mann, oder hat er nur
Dinge getan, die wir als „faul" abstempeln? [...]
Ich habe mich so intensiv wie nur möglich umgesehen,
habe aber nirgendwo einen Koch entdecken können;
ich habe jemanden gesehen, der Zutaten kombiniert hat,
die wir dann gegessen haben.
Jemanden, der den Herd angemacht und aufgepaßt hat,
daß das Fleisch auf dem Feuer gar wird.
Das alles habe ich gesehen, aber keinen Koch.
Sag' mir, wenn du hinschaust,
ist das ein Koch, den du siehst, oder siehst du jemanden Dinge tun,
die wir kochen nennen?
Was die einen faul nennen, nennen die anderen müde oder gelassen,
was die einen dumm nennen,
ist für die anderen einfach ein anderes Wissen.
Ich bin also zu dem Schluß gekommen,
daß es uns allen viel Wirrwarr erspart,
wenn wir das, was wir sehen,
nicht mit unserer Meinung darüber vermischen.
Damit es dir nicht passiert, möchte ich noch sagen:
Ich weiß, was ich hier sage, ist nur meine Meinung."[215]
Der Text kommt als netter, liebevoller Songtext daher. Doch der Text ist nicht so unproblematisch, wie er auf den ersten Blick erscheinen mag.

Meinung vs. Urteil Die Problematik zeigt sich, wenn ich mich in die Herausforderungen eines Arbeitgebers, eines Personalchefs hineinversetze: Ich muss z. B. nach einer Probezeit entscheiden, wen ich anstelle bzw. ob ich diesen oder jenen nicht weiter beschäftigen will. Ich entscheide aufgrund einer Einschätzung. Philosophisch gesprochen: Ich muss den anderen be-urteilen. Ich muss ein Urteil fällen. Und dieses Urteil soll mehr sein als eine Meinung. Es soll ein fundiertes Urteil sein! Dieses Urteil soll durch Beobachungen fundiert sein. Ein Urteil beansprucht eine gewisse Gültigkeit, die über eine bloße Meinung hinausgeht.

Ein anderes Beispiel: Der heilige Kaiser Heinrich hat die Erzdiözese Bamberg gegründet. Dafür wurde er in der Vergangenheit heilig gesprochen. Heute sieht man ihn eher als Machtpolitiker. Was war er? Ein Machtpolitiker oder ein Heiliger? Solche Urteile können also historisch relativ sein. Ist dann alles historisch relativ? Ist alles nur eine Meinung? Meinungen, die zeitbedingt sind und sich immer wieder wandeln?

Oder darf ich auch fragen: Was ist zeitbedingter? Kaiser Heinrich ist ein Heiliger! Oder: Kaiser Heinrich ist ein Machtpolitiker! Welches Urteil entspricht mehr den historischen Befunden? Ich möchte einen Unterschied machen können zwischen Kaiser Heinrich und dem Heiligen Franziskus. Ich möchte eine Beurteilung machen können, dass Franziskus wirklich ein heiliger Mensch war, heiliger als Kaiser Heinrich. Auch im Wissen, dass mein Wissen begrenzt und historisch geprägt ist, möchte ich nicht alles grundsätzlich relativieren.

Halten wir vorläufig fest: Wir Menschen wollen nicht nur Meinungen austauschen. Wir wollen und müssen in bestimmten Situationen auch be-urteilen. Ein Urteil kann z. B. eine begründete Zusammenfassung vieler Beobachtungen sein. Wenn ich sehe, dass A an einem Tag bei 8 Autos die Reifen gewechselt hat und B bei 10 Autos, wenn ich über mehrere Tage feststelle, dass B immer ca. 2 Autos mehr schafft als A, … Wen werde ich wohl nach der Probezeit behalten? Natürlich B. Ich werde das begründete Urteil fällen: B arbeitet schneller als A.

Ein Urteil kann natürlich falsch sein. Es kann zu wenige Beobachtungen aufgegriffen haben, so dass es zu wenig begründet ist. Ein Urteil kann durch eine verzerrte Sichtweise, durch einen falschen

224

Denkrahmen, durch eine einseitige Annahme entstanden sein. Deswegen muss man auch über Urteile, über Beurteilungen streiten dürfen. Ja wir streiten über Urteile anders als über Meinungen, weil ein Urteil einen anderen Anspruch hat. Ein Urteil beansprucht stärker als eine Meinung, dass es begründet werden kann und dass andere Menschen, wenn sie die Begründung nachvollzogen haben, diesem Urteil zustimmen sollten.

Bedürfnisurteile Nun könnten GfK-Lehrer erwidern: Die GfK ist nicht völlig gegen Urteile. Urteile sollten aber durch Bedürfnisse begründet sein. Statt moralischer Urteile bitte Bedürfnisurteile. Ein Beispiel: „Man kann sich überhaupt nicht auf ihn verlassen. Ständig lässt er mich im Stich. Am besten macht man gleich alles selbst, er hat ja sowieso keine Lust, irgendjemand anders zu unterstützen, er denkt nur an sich." Kann ich übersetzen in ein Bedürfnisurteil: „Ich bin so verdammt enttäuscht! Per hatte versprochen, den Bericht fertig zu schreiben und dann kommt er zwei Tage nach der Abgabefrist und sagt, er habe keine Lust, ihn zu schreiben, obwohl er es versprochen hatte. Ich brauche gegenseitigen Respekt, um auch künftig auf eine Zusammenarbeit vertrauen zu können. Und ich sehne mich sehr nach Unterstützung."[216]

Natürlich kann ich nach einer solchen Übersetzung meiner Gedanken in ein Bedürfnisurteil klarer überlegen, wie ich mit Per rede und um was ich ihn konkret bitte. Aber auch der zweite Satz ist ein Urteil, eine Bewertung. Schauen wir uns das Beispiel genauer an:

Die ersten Gedanken enthalten viele Übertreibungen und Verallgemeinerungen. Diese Sätze sind also weit entfernt von einem gut begründeten Urteil. Die Übersetzung in ein Bedürfnisurteil ist in diesem Beispiel auch ein „Reinigungsvorgang": Alle Übertreibungen, alle unbegründeten All-Aussagen werden entfernt. Danach kommen sehr klar die Fakten zum Vorschein: „Per hatte versprochen, den Bericht fertig zu schreiben und dann kommt er zwei Tage nach der Abgabefrist und sagt, er habe keine Lust, ihn zu schreiben, obwohl er es versprochen hatte." Und es wird sehr klar, was die Person will, welche Bedürfnisse sie hat: „Ich brauche gegenseitigen Respekt, um auch künftig auf eine Zusammenarbeit vertrauen zu können. Und ich sehne mich sehr nach Unterstützung."

Jetzt komme ich zu einer wichtigen Einsicht, die ich betonen möchte: Indem danach das Bedürfnis formuliert wird, wird indirekt auch eine Deutung ausgedrückt: Diese Ereignisse, dieser Ist-Zustand, entsprechen nicht dem Soll-Zustand. Indem ich Beobachtung, Gefühl und Bedürfnis zusammenstelle, habe ich immer auch eine Deutung der Situation, die ich indirekt mit dieser Zusammenstellung ausdrücke. Oder anders formuliert: Die Deutung, die Beurteilung wird in einzelnen, getrennten Komponenten präsentiert: Statt „Dieses Zimmer ist unordentlich!" sage ich „Die Pizzaschachteln liegen am Boden. Das ärgert mich, weil mir Ordnung und Sauberkeit wichtig ist. Bitte werfe sie in den Müll." Mein Gesprächspartner kann die zweite Äußerung besser annehmen, weil er durch die Darstellung der einzelnen Komponenten meine Deutung, mein Urteil nachvollziehen kann. Aber auch diese Äußerung ist ein Urteil.

Isofern ist es irgendwie verwirrend, wenn GfK-Lehrer schreiben „Unsere Urteil auflösen", wie z. B. Mackenzie in ihrem Buch „In Frieden leben": Ihre Empfehlungen kann ich voll und ganz zustimmen. Die Übersetzungsarbeit, die sie empfiehlt, ist wahrlich Psychohygiene, ein klärender und heilsamer Umgang mit unseren übertreibenden Wolfsgedanken: „Ich begann meine Urteile zu übersetzen, indem ich mir eingestand, wie mich etwas berührte. Wenn ich mich bei dem Gedanken erwischte „Was für eine schäbige Straße", übersetzte ich ihn in: „Diese Straße ist viel unebener, als ich dachte, und ich mache mir ein bisschen Sorgen um meine Reifen." Ich übersetzte „Was für eine ruppige Mutter" in: „Wenn ich sehe, wie diese Frau mit ihren Kindern redet, bin ich traurig, weil Geduld mir wichtig ist." Manchmal fühlte ich mich auch in Gedanken in die Mutter ein und sagte: „Ich wette, diese Mutter ist überfordert und braucht eine Pause." Nachdem ich mir das einmal angewöhnt hatte, ging die Anzahl meiner Urteile drastisch zurück. Es wurde leicht, Menschen zu lieben und Mitgefühl für sie zu empfinden, und ich erlebte eine Freiheit, die ich zuvor nicht gekannt hatte. Diese Art von Veränderung erfordert Konzentration und Einsatz, wird aber reich belohnt. Achten Sie heute auf Ihre Urteile und versuchen Sie sie zu übersetzen, indem Sie beschreiben, wie die Situation Sie berührt."[217]

So komme ich nun zu meinen Untersuchungsfragen:

Fragen Stimmt die Aussage: „Es ist unmöglich, die Bedürfnisse anderer wichtig zu nehmen und mitfühlend zu bleiben, wenn wir gleichzeitig Urteile hegen."[218]?

Oder müssten wir nicht eher unterscheiden zwischen Urteilen, die gut begründet sind durch Beobachtungen und Bedürfnisse und diese auch transparent formulieren, und Urteile, die intransparent zusammenfassen („dieses Zimmer ist unordentlich"), ja sogar übertreiben und unfair verallgemeinern („du bist immer zu spät"), oder sich anmaßen, einem Menschen stabile Eigenschaften zuzuschreiben („du bist faul!") usw.?

Ein Personalchef z. B. muss be-urteilen. (Wenn nun der Peronalchef zwischen A und B wählen muss, kann er ein sauberes Bedürfnisurteil fällen: Mir ist Effektivität wichtig. B hat an vielen Tagen nachweisbar mehr Reifen gewechselt als A. Deswegen wähle ich B.) Gibt es eine Differenz zwischen der inneren Haltung, wenn er A empathisch zuhört, und der inneren Haltung, wenn er urteilt, dass B effektiver arbeitet als A? Sind diese beiden Haltungen völlig inkompatibel? Muss man sich grundsätzlich unterscheiden zwischen entweder „Verbindung" oder „Urteile"? Der Personalchef muss irgendwann be-urteilen. Kann er dann nicht zu einem anderen Zeitpunkt wieder Verbindung zu A aufbauen?

Ein Erlebnis Ein Arbeitsloser erbat sich regelmäßig bei uns im Pfarramt finanzielle Unterstützung. Er bot sich auch an, für das Caritasgeld Arbeiten zu übernehmen. Also gab ich ihm zwei Mal kleinere Arbeiten: Das Laub im Garten rechnete zur Hälfte zusammen. Die andere Hälfte ließ er liegen. Beim Flyerfalten waren viele Blätter zu krumm und ungenau gefaltet. Ich musste sie nachfalten lassen. Er kam immer wieder mit neuen dramatischen Geschichten, warum er Geld bräuchte. Meine Sekretärin äußerte Zweifel, ob er immer wieder Wahrheit sagte bzw. ob er uns nicht mit Lügen ausnutzte. Eines Tages kam er mit einem Handy, dessen Oberfläche zersplittet war. Er sagte, das sei das Handy seines Nachbarn. Er habe es sich für ein Telefonat geliehen und dann sei es ihm versehentlich heruntergefallen. Jetzt müsse er die Reparatur zahlen. Er habe aber kein Geld. Mir dämmerte, dass die Geschichte vielleicht nicht ganz wahr ist. Ich sagte ihm, er solle mir die Quittung bringe von der Reparatur. Paar Tage kam er mit einer Quittung von einem üblichen Quittungsblock, den man in jedem Schreibwarenladen kaufen kann. Mit Hand geschrieben stand darauf „120 €, Reparatur".

Ich sagte ihm: „Ihr Nachbar will Sie übers Ohr hauen. Diese Quittung hat er selbst geschrieben. Schauen Sie: Es fehlt der Stempel der Reparaturfirma. Außerdem keine Reparatur kostet genau 120 €. Sie kostet vielleicht 117,80 € oder 96,40 € aber nie glatte 120 €. Gehen Sie wieder zu ihm und sagen Sie ihm, er solle Ihnen eine richtige Reparaturquittung mit einem Firmenstempel geben."

Der Mann kam nie mehr wieder. Er hatte gemerkt, dass ich durchschaute, dass er selber diese Quittung gefälscht hatte.

Mit dieser Geschichte schlug etwas in mir um. Vorher begegnete ich ihm mit der Haltung: Ich weiß nicht genau, ich will mit Wohlwollen und der Haltung des Nichtwissens Dir begegnen. Aber spätestens nach der Handyreparaturquittung war klar: Er hatte mich öfters belogen, um größere Summen Geld zu bekommen. Dass er nicht mehr kam, bestätigte mir, dass er nun wusste, dass ich durchschaut hatte, dass er mich mehrmals belogen hatte. Dieses Erlebnis führt mich zu der Frage: Was passiert, wenn ich von dieser offenen, wohlwollenden Haltung zu der Beurteilungshaltung wechsle? Und wie sollen wir diesen Wechsel verstehen, einordnen, beurteilen?

Ein mathematischer Vergleich Nehmen wir an: Ich habe einige einzelne Punkte. Ich kann daraus vielleicht nicht die ganze Kurve schließen. Aber mit gewisser Sicherheit kann ich einen Teil der Kurve einzeichnen und einen weiteren Verlauf für folgende x-Werte (quasi in naher Zukunft, wenn die x-Achse der Zeitverlauf ist) ungefähr vermuten.

Wenn ein Personalchef über Wochen hin sieht, dass B mehr Reifen wechselt als A, dann kann er geistig eine Leistungskurve für B und für A erstellen. Diese Kurve beschreibt weder A noch B. Aber eine gewisse fundierte Vermutung über die künftige Arbeitsleistung kann man daraus schon schließen. Natürlich könnte B plötzlich einen Motivationsschub bekommen oder einige Handgriffe neu erlernen oder einige persönliche Probleme lösen… Aber in der beobachteten Zeit ergab sich keine Veränderung.

Und was habe ich nach dem letzten Gespräch mit Arbeitslosen getan? Im mathematischen Bild gesprochen: Ich habe meine Kurve neu gezeichnet. Vor dem Gespräch ging ich noch von der Unschuldsvermutung aus. Danach ergab sich eine neue Kurve, die die Erfahrungswerte besser miteinander verband. Diese Kurve enthielt das Urteil, dass der Arbeitslose mir öfters Lügen aufgetischt hatte.

Wenn GfK-Lehrer Urteile kritisieren, kann dies nicht so weit gehen, dass ich mich quasi in einer indifferenten Wüste, im Relativismus, in Koordinatenlosigkeit und Haltlosigkeit begeben soll. Wenn GfK-Lehrer Urteile kritisieren, kann das nicht heißen, dass ich nur einzelne Punkte habe, dass ich diese Punkte nicht verbinden darf.

Was bei GfK-Lehren vielleicht zu kurz kommt: Ich kann auch einige Einzelfälle zusammenfassen und eine gewisse „Gewohnheit" postulieren. D. h. aber nicht, dass ich ausschließe, dass dieser Mensch nicht lernfähig bzw. wandlungsfähig sei. Ich sage damit nicht, dass er im Sein, in seinem Wesen böse ist.

Wir müssen immer wieder auch unsere Erfahrungen mit einem Mitmenschen miteinander verbinden und eine Kurve und Prognosen erstellen. Wir brauchen das, um uns zu orientieren, um Entscheidungen zu fällen usw. Nicht nur Personalchefs müssen andere Menschen irgendwie einschätzen.

Doch zwei wichtige Punkte sind deutlich geworden:

Ich soll mir bewusst machen, wie viel und welche Erfahrungen ich von meinem Mitmenschen habe. Nur so weiß ich redlich wie begründet meine Be-urteilung ist.

Ich soll auch korrekturbereit sein. Das zeigt insbesondere das folgende Erlebnis:

Und noch ein Erlebnis Als ich Pastoralreferent war, hatte ich gleich am Anfang schwierige Konflikte mit dem Mesner und Hausmeister. Er wollte den neuen Pfarrer diskreditieren und schnell wieder vertreiben, was ich unterbinden konnte. Danach war unser Verhältnis natürlich belastet. 20 Jahre später treffe ich ihn auf einer Geburtstagsfeier. Ich denke mir: Begrüße ihn formal höflich. Da sagte er: „Wir sind doch wieder gut." Er gab dann offen zu, dass er damals hitzköpfig gehandelt habe. Ich war baff. So einen Wandel hätte ich nie bei ihm erwartet. Ich reichte ihm die Hand zur Versöhnung und sagte, dass mich dieses Gespräch sehr sehr gefreut habe. Menschen können einen auch immer wieder überraschen.

Ich-Du und Ich-Es Hat Mackenzie nicht doch Recht, dass Urteile, Beurteilungen trennend wirken? „Es ist unmöglich, die Bedürfnisse anderer wichtig zu nehmen und mitfühlend zu bleiben, wenn wir gleichzeitig Urteile hegen."[219] Holen wir für unsere weiteren Reflexionen Inspiration von Martin Buber. In seinem Werk „Ich und Du" finde ich folgende Sätze:

„Die Welt als Erfahrung gehört dem Grundwort Ich-Es zu. Das Grundwort Ich-Du stiftet die Welt der Beziehung."[220]

„Wer Du spricht, hat kein Etwas, hat nichts. Aber er steht in Beziehung."[221]

Ich kann diese beiden Sätzen direkt mit eigenen Erfahrungen verbinden. Schon sehr oft passierte mir folgendes: Ich hatte einige Erfahrungen mit X gemacht. Ich dachte mir über die Person X dies und jenes. Ich entwarf also eine Kurve. Dann kam ich ins Gespräch mit ihm und plötzlich waren alle Be-urteilungen, Hypothesen über ihn beiseite getreten. Vor mir saß X, ein Mensch, ein Du vor mir. Das Gespräch lud mich zu einer Begegnung ein. Beziehung entstand. In mir plötzlich Nicht-Wissen, Offenheit. „Wer Du spricht, hat kein Etwas, hat nichts." Ich hörte zu und trat in seine Gedanken, Gefühle, Stimmungen, Bedürfnisse ganz frisch ein. Und da zeigte sich anderes, als ich vorher vermutet hatte. Ja nicht einfach nur neue Informationen, das auch. Vielmehr auch eine andere Qualität des Einfühlens, nur möglich durch Beziehung. Nochmals Buber:

„- Was erfährt man also vom Du?

- Eben nichts. Denn man erfährt es nicht.

- Was weiß man also vom Du?

- Nur alles. Denn man weiß von ihm nichts Einzelnes mehr."[222]

Mein Fazit daraus: Wir kommen nicht herum, Mitmenschen auch in der Ich-Es-Perspektive zu betrachten. Der Personalchef muss irgendwann zwischen Mitarbeiter A oder B in der Ich-Es-Perspektive entscheiden.

Aber die GfK lädt uns wie Martin Buber ein, nicht nur mit der Ich-Es-Perspektive Mitmenschen zu begegnen. Beziehung, echte Begegnung, echt menschlicher Dialog ist nur im Ich-Du-Modus möglich. Deswegen plädiere ich dafür, dass wir anstreben, wechseln zu können: Wir sollen also lernen, zwischen Ich-Es-Modus und Ich-Du-Modus hin und her wechseln zu können.

Die Fähigkeit, zwischen verschiedenen Modi wechseln zu können, möchte auch die PSI-Theorie vermitteln. Wir können sogar zuordnen, dass ich mit EG dem eine Ich-Du-Beziehung aufbauen kann und dass ich mit OES und IG ein Urteil im Ich-Es-Modus fällen kann.

Wir können auch mit Whiteheads Begriffpaar „Prozess und Realität" (so der Titel seines Hauptwerkes) sagen: Beim Ich-Du-Modus begleite ich empathisch den Prozess beim anderen. Beim Ich-Es-Modus schaue ich mit meiner Perspektive auf die gewordene Realität und fasse sie zusammen.

Vorurteile und kritische Selbstbefragung Natürlich brauchen wir immer neu ein Plädoyer für den Ich-Du-Modus. Denn der Ich-Es-Modus ist weit verbreitet. Das liegt schon daran, dass wir beim ersten Zusammentreffen schon unsere ersten Vor-urteile blitzschnell und unbewusst fällen. Ich sehe einen Menschen und sofort ist er mir sympathisch oder unsympathisch. Schnell sehe ich einige Indizien, die meinen Gesamteindruck untermauern. Aber im Gegensatz zum Personalchef, der über Wochen die Arbeit von A und B beobachten konnte, habe ich in sekundenschnelle aus ganz wenigen Beobachtungen ein Spontan-Urteil gefällt. Ein Vor-urteil.

Uns sollte klar sein: Wir brauchen teilweise solche Vor-urteile auch zur Orientierung und zum schnellen Reagieren.

Aber wir sollten eben nicht beim Vor-urteil stehen bleiben und ihm blindlings glauben. Wir sollten immer wieder aktiv eine Zweitreaktion einleiten: Ich befrage kritisch selbst meine Urteile.

In „Exerzitien der Nächstenliebe" habe ich zwei Wege vorgestellt, die auf ganz besondere Weise uns einladen, unsere Urteile zu hinterfragen und in die weite Sichtweise des EG zu wechseln: Naikan z. B. befreit mich von einer zu starken Fokusierung auf die Fehler anderer und öffnet mir die Augen für das Verbindende zwischen uns, für das, was er für mich getan hat und ich für ihn. The Work hinterfragt direkt mit vier Fragen und die Testung der Umkehrungen Urteile und weitet die Sichtweise.

Man sollte sich auch eingestehen: Die substantielle Wolfssprache ist manchmal auch attraktiv! Wenn ich wütend bin und mich bei einem

Freund oder Freundin auskotze, dann lasse ich gerne die substantielle Wolfssprache freien Lauf: Dieser Blödmann, dieser Idiot. Ich werte mich auf. Der andere ist unverbesserlich. Er ist halt leider so. Die substantielle Wolfssprache schafft klare Lager und Orientierung. Wenn zwei im Schimpfen verstehen, verbinden sie sich. Da entsteht auch ein Gemeinschaftsgefühl...

Wir müssen also uns immer wieder einladen, gegen Vor-urteile und attraktive substantielle Wolfssprache gegen zu steuern. Dieses ständige Bemühen, verzerrende Urteile, Vor-urteile, substantielle Wolfssprache zu entlarven, soll aber nicht dazu führen zu leugnen, dass ich mir nicht mehr erlaube zu urteilen. Denn ich muss immer wieder urteilen, beurteilen. Das verlangen immer wieder Lebenssituationen.

Ich möchte Kohelet gerne fortsetzen: Es gibt eine Zeit zum Nichtwissen und Begegnen und eine Zeit des Urteilens. Vielleicht kennt die Leserin/der Leser auch folgendes: ein Überdrussgefühl... Wenn mein Gesprächspartner zu sehr in Schubladendenken verharrt: Der ist doch egoistisch... die ist faul... Wenn er mich intensiv befragt: Wie schätzt Du den und den ein?... Mir wird's zu viel be-urteilen. Ich will gar nicht so viel urteilen.

Und dann folgende Beobachtung: Kinder und Jugendliche genießen es, wenn ein Erwachsener, ein Lehrer, ein Jugendleiter einfach mit ihnen spielen kann, mit ihnen Zeit verbringt, mit ihnen blödeln kann, ohne sie zu be-urteilen. Sie spüren, wenn der Erwachsene in dieser Zeit nicht über sie nachdenkt, sie nicht einschätzen will, be-urteilen will. In diesem Nichtwissen, Nicht-Beurteilen fühlen sich die Kinder und Jugendlichen angenommen. Da dürfen sie so sein, wie sie sind...

Perspektivisch UND Realitätsbezug Wenn ich ein Bedürfnisurteil ausspreche, dann habe ich eine perspektivische, persönliche Seite und einen Realitätsbezug. Die perspektivisch, persönliche Seite ist: Mein Gefühl, mein Bedürfnis, und meine Deutung, dass in dieser Situation mein Bedürfnis nicht erfüllt ist.

Aber ein Bedürfnisurteil hat auch einen Realitätsbezug: Die Tatsache. Und die Tatsache ist auch Teil in der Deutung. Ein Urteil ist immer perspektivisch. Es hat immer eine Deutung, die perspektivisch ist.

Aber in der Deutung gibt es auch einen Realitätsbezug. Genau diesen soll ich genau angeben.

Ich habe den Eindruck, dass Rosenberg und GfK-Lehrer sich davor drücken anzuerkennen, dass das Bedürfnisurteil auch eine reale Seite, einen Realitätsbezug hat! Ein Bedürfnisurteil ist nicht nur Meinung! Ich vermute, dass sie sich davor drücken, weil sie Streitigkeiten um Rechthaberei vermeiden wollen. Sie wollen uns zum Ich-Du-Modus einladen. Gemäß Rumi: „Jenseits von richtig und falsch liegt ein Ort, dort treffen wir uns."

Das ist wahrlich eine unterstützenswerte und ehrenvolle Intention. Aber ihr Bemühen darf nicht den Eindruck erwecken, dass wir mit der GfK in einen Indifferentismus abgleiten.

Wenn wir die GfK so differenziert betrachten, wie ich es hier versucht habe aufzuzeigen, dann sollten solche Missverständnisse auch ausgeräumt sein.

Wie mit Rassisten und mit Parteien wie die AfD umgehen?
Wenden wir unsere Überlegungen zum Schluss auf ein heißes Thema an. Rosenberg erzählte gerade in dem Interview mit Gabriele Seils, dass er in seiner Studentenzeit einen antisemitisch eingestellten Mitstudenten verprügelte.

Seils: „Es war vielleicht nicht die beste Strategie, ihn zusammenzuschlagen. Aber immerhin waren die Äußerungen dieses Mitstudenten antisemitisch."

Rosenberg antwortete: „Ja, wir nennen einen Menschen antisemitisch oder rassistisch, aber was haben wir davon? Dann bewegen wir uns doch in den gleichen Denkmustern wie er. Wenn ich heute über diesen Mann nachdenke, dann sehe ich ihn als Mitglied einer bestimmten Gesellschaftsschicht, in der er eine entsprechende sozio-kulturelle Prägung bekommen hat. Deshalb ist er noch lange nicht böse. Ich würde ihn nie als Rassisten oder Antisemiten bezeichnen, weil ich dann den Menschen aus den Augen verliere und ihn in eine Schublade stecke. Die Ironie an der Sache ist ja, dass ich dann mit ihm in dem Moment genau das mache, was er mit Leuten macht, die jüdisch sind."[223]

Ich habe vor den letzten Wahlen öffentlich in den Gottesdiensten geurteilt: „Man kann als Christ nicht die AfD wählen." Ich habe dieses

Urteil auch begründet: Die AfD untergräbt die Werte unseres Grundgesetzes und unserer Demokratie. Christen wie Konrad Adenauer haben unsere Demokratie aufgebaut. Das Grundgesetz bemüht sich letztlich, genau so einen Rahmen zu schaffen, in dem gewaltfreie Kommunikation bzw. Interaktion ermöglicht und befördert wird.

Besteht ein Widerspruch zwischen Rosenbergs Aussage und meinem Urteil?

Das Ziel dieses Essays ist es aufzuzeigen, dass hier kein Widerspruch besteht, wenn man Ich-Du-Modus und Ich-Es-Modus sauber unterscheidet und wenn man davon ausgeht, dass man zwischen beiden Modi bewusst wechseln kann.

Ich darf natürlich in der Ich-Es-Perspektive ein begründetes Urteil über die AfD abgeben! Es ist sogar wichtig, dass wir Christen uns klar positionieren. Wir können sogar über Bedürfnisse unser Urteil begründen. Werte wie universale Menschenwürde, Toleranz, Vielfalt, Einfühlung usw. werden von der AfD chronisch missachtet.

Wenn ich jedoch mit einem AfD-Sympathisanten oder AfD-Mitglied ins Gespräch komme, sollte ich beim Zuhören in den Ich-Du-Modus zu wechseln. Seine AfD-Zugehörigkeit beschreibt ihn nicht völlig. Nur mit der Haltung des Nichtwissens lerne ich ihn persönlich kennen.

Rosenberg möchte nicht, dass er den gleichen Fehler wie der Rassist begeht. Der Rassist steckt den anderen in eine Schublade: Der andere ist ein Jude und deswegen ist er schlecht. Er möchte nicht sagen: Der andere ist ein Rassist und deswegen ist er schlecht.

Wenn ich nun mir erlaube, Urteile zu fällen, was unterscheidet mich dann von einem AfD-ler oder einem Rassisten? Drei Punkte müssen mich von ihm unterscheiden: Mein Urteil muss transparent und gut begründet sein. Ich muss bereit sein, mein Urteil zu revidieren. Ich sollte fähig sein, im konkreten Gespräch in den Ich-Du-Modus zu wechseln und den Menschen vor mir in der Haltung des Nichtwissens jenseits meiner Urteile kennen zu lernen. Dann bewege ich mich nicht in den gleichen Denkmustern wie der Rassist.

Aber diese Differenzierung sollte man auch lehren…

Nachwort: Heutige politische Bedeutung

Die gewaltfreie Kommunikation kann für unsere heutigen politischen Herausforderungen und Konflikten sehr wertvoll sein, um festgefahrene Diskussionen und Fronten aufzubrechen, um Verständnisbrücken und gemeinsame Ziele wieder zu finden.

Dafür erscheint es mir aber hilfreich, dass die GfK auch als eine universale Ethik verstanden wird. Dadurch wird ihr Zentrum, nämlich die Einsicht, dass Bedürfnisse universal, kultur-, völker-, religionsübergreifend sind und nur die verschiedenen Stratgeien uns trennen, besonders betont und herausgestellt.

Ich habe versucht, verschiedene Irritationen, die die GfK auslösen kann, differenzierter zu betrachten. Ich wollte damit einen Beitrag leisten, die GfK aus einigen Verbreitungshindernissen zu befreien.

Wenn wir uns außerdem ein Wissen um die einzelnen Stufen der Spiral Dynamics aneignen, können wir besser erkennen, wie wir bestimmten Menschen die GfK vermitteln sollten bzw. wie wir die GfK konkret anwenden sollten. Die Spiral Dynamics-Lehre kann uns sensibel machen für die spezifischen „grünen" Irritationen: Die Egalität in der grünen Ebene verhindert in der GfK z. B. einen ehrlichen und differenzierten Blick auf Urteile und Beurteilungen.

So mancher heutiger politischer Konflikt erscheint im neuen Lichte, wenn wir uns fragen, welche Ebenen der Spiral Dynamics im Spiel sind. Dadurch bekommen wir eine zusätzliche Betrachtungsebene neben üblichen Deutungen. Nehmen wir z. B. das Silvesterdebakel in Köln 2016. Eine gesunde blaue Ordnungsmacht wäre notwendig gewesen, um die unkontrollierten roten Energien der afrikanischen Flüchtlinge klar in Schranken zu weisen. Stattdessen hat ein ungesundes grünes Denken dazu geführt, dass zentrale Medien mehrere Tage das Ereignis gar nicht berichteten, aus Angst, den Fremdenhass anzuheizen.

Das ist wirklich auch eine Stärke der GfK: Sie ist nicht political correctness. Rosenberg hat viele Fallstricke der grünen Ebene erkannt und durch seine Schlüsselunterscheidungen beseitigt.

Aber die GfK muss sich weiterhin kritisch reflektieren und durch Außenperspektiven bereichert werden, damit sie ihre heilende und verbindende Wirkung noch besser entfalten kann. Die Spiral Dynamics-Lehre erscheint mir dafür besonders wertvoll.

Und Spinoza? Er ist entscheidender Wegbereiter und Impulsgeber für viele Erkenntnisse und Denkvoraussetzungen, die heute teilweise sogar selbstverständlich geworden sind oder die heute noch bewusst aufgegriffen werden sollten.

Mit ihm konnte ich zeigen, dass die GfK eine universale Ethik mit der ethischen Differenz gut/schlecht ist.

Spinoza verdanken wir den Beginn der kritischen Bibellektüre.

Spinoza begann als erster, die Affekte des Menschen ohne moralische Kritik zu untersuchen und war damit an ganz früher Wegbereiter für psychologisch fundierte Psychotherapien, wie z. B. die PSI-Theorie und ihre Anwendungen.

Er inspirierte (neben anderen) Bergson und Whitehead, modern und philosophisch über Gott nachzudenken.

Mit der GfK und der PSI-Theorie und der Praxis beider können wir Spinozas Anliegen, das er in der Ethik ausgeführt hat, modern und konkret anwendbar umsetzen.

Spinozas Philosophie der Ethik ist ein Weg für wenige. Wenn man adäquate Gemeinbegriffe erst bilden kann, wenn man viele Wissenschaften studiert hat, und wenn man die intuitive Erkenntnis als synoptische Übersicht nach vielen adäquaten Erkenntnissen durch Gemeinbegriffe erreicht, dann können nur sehr wenige den Weg der Ethik gehen. Spinoza stellte sich deswegen in seinem Werk „theologisch-politische Traktat" die Frage, wie man mit der großen Menge umgehen soll. Sie kann den Weg der Ethik nicht gehen. Ihre inadäquaten Erkenntnisse führen immer neu zu Verwirrungen, Verhedderungen und damit zu Missverständnissen, Streit, Intoleranz, Fanatismus, Gewalt, Kriminalität und Krieg. Der „theologisch-politische Traktat" „verfolgt letztlich das Ziel, geistige und institutionelle Mechanismen zu entwickeln, die die Imagination [also die inadäquaten Erkenntnisse der Menge durch ihre Vorstellungskraft] in eine äußerlichen Nachahmung der Vernunft verwandeln, wobei staatliche Macht und eine gereinigte Volksreligion als Vehikel eines quasi rationalen Zivilisationsprozesses dienen."[224]

Mit der GfK wollte Marshall Rosenberg dagegen die Mange selbst ansprechen und verwandeln. Spinoza hat zwar eine egalitäre Ontologie: Jeder Modus ist Ausdruck der Substanz und die Modi sind nicht hierarchisch geordnet. Aber die Anwendung der Ethik ist sehr elitär: Nur ganz wenige können die intuitive Erkenntnis erreichen. Die GfK (aber auch die PSI-Theorie und ihre Übungen, ebenso Naikan usw.) will egalitär sein: Jede und jeder soll diesen Heilungsweg prinzipiell gehen können. Das politische Ziel von Rosenberg ist ja auch: Die Wolfssprache und das Wolfsdenken bzw. Dominanzdenken durch eine immer größere Verbreitung der GfK mehr und mehr zu überwinden, so dass Menschen immer kooperativer zusammenleben. Als Rosenberg in einer Schule, die GfK pädagogisch anwendet und auch den Schülern explizit GfK beibringt, beobachten durfte, wie Schüler mit der GfK einen Streit schlichten, war er begeistert. Denn dies war ein Beispiel dafür, dass seine GfK auch der Menge beigebracht werden kann:

„Ich habe mal beobachtet, wie zwei Jungen, die waren vielleicht zehn Jahre alt, Streit miteinander hatten. Sie haben also um die Unterstützung eines Mediators gebeten. Ein anderer Junge war Mediator [...] der Mediator gibt dem einen Jungen eine Giraffenhandpuppe und dem anderen ein paar Giraffenohren. Der, der die Giraffenpuppe hat, darf zuerst sprechen und der, der die Ohren hat, hört einfühlend zu. Dann sagt der Mediator zu dem Jungen: „Beobachtung?" Der Junge sagt: „Er hat mich auf dem Schulhof geschubst und er hatte überhaupt keinen Grund und..." Der Mediator hält mit einer Hand eine Wolfshandpuppe und als der Junge sagt „und er hatte überhaupt keinen Grund", macht er das Maul des Wolfes auf und zu. Der Junge versteht sofort, was er meint und sagt: „Er hat mich geschubst und ich bin hin gefallen." „Gefühle?" „Ich fühle mich verletzt." „Bedürfnisse?" „Ich will mit Respekt behandelt werden." „Bitte?" „Ich will wissen, warum du das gemacht hast." Der andere Junge wiederholt alle vier Schritte, Beobachtung, Gefühle, Bedürfnisse und Bitte, denn er hat die Giraffenohren. „Als ich dich geschubst habe, bist du hin gefallen. Du fühlst dich verletzt, weil du mit Respekt behandelt werden willst. Und du willst wissen, warum ich das gemacht habe." Der Mediator fragt den Jungen, der

erzählt hat: „Fühlst du dich verstanden?" „Ja." „Tauschen." Jetzt kriegt der andere Junge die Giraffenpuppe und erzählte Geschichte aus seiner Sicht. Die drei haben den Konflikt in kürzester Zeit gelöst."[225]

Vielleicht können auch bei diesem Thema Rosenberg und Spinoza voneinander lernen, bzw. wir sollten von beiden lernen.

Einerseits kann sich Spinoza freuen, dass mit der GfK seine Ethik auch der Menge gelehrt werden kann. Mit Übungen der PSI-Theorie oder mit Focusing usw. können viele Menschen auch einen Zugang zur intuitiven Erkenntnis bekommen.

Andererseits: Menschen, die neu geboren sind, durchlaufen die Graves Entwicklungsstufen, angefangen bei beige über purpur, rot, blau usw. Man kann nicht gleich ins gelbe Level springen. Inadäquate Erkenntnisse sind erst einmal Normalzustand. Wenn z. B. Menschen im roten Level unkontrolliert ihre Gewalt ausleben, brauchen wir erst einmal einen klaren blauen Ordnungsrahmen. „Der Mensch der Imaginatio [...] wird des staatlichen Zwangs bedürfen, um seine gesellschaftszerstörerischen Leidenschaften mithilfe noch mächtigerer Leidenschaften in Schranken zu halten."[226] Viele Autofahrer halten sich an Geschwindigkeitsbegrenzungen, hauptsächlich weil sie befürchten, dass sie geblitzt werden und Strafe zahlen müssen. Die Gesellschaft hat also eine immerwährende Bildungsherausforderung.

Wir werden also immer zwei Quellen der Moral haben: die soziale Verpflichtung und die Moral der Begeisterung, die uns weiter führt und reifen lässt.

Es schaut einerseits hoffnungsvoller aus, als Spinoza dachte: Man kann seine Ethik der Menge lehren, viel „einfacher" als er dachte.

Andererseits lehrt uns Spinoza und auch Graves nicht in einen naiven Optimismus zu verfallen: Demokratie und fairer, aufbauender Diskurs in der Gesellschaft muss immer neu erarbeitet werden. Im Blick auf die Menge, ja im Blick auf die ganze Menschheit wird es immer ein Mischmasch geben: ein Mischmasch von Levels, ein Mischmasch von Menschen und Gruppen in gesunden und ungesunden Modis von Levels, ein Mischmasch von Wolfssprache und Giraffensprache, ein Mischmasch von inadäquater und adäquater

Erkenntnis. Es wird die Herausforderung bleiben, dass wir lernen und reifen und andere zum Lernen und Reifen ermuntern und ihnen dabei helfen und unterstützen. Und dies wird nie ohne Konflikte ablaufen. Die nie endenden immer neuen Mischmaschsituationen werden immer wieder Konflikte hervorrufen. Wer die vielen Mischmaschs komplett ausrotten will, wird totalitär! Besser ist es, wenn wir geduldige Gärtner sind und nicht radikale Umpflügler! Die Herausforderungen, Fehlentwicklungen, Machtmissbräuche, Level-abstürze, Manipulatuinen, verhärtete Fronten zu verhindern und Weiterentwicklungen, Kreativität und Kooperation zu fördern, werden bleiben. Wir können sie nur mit Demokratien, Gewaltenteilung und internationalen Kooperation bewältigen. Die gewaltfreie Kommunikation kann als universale Ethik bei der Bewältigung dieser Herausforderungen eine wichtige Rolle spielen.

Mit Whiteheads Begriffen das Schlusswort: Diese Herausforderungen anzupacken ist sinnvolles Leben und schafft neue Werte. Wir werden dann fruchtbarer Teil des Abenteuers, das Gott, der Poet der Welt, mit uns Menschen eingegangen ist!

Literatur und Anmerkungen

- Bartuschat, W.: **Baruch de Spinoza**, München 1996
- Basu, A., Faust, L.: **Gewaltfreie Kommunikation**. 3. Auflage, Freiburg 2015.
- Beck, D. E.; Cowan, C. C.: **Spiral Dynamics**. Leadership, Werte und Wandel, Bielefeld
- Bergson, H.: **Zeit und Freiheit**, Hamburg 1994
- Bertram, G. W.: **Hegels „Phänomenologie des Geistes".** Ein systematischer Kommentar, Stuttgart 2017.
- Bloom, P.: **Jedes Kind kennt Gut und Böse.** Wie das Gewissen entsteht, München 2013.
- Buber, M.: **Ich und Du**, Stuttgart 1995.
- Deleuze, G.: **Spinoza und das Problem des Ausdrucks** in der Philosophie, München 1993.
- Deleuze, G.: **Spinoza. Praktische Philosophie**, Berlin 1988.
- Deleuze, G.: **Differenz und Wiederholung**, München 1992.
- Deleuze, G. **Unterhandlungen**. 1972-1990, Frankfurt a. M. 1993.
- Deleuze, G.: **Was ist Philosophie?**, Frankfurt a. M. 1996.
- Hampe, M.; Schnepf, R.: Baruch de Spinoza. **Ethik** in geometrischer Ordnung dargestellt. Reihe: **Klassiker auslegen**. Bd 31, Berlin 2006.
- Krumm, R.; Parstorfer, B.: **Clare W. Graves**: Sein Leben, Sein Werk. Die Theorie menschlicher Entwicklung, Mittenaar-Bicken 2014.
- Küstenmacher, M. und W. T.; Haberer, T.: **Gott 9.0**. Wohin unsere Gesellschaft spirituell wachsen wird, Gütersloh 2010.
- Kuhl, J.: **PSI-Theorie: Besonderheiten und Entwicklungsgeschichte**, www.psi-theorie.com
- Kuhl, J.: **Motivation und Persönlichkeit**. Interaktionen psychischer Systeme, Göttingen 2001.
- Kuhl, J.: **Spirituelle Intelligenz**. Glaube zwischen Ich und Selbst, Freiburg 2005.

- Larsson, L.; Hoffmann, K.: **42 Schlüsselunterscheidungen** in der GfK, Paderborn 2013.
- Larsson, L.: Begegnung fördern. **Mediation** in Theorie und Praxis, Paderborn 2009.
- Lasater, Ike: **Worte, die im Business wirken**, Paderborn 2011.
- Mackenzie, M.: **In Frieden leben.** Tägliche Meditationen für ein Leben voller Liebe, Heilung und Mitgefühl, Paderborn 2007.
- Martens, J.; Kuhl, J.: **Die Kunst der Selbstmotivierung.** Neue Erkenntnisse der Motivationsforschung praktisch nutzen, Stuttgart 5. Aufl. 2013.
- Martens, J.: **Praxis der Selbstmotivierung.** Wie man erreichen kann, was man sich vornimmt, Stuttgart 2012.
- Mischel, W.: **Der Marshmallow-Test.** Willensstärke, Belohnungsaufschub und die Entwicklung der Persönlichkeit, München 2014.
- Moreau, P.: **Spinoza. Versuch** über die Anstößigkeit seines Denkens, Frankfurt a. M. 1994.
- Neusitzer, H.: **Die Theorie der Persönlichkeits-System-Interaktionen** (PSI-Theorie), www.mein-ressourcencouch.de
- Orth, G.: **Gewaltfreie Kommunikation** in Kirchen und Gemeinden, Paderborn 2016.
- Rosenberg, M. B.: **Gewaltfreie Kommunikation.** Eine Sprache des Lebens, Paderborn 2007.
- Rosenberg, M. B. und Seils, G.: **Konflikte lösen** durch Gewaltfreie Kommunikation, Freiburg 2004.
- Rosenberg, M. B.: **Lebendige Spiritualität.** Gedanken über die spirituellen Grundlagen der GfK, Paderborn 2005.
- Schaik, C. v.; Michel, K.: **Das Tagebuch der Menschheit.** Was die Bibel über unsere Evolution verrät, Hamburg 2016.
- Smilevski, G.: **Gespräch mit Spinoza.** Roman, Berlin 2016
- Spinoza, B.: **Die Ethik.** Schriften und Briefe, hg. Bülow, F., Stuttgart 1976.
- Spinoza, B.: **Theologisch-politischer Traktat**, Hamburg 1994.

- Spinoza, B.: **Politischer Traktat**, Hamburg 1994.
- Spinoza, B.: **Briefwechsel**, Hamburg 1986.
- Storch, M.; Kuhl, J.: **Die Kraft aus dem Selbst**: Sieben PsychoGyms für das Unbewusste, 2017.
- Whitehead, A. N.: **Prozeß und Realität**. Entwurf einer Kosmologie, Frankfurt a. M. 1987.
- Yoval, Y.: **Spinoza.** Das Abenteuer der Immanenz, Göttingen 1994.

Anmerkungen:

[1] Orth, G.: Gewaltfreie Kommunikation, S. 200.

[2] Mackenzie, M.: In Frieden leben, S.17.

[3] Yoval, Y.: Spinoza, S. 297.

[4] Deleuze, G. Unterhandlungen, S.239.

[5] Hampe, M.; Schnepf, R.: Ethik. Reihe: Klassiker auslegen, S. 8.

[6] Hampe, M.; Schnepf, R.: Ethik. Reihe: Klassiker auslegen, S. 13.

[7] Moreau, P.: Spinoza. Versuch, S. 15.

[8] Smilevski, G.: Gespräch mit Spinoza, S.85f

[9] Deleuze, G.: Was ist Philosophie?, S. 69.

[10] Rosenberg, M. B. und Seils, G.: Konflikte lösen S. 10-12.

[11] Larsson, Liv: Begegnung fördern, 2009, S. 71.

[12] Basu, A., Faust, L.: Gewaltfreie Kommunikation, S. 86-88.

[13] Spinoza, B.: Briefwechsel, S.83, 18.Brief.

[14] Deleuze, G.: Spinoza. Praktische Philosophie, S. 47f

[15] Rosenberg, M. B. und Seils, G.: Konflikte lösen, S.61.

[16] Rosenberg, M. B. und Seils, G.: Konflikte lösen, S. 72.

[17] Larsson, Liv: Begegnung fördern, 2009, S.22.

[18] Larsson, Liv: Begegnung fördern, 2009, S.25

[19] Deleuze, G.: Spinoza. Praktische Philosophie, S. 35

[20] Deleuze, G.: Spinoza. Praktische Philosophie, S. 34

[21] Hampe, M.; Schnepf, R.: Ethik. Reihe: Klassiker auslegen, S.1f.

[22] Vgl. Skidelsky, Robert und Eduard: Wie viel ist genug? Vom Wachstumswahn zu einer Ökonomie des guten Lebens, München 2013. Sie haben sieben „Basisgüter" herausgearbeitet, die eigentlich alle Bedürfnisse von Menschen in Oberbegriffen zusammenfassen.

[23] Rosenberg, Marshall B.: Lebendige Spiritualität, Paderborn 2005, S. 19.

[24] Vgl. Deleuze, G.: Spinoza und das Problem des Ausdrucks, S. 214.

[25] Vgl. Deleuze, G.: Spinoza und das Problem des Ausdrucks, S. 211f.

[26] Vgl. Deleuze, G.: Spinoza und das Problem des Ausdrucks, S.213-215.

[27] Vgl. Deleuze, G.: Spinoza und das Problem des Ausdrucks, S. 245.

[28] Vgl. Deleuze, G.: Spinoza und das Problem des Ausdrucks, S. 245 und 251.

[29] Vgl. Deleuze, G.: Spinoza und das Problem des Ausdrucks, S. 248.

[30] Vgl. Deleuze, G.: Spinoza und das Problem des Ausdrucks, S. 254.

[31] Vgl. Deleuze, G.: Spinoza und das Problem des Ausdrucks, S. 243.

[32] Rosenberg, M. B. und Seils, G.: Konflikte lösen, S. 111.

[33] Hampe, M.; Schnepf, R.: Ethik. Reihe: Klassiker auslegen, S. 89.

[34] Hampe, M.; Schnepf, R.: Ethik. Reihe: Klassiker auslegen, S.2.

[35] Vgl. Deleuze, G.: Spinoza und das Problem des Ausdrucks, S. 297ff.

[36] Vgl. Deleuze, G.: Spinoza und das Problem des Ausdrucks, S.129-131.

[37] Vgl. Deleuze, G.: Spinoza und das Problem des Ausdrucks, S. 133.

[38] Vgl. Larsson, L.: Mediation. S.21.
[39] Rosenberg, M. B. und Seils, G.: Konflikte lösen, S. 21.
[40] Rosenberg, M. B. und Seils, G.: Konflikte lösen, S. 21.
[41] Larsson, Liv: Begegnung fördern, 2009, S. 71.
[42] Hampe, M.; Schnepf, R.: Ethik. Reihe: Klassiker auslegen, S. 215.
[43] Hampe, M.; Schnepf, R.: Ethik. Reihe: Klassiker auslegen, S. 253.
[44] Hampe, M.; Schnepf, R.: Ethik. Reihe: Klassiker auslegen, S. 137
[45] Hampe, M.; Schnepf, R.: Ethik. Reihe: Klassiker auslegen, S. 135f
[46] Deleuze, G.: Spinoza. Praktische Philosophie, S.107f.
[47] aus P. Watzlawick: Anleitung zum Unglücklichsein.
[48] Hampe, M.; Schnepf, R.: Ethik. Reihe: Klassiker auslegen, S. 139
[49] Vgl. Deleuze, G.: Spinoza und das Problem des Ausdrucks, S. 119ff
[50] Hampe, M.; Schnepf, R.: Ethik. Reihe: Klassiker auslegen, S.181f
[51] Deleuze, G.: Spinoza und das Problem des Ausdrucks, S. 126.
[52] Hampe, M.; Schnepf, R.: Ethik. Reihe: Klassiker auslegen, S.7
[53] Lasater, Ike: Worte, die im Business wirken, S.22.
[54] Lasater, Ike: Worte, die im Business wirken, S.22.
[55] Lasater, Ike: Worte, die im Business wirken, S. 25.
[56] Hampe, M.; Schnepf, R.: Ethik. Reihe: Klassiker auslegen, S.184f
[57] Vgl. Deleuze, G.: Spinoza und das Problem des Ausdrucks, S. 231.
[58] Deleuze, G.: Spinoza und das Problem des Ausdrucks, S.228
[59] Vgl. Deleuze, G.: Spinoza und das Problem des Ausdrucks, S.232
[60] Spinoza, B.: Theologisch-politischer Traktat, Kapitel 2,6, S.19.
[61] Deleuze, G.: Spinoza und das Problem des Ausdrucks, S. 230.
[62] Schaik, C. v.; Michel, K.: Das Tagebuch der Menschheit, S.14f
[63] Schaik, C. v.; Michel, K.: Das Tagebuch der Menschheit, S.57f
[64] Vgl. Schaik, C. v.; Michel, K.: Das Tagebuch der Menschheit, S.413. Ihre Interpretation, dass Jesus zwischen Innenmoral und Außenmoral unterschied teile ich nicht. Sie deuten das Gespräch mit der Syrophynizierin auch meines Erachtens falsch: Jesus lernte gerade durch sie, dass er auch für die fremden Menschen da sein soll.
[65] Schaik, C. v.; Michel, K.: Das Tagebuch der Menschheit, S.29.
[66] Schaik, C. v.; Michel, K.: Das Tagebuch der Menschheit, S.29f.
[67] Schaik, C. v.; Michel, K.: Das Tagebuch der Menschheit, S.31.
[68] Schaik, C. v.; Michel, K.: Das Tagebuch der Menschheit, S. 81.
[69] Schaik, C. v.; Michel, K.: Das Tagebuch der Menschheit, S.37.
[70] Schaik, C. v.; Michel, K.: Das Tagebuch der Menschheit, S.74.
[71] Schaik, C. v.; Michel, K.: Das Tagebuch der Menschheit, S.66.
[72] Vgl. Schaik, C. v.; Michel, K.: Das Tagebuch der Menschheit, S.127.
[73] Schaik, C. v.; Michel, K.: Das Tagebuch der Menschheit, S.145.
[74] Vgl. Schaik, C. v.; Michel, K.: Das Tagebuch der Menschheit, S.128.
[75] Vgl. Schaik, C. v.; Michel, K.: Das Tagebuch der Menschheit, S.130.
[76] Beck, D. E.; Cowan, C. C.: Spiral Dynamics, S. 103.

[77] Beck, D. E.; Cowan, C. C.: Spiral Dynamics, S. 137.
[78] Schaik, C. v.; Michel, K.: Das Tagebuch der Menschheit, S. 134.
[79] Schaik, C. v.; Michel, K.: Das Tagebuch der Menschheit, S. 139.
[80] Schaik, C. v.; Michel, K.: Das Tagebuch der Menschheit, S. 143.
[81] Schaik, C. v.; Michel, K.: Das Tagebuch der Menschheit, S. 147.
[82] Schaik, C. v.; Michel, K.: Das Tagebuch der Menschheit, S. 254.
[83] Schaik, C. v.; Michel, K.: Das Tagebuch der Menschheit, S. 169.
[84] Spinoza, B.: Theologisch-politischer Traktat, S. 73.
[85] Vgl. Deleuze, G.: Spinoza. Praktische Philosophie 144.
[86] Schaik, C. v.; Michel, K.: Das Tagebuch der Menschheit, S. 174f.
[87] Schaik, C. v.; Michel, K.: Das Tagebuch der Menschheit, S.181.
[88] Schaik, C. v.; Michel, K.: Das Tagebuch der Menschheit, S. 232.
[89] Schaik, C. v.; Michel, K.: Das Tagebuch der Menschheit, S. 242.
[90] Vgl. Schaik, C. v.; Michel, K.: Das Tagebuch der Menschheit, S. 320-335.
[91] Schaik, C. v.; Michel, K.: Das Tagebuch der Menschheit, S. 59.
[92] Schaik, C. v.; Michel, K.: Das Tagebuch der Menschheit, S. 59.
[93] Bloom, P.: Jedes Kind kennt Gut und Böse, S. 18.
[94] Bloom, P.: Jedes Kind kennt Gut und Böse, S. 39.
[95] Bloom, P.: Jedes Kind kennt Gut und Böse, S. 64f.
[96] Bloom, P.: Jedes Kind kennt Gut und Böse, S. 79.
[97] Bloom, P.: Jedes Kind kennt Gut und Böse, S. 86.
[98] Bloom, P.: Jedes Kind kennt Gut und Böse, S. 88 bis 90.
[99] Krumm, R.; Parstorfer, B.: Clare W. Graves, S. 44.
[100] Bertram, G. W.: Hegels „Phänomenologie des Geistes", S. 177f.
[101] Schaik, C. v.; Michel, K.: Das Tagebuch der Menschheit, S. 140.
[102] Beck, D. E.; Cowan, C. C.: Spiral Dynamics, S. 134.
[103] Beck, D. E.; Cowan, C. C.: Spiral Dynamics, S. 134.
[104] Vgl. Ethik Anm 2 von LS 40 II und LS 22 V.
[105] Küstenmacher, M. und W. T.; Haberer, T.: Gott 9.0, S. 173.
[106] Rosenberg, M. B. und Seils, G.: Konflikte lösen, S. 64.
[107] Küstenmacher, M. und W. T.; Haberer, T.: Gott 9.0, S. 172f.
[108] Rosenberg, M. B. und Seils, G.: Konflikte lösen, S. 63f.
[109] Vgl. Larsson, L.; Hoffmann, K.: 42 Schlüsselunterscheidungen S.93.
[110] Vgl. Rosenberg, M. B. und Seils, G.: Konflikte lösen, S.69ff.
[111] Mackenzie, M.: In Frieden leben, S. 33.
[112] Deleuze, G.: Spinoza und das Problem des Ausdrucks, S. 301.
[113] Deleuze, G. Unterhandlungen, S.238f.
[114] Vgl. Moreau, P.: Spinoza. Versuch, S. 33.
[115] Abhandlung vom Staat, 1. Kapitel, Paragraph 4.
[116] Moreau, P.: Spinoza. Versuch, S. 40
[117] Moreau, P.: Spinoza. Versuch, S. 40.
[118] Schaik, C. v.; Michel, K.: Das Tagebuch der Menschheit, S.289.
[119] Buber, Martin: Die Erzählungen der Chassidim, 2006, S. 708.

[120] Rahner, K.: Über die Offenbarung Gottes und des Menschen in Jesus Christus, in: Klinger, E. (Hg.): Glaube im Prozeß, Freiburg 1984, S.45

[121] DV 11, Rahner, K. / Vorgrimler, H.: Kleines Konzilskompendium, Freiburg 1966, S.373.

[122] Vgl. Deleuze, G.: Spinoza und das Problem des Ausdrucks, S. 21f.

[123] Vgl. Deleuze, G.: Spinoza und das Problem des Ausdrucks, S. 29.

[124] Vgl. Deleuze, G.: Spinoza und das Problem des Ausdrucks, S. 29.

[125] Deleuze, G.: Spinoza und das Problem des Ausdrucks, S. 21 - 22.

[126] Deleuze, G.: Spinoza und das Problem des Ausdrucks, S. 18.

[127] Deleuze, G.: Spinoza und das Problem des Ausdrucks, S. 18.

[128] Bartuschat, W.: Baruch de Spinoza, S. 51.

[129] Vgl. auch Deleuze, G.: Differenz und Wiederholung, S.64.

[130] Vgl. Deleuze, G.: Spinoza und das Problem des Ausdrucks, S.30f.

[131] Deleuze, G.: Spinoza und das Problem des Ausdrucks, S. 35-36.

[132] Vgl. Deleuze, G.: Spinoza und das Problem des Ausdrucks, S.38f.

[133] Vgl. Deleuze, G.: Spinoza und das Problem des Ausdrucks, S.73.

[134] Vgl. Deleuze, G.: Spinoza und das Problem des Ausdrucks, S. 63.

[135] Deleuze, G.: Spinoza und das Problem des Ausdrucks, S. 64.

[136] Deleuze, G.: Spinoza und das Problem des Ausdrucks, S. 67 -68.

[137] Vgl. Deleuze, G.: Spinoza und das Problem des Ausdrucks, S.72.

[138] Deleuze, G.: Spinoza und das Problem des Ausdrucks, S. 72.

[139] Vgl. Deleuze, G.: Spinoza und das Problem des Ausdrucks, S.42f. Darauf baut die Theorie der Gemeinbegriffe auf.

[140] Vgl. Deleuze, G.: Spinoza und das Problem des Ausdrucks, S.43f.

[141] Deleuze, G.: Differenz und Wiederholung, S.63.

[142] Deleuze, G.: Spinoza und das Problem des Ausdrucks, S.43.

[143] Vgl. Deleuze, G.: Spinoza und das Problem des Ausdrucks, S.46.

[144] Vgl. Deleuze, G.: Spinoza und das Problem des Ausdrucks, S.161.

[145] Moreau, P.: Spinoza. Versuch, S. 49.

[146] Moreau, P.: Spinoza. Versuch, S. 47.

[147] Vgl. Ethik, 1. Kapitel, Anhang.

[148] Vgl. Ethik, 1. Kapitel, Anhang. Gegen Spinoza müssen wir natürlich sagen: Es gibt aber auch Theologen, die sich gegen das Vorurteil, die Illusion und den Aberglauben wenden und die Machtverhältnisse, die durch Religion gefestigt werden sollen, kritisierten. Oscar Romero und Befreiungstheologen wissen aus eigener Erfahrung: wer an Götzen rührt, lebt gefährlich.

[149] vgl. Moreau, P.: Spinoza. Versuch, S. 48.

[150] Deleuze, G.: Spinoza. Praktische Philosophie, S.128.

[151] Vgl. Deleuze, G.: Spinoza. Praktische Philosophie, S.128 und 64; Deleuze, G.: Spinoza und das Problem des Ausdrucks, S.80 und 92.

[152] Deleuze, G.: Spinoza und das Problem des Ausdrucks, S. 92.

[153] Vgl. Deleuze, G.: Spinoza und das Problem des Ausdrucks, S. 151.

[154] Vgl. Deleuze, G.: Spinoza und das Problem des Ausdrucks, S. 152f.

[155] vgl. Moreau, P.: Spinoza. Versuch, S. 51.

[156] Vgl. Deleuze, G.: Spinoza und das Problem des Ausdrucks, S. 154f

[157] vgl. Moreau, P.: Spinoza. Versuch, S. 52 -54. Das, was Deleuze Ausdruck nennt, nennt Moreau Produktion. Dies widerspricht sich aber nicht, weil so wie Deleuze Ausdruck definiert, der Aspekt der Produktion enthalten ist.

[158] Vgl. Deleuze, G.: Spinoza und das Problem des Ausdrucks, S. 156f.

[159] Vgl. Deleuze, G.: Spinoza und das Problem des Ausdrucks, S. 162f.

[160] Yoval, Y.: Spinoza, S. 22.

[161] Whitehead, A. N.: Prozeß und Realität, S.38.

[162] Rosenberg, Marshall B.: Lebendige Spiritualität, Paderborn 2005, S. 19.

[163] Whitehead, A. N.: Prozeß und Realität, S. 63.

[164] Whitehead, A. N.: Prozeß und Realität, S. 66.

[165] Whitehead, A. N.: Prozeß und Realität, S. 612.

[166] Whitehead, A. N.: Prozeß und Realität, S. 618.

[167] Deleuze, G.: Differenz und Wiederholung, S. 64.

[168] Whitehead, A. N.: Prozeß und Realität, S. 62.

[169] Whitehead, A. N.: Prozeß und Realität, S. 621.

[170] Whitehead, A. N.: Prozeß und Realität, S. 621.

[171] Siehe GfK Tagung „Mit dem Leben tanzen 2015" Zitate von Marshall Rosenberg, hg. Zentrum Gewaltfreie Kommunikation Steyerberg

[172] Orth, G.: Gewaltfreie Kommunikation S. 199.

[173] Moreau, P.: Spinoza. Versuch, S. 37.

[174] Orth, G.: Gewaltfreie Kommunikation S. 199

[175] Rosenberg, M. B. und Seils, G.: Konflikte lösen, S. 66.

[176] Mackenzie, M.: In Frieden leben, S. 43.

[177] Bergson, H.: Zeit und Freiheit, S. 128f.

[178] Bergson, H.: Zeit und Freiheit, S. 164.

[179] Mackenzie, M.: In Frieden leben, S. 189.

[180] Spinoza, B.: Briefwechsel, Brief 74, S. 278.

[181] Hampe, M.; Schnepf, R.: Ethik. Reihe: Klassiker auslegen, S. 77.

[182] Hampe, M.; Schnepf, R.: Ethik. Reihe: Klassiker auslegen, S. 78.

[183] Hampe, M.; Schnepf, R.: Ethik. Reihe: Klassiker auslegen, S. 79.

[184] Vgl. Neusitzer, H.: Die Theorie der Persönlichkeits-System-Interaktionen

[185] Kuhl, J.: Spirituelle Intelligenz, S. 189f.

[186] Kuhl, J.: Spirituelle Intelligenz, S. 181.

[187] Neusitzer, H.: Die Theorie der Persönlichkeits-System-Interaktionen

[188] Neusitzer, H.: Die Theorie der Persönlichkeits-System-Interaktionen

[189] Kuhl, J.: Spirituelle Intelligenz, S. 197f.

[190] Vgl. Kuhl, J.: Motivation und Persönlichkeit, S. 179.

[191] Vgl. Kuhl, J.: Motivation und Persönlichkeit, S.178.

[192] Kuhl, J.: Motivation und Persönlichkeit, S. 182.

[193] Kuhl, J.: Motivation und Persönlichkeit, S. 182.

[194] Kuhl, J.: Motivation und Persönlichkeit, S. 173.

[195] Storch, M.: Die Kraft aus dem Selbst, S. 35.

[196] Kuhl, J.: Motivation und Persönlichkeit, S. 187

[197] Storch, M.: Die Kraft aus dem Selbst, S.39.

[198] Vgl. Kuhl, J.: Spirituelle Intelligenz, S.189, S.164.

[199] Storch, M.: Die Kraft aus dem Selbst, S.41.

[200] Kuhl, J.: Spirituelle Intelligenz, S. 193.

[201] Martens, J.; Kuhl, J.: Die Kunst der Selbstmotivierung, S.129.

[202] Martens, J.; Kuhl, J.: Die Kunst der Selbstmotivierung, S.129.

[203] Martens, J.; Kuhl, J.: Die Kunst der Selbstmotivierung, S. 130.

[204] Storch, M.: Die Kraft aus dem Selbst, S.41.

[205] Storch, M.: Die Kraft aus dem Selbst, S.50f.

[206] Martens, J.; Kuhl, J.: Die Kunst der Selbstmotivierung, S.40.

[207] Kuhl, J.: PSI-Theorie: Besonderheiten und Entwicklungsgeschichte, S. 5

[208] Vgl. Mischel, W.: Der Marshmallow-Test, S. 43-59.

[209] Bergson, H.: Zeit und Freiheit, S. 128.

[210] Kuhl, J.: PSI-Theorie: Besonderheiten und Entwicklungsgeschichte, S. 6f.

[211] Vgl. Storch, M.: Die Kraft aus dem Selbst, S. 232-242.

[212] Yoval, Y.: Spinoza, S. 490f.

[213] Yoval, Y.: Spinoza, S. 237.

[214] Yoval, Y.: Spinoza, S. 237.

[215] Rosenberg, M. B.: Gewaltfreie Kommunikation, S.47.

[216] Larsson, L.; Hoffmann, K.: 42 Schlüsselunterscheidungen, S.97.

[217] Mackenzie, M.: In Frieden leben, S. 168.

[218] Mackenzie, M.: In Frieden leben, S. 168.

[219] Mackenzie, M.: In Frieden leben, S. 168.

[220] Buber, M.: Ich und Du, S.6

[221] Buber, M.: Ich und Du, S.5.

[222] Buber, M.: Ich und Du, S. 11.

[223] Rosenberg, M. B. und Seils, G.: Konflikte lösen, S.59.

[224] Yoval, Y.: Spinoza, S. 188.

[225] Rosenberg, M. B. und Seils, G.: Konflikte lösen, S. 123.

[226] Yoval, Y.: Spinoza, S. 189.